KB057834

후설의 윤리학과
상호주관성

경희대학교 인문학연구원
HK+통합의료인문학연구단
통합의료인문학번역총서 02

후설의 윤리학과 상호주관성

정적 현상학과 발생적 현상학을 바탕으로

자넷 도노호 지음
최우석 옮김

이 책은 2004년에 처음으로 출판되었다. 나는 1994년에 '벨기에-미국 교육재단'(Belgium-American Educational Foundation)의 후원으로 벨기에 루뱅에 있는 후설 아카이브(Husserl Archives)에 방문할 수 있었다. 이 책은 거기에서 1년 동안 연구한 결과물이다. 후설 아카이브에서 나는 아직 출판되지 않은 수많은 원본 유고들을 들여다볼 수 있었고, 현상학과 관련된 다양한 이차문헌들을 살필 수 있었다. 또한 거기에서 만난 후설 연구자들과의 교류를 통해 많은 영감들을 얻을 수 있었는데, 이 시기는 철학의 깊이를 한층 더하는 시간이 되었다. 이 모든 일에 나는 여전히 감사한 마음이다. 후설의 현상학에 관하여 다른 언어로 연구된 성과물은 후설을 새롭게 볼 수 있는 기회를 열어준다고 생각한다. 그런 점에서 여러 언어로 소개될 수 있는 이차문헌은 중요하다. 나는 이차문헌으로서 나의 성과물이 한국어로 번역되어 한국인들에게 전해질 수 있다는 사실에 깊이 감사드린다. 이 책이 후설의 윤리학과 상호주관성을 이해하는 데 도움이 되길, 더 나아가 한국의 현상학자들에게 더 깊은 이해와 토론 거리를 남기는 책이 되길 희망한다.

이 책의 재판을 내면서 나는 수년전으로 다시 돌아갈 수밖에 없었는데, 예전에 완성된 책을 다시 들여다보며 살피는 일은 참으로 곤혹스러운 일이었다. 혈기왕성한 시절에 출판했던 책을 다시 들여다보니, 나는 그 당시 후설을 이해했던 것보다 더 성장한 나의 모습을, 여전히 내가 후설의 현상학을 공부하는 이유를, 그리고 현재 나의 상황에서 앞으로 어떻게 연구해야 할지를 헤아릴 수 있었다. 당연한 말이겠지만, 이 책을 만약에 오늘날 쓴다면 내용상 많은 변화가 있을 것이다. 왜냐하면 이 책의 초판이 출간된 이후로 그 당시 내가 제시하고 싶었던 이야기들을 현재 많은 연구자들이 더 심층적으로 제시하고 있기 때문이다. 또한 이 책이 출판되는 당시까지도 후설의 C-원고는 후설 아카이브로부터 출판되지 않은 상태였다. 다시 말해 연구자들에게 후설의 C-원고는 쉽게 들여다볼 수 없던 문헌이었다. 현재 C-원고는 출판된 상태인데, 이는 과거보다 오늘날 후설의 철학의 지평이 더 확장되었다는 사실을 말해준다. 후설에 관한 연구는 과거보다 오늘날 더 달라지고 있다. 하이데거, 레비나스, 메를로-퐁티, 데리다, 그 외 여러 철학자들에게 끼친 후설의 영향력을 생각해 볼 때, 후설을 이해하는 이차 연구물들은 무수히 많으며 그 관점도 상당히 광범위하다. 웰튼(Donn Welton)의 책 제목처럼 이제 주류가 된 "다른 후설"이라는 후설에 관한 수많은 관점은 후설의 현상학을 좀 더 폭넓게 살필 수 있는 기회를 제시한다. 그 속에서 나는 다양한 방식으로 후설의 현상학을 계속해서 살펴볼 것이다.

나는 한국어로 번역되는 이 책이 새로운 관점으로 후설의 현상학에 관심을 갖게 하는 자극제가 되기를 바란다. 더 나아가 현상학에 대한 새로운 목소리, 새로운 관점, 새로운 분석과 접근이 되길 희망한다. 영어로 쓰여진 이 책을 한국어로 소개하는 일은 나로서는 전혀 할 수 없는 일인데, 이렇게 한국어로 출판된다는 사실은 참으로 감사한 일이 아닐 수 없다. 이 책의 번역을 맡아준 최우석 선생께 진심으로 감사를 드린다.

2021년 12월

감사의 말

이 책이 나오기까지 많은 격려를 보내주시고 힘이 되어 주신 감사한 분들이 많다. 이 책에 담긴 내용의 대부분은 벨기에 루뱅에 있는 후설 아카이브에서 탐구되었다. 나는 '벨기에-미국 교육 재단'의 넉넉한 지원으로 벨기에에 거주하며 연구할 수 있었던 점에 감사를 드린다. 특히 후설 아카이브 관장이신 베르넷(Rudolf Bernet) 교수께 감사드린다. 아카이브에서 연구하는 동안 그는 미발간 원고들을 열람하고 이를 인용할 수 있게 허락해 주셨으며 연구와 관련된 많은 조언들을 해주셨다. 이와 함께 멜레(Ullrich Melle) 교수께도 감사한 마음이다.

이 책의 일부는 여러 학술지에서 발표한 내용들을 수정 보완한 것이다. 이 책의 2장의 일부는 편집자 심코(Nancy Simco)의 도움을 받아 *The Southern Journal of Philosophy* 38 (2000)에 게재된 논문, "The Nonpresence of the Living Present: Husserl's Time Manuscript"의 내용을 담고 있다. 그리고 이 책의 1장과 4장에서는 편집자 펠라우어(David Pellauer)의 도움을 받아 *Philosophy Today* 47 (2003)에 게재된 논문, "Genetic Phenomenology and Husserlian Account of Ethics"의 내용을 담고 있다. 나는 언급된 논문들을 이 책에 수정-보완하여 담을 수 있게 도와준 두 편집자들에게 심심한 감사를 전한다.

엄밀한 철학적 사유를 할 수 있게 격려를 준 리차드슨(William Richardson) 교수께 감사를 드린다. 한셀(Alison Arnett Hansel)과 린치(Richard Lynch) 키넌 (Dennis Keenan)께도 감사를 드린다. 이들은 대학 시절부터 수년 동안 철학 적 대화를 나누며 나로 하여금 더 깊은 사유를 할 수 있게 도움을 주었다. 특별히 남편 웨인라이트(Philip Wainwright)께 감사한 마음이다. 남편의 변함 없는 지지와 도움이 없었다면 이 책을 완성할 수 없었다. 끝으로, 철학에 대 한 나의 열정을 묵묵히 성원해 주신 부모님께 깊은 감사를 드린다.

정 적 현 상 학 과 발 생 적 현 상 학 을 바 탕 으 로

일러두기

1. 이 책은 Janet Donohoe의 『*Husserl on Ethics and Intersubjectivity: From Static to Genetic Phenomenology*』(Toronto University Press, 2016)를 완역한 것이다. 본서에서는 독자의 편의를 위해 본문의 쪽수, 각주 위치 등이 수정되었다.
2. 이 책에서 논의되는 외서들 중 국역본이 있는 것들은 해당 번역본의 표현을 참조하였지만 가급적 직역을 원칙으로 기술하였다(참조한 번역본의 쪽수와 수정한 곳을 따로 표기하지는 않았다).
3. 이 책에서는 원저자의 표기와는 다르게 후설의 저서의 경우 Kluwer Academic Publishers, Dordrecht/Boston/London에서 출간되고 있는 후설 전집의 순서를 따랐으며, 약호로서 'Hua'를 적고 이어서 전집권수와 페이지수를 아라비아 숫자로 각각 표기하였다. 영역본이 있는 경우 원전의 페이지수에 이어서 영역본의 페이지수를 아라비아 숫자로 추가하였다. 후설 저서를 국문으로 표기할 때 약어를 사용하였으며, 약어에 대한 목록도 참고문헌에 나열하였다. 후설의 저서 원고의 인용은 저자의 번역에 대한 역자의 번역이다. 인용된 다른 모든 저서의 번역은 역자의 번역이다.
4. 후설의 연구수고 인용 시 연구수고 'MS'를 표기한 후 원서에 인용된 내용을 그대로 기술하였다.
5. 이 책의 각주에 있는 모든 주해는 원저자의 설명이다. 역자의 주해는 '[역자주]'로 표기하였다.
6. 이 책은 역자의 필요에 따라 재판에서 언급하지 않는 원저서의 초판 Humanity Books(2004)의 내용을 삽입하였다. 삽입한 부분에 대해서는 따로 표기하지 않았다.
7. 이 책에서 원저서의 내용에 있는 이탤릭체는 굵은 글씨로 표기되었다.

후설의
현상과 오해

Husserl on Ethics and Intersubjectivity

1917년에서 1921년 사이에 확연하게 드러난 발생적 현상학(genetic phenomenology)은 후설의 사유에 큰 변화를 낳았다. 후설은 말기에 자신의 정적 현상학(static phenomenology)을 보충하는 발생적 현상학을 집중적으로 연구한다. 이 책은 정적 현상학으로부터 더 나아가 자아, 역사, 세계에 대해 발생적으로 탐구하는 후설의 철학을 살핀다.

이 책은 윤리, 상호주관성, 그리고 시간의식이라는 서로 연관 맺고 있는 세 가지 주제들에 집중한다. 이러한 주제들은 정적 현상학을 통해 접근할 때와 발생적 현상학을 통해 접근할 때 눈에 띄는 차이를 보인다. 1917년 이전의 후설의 현상학은 이러한 주제들의 복잡성을 해명하기에는 충분하지 않았다. 정적 현상학은 작용하는 의식으로부터 완벽하게 구성되는 엄밀한 철학을 강조한다. 정적 현상학만으로는 역사적인 과정으로 이야기되는 자아의 성장과 그 의미를 탐구하는 데에 어려움이 있다. 역사적 과정을 물으며 엄밀한 구조만을 강조하는 태도로부터 벗어나려는 후설의 사유의 운동은 윤리학과 공동체에 대한 좀 더 발전된 개념과 유기적인 이해를 수립하게 했다. 한층 더 발전된 윤리공동체 논의와 발생적 상호주관성의 이론은 후설의 발생적 현상학이 없었다면 제시될 수 없었을 것이다. 발생적 현상학을 내놓음으로써 후설은 자아의 경험의 과정과 통일성을 드러낼 수 있었으며,

자신의 사유를 좀 더 세련되게 정립할 수 있었다. 우리 모두가 공유하는 세계뿐만 아니라 각자의 경험을 둘러싼 저마다의 환경세계를 자아와 함께 논할 수 있었던 건 발생적 현상학의 등장 덕분이다.[1]

윤리, 상호주관성, 시간의식을 면밀하게 검토할 때, 그리고 정적 현상학에서 발생적 현상학으로 변화한 후설의 방법론이 이러한 주제들과 어떤 관련이 있는지를 살필 때 후설의 현상학의 심층적인 면모를 보다 명확하게 드러낼 수 있다. 이와 같은 심층적 이해는 후설을 비판적으로 보는 현대 이론가들이 알고 있는 것보다 더 풍성한 후설의 면모를 드러낸다. 현대 분석철학자들, 비평이론가들, 그리고 해체주의자들뿐만 아니라 제2세대와 3세대 현상학자들에 이르는 수많은 연구자들은 정적 현상학만을 후설의 방법론으로 이해하는 경향이 있다. 후설에 대한 이와 같은 오해는 후설의 사상의 발전을 온당하게 평가하지 않은 데서 기인한다.

후설의 사상에 큰 빛을 지고 있는 제2, 3세대 현상학자들 대다수는 후설의 현상학을 정당하게 평가하지 않았다. 이들은 후기에 드러난 후설 현상학의 발생적 면모에 대해 고개만 끄덕일 뿐 정적 현상학의 이해에만 머무른 채 후설을 평가한다. 이와 같이 후설을 오해하고 있는 철학자들은 상당히 많은데, 대표적으로 레비나스(Emmanuel Levinas), 리쾨르(Paul Ricoeur), 낭시(Jean-Luc Nancy), 블랑쇼(Maurice Blanchot)가 있다.

하버마스(Jürgen Habermas)나 데리다(Jacques Derrida) 혹은 이들을 추종하는 비평이론가들도 발생적 분석이 제시하고 있는 사상적 발전의 깊이를 고

---

1 Rudolf Bernet, Iso Kern, and Eduard Marbach, *An Introduction to Husserlian Phenomenology* (Evanston, IL: Northwestern University Press, 1993), p. 2.

려하지 않은 채 정적 현상학의 관점만으로 후설을 이해한다. 하버마스는 후설을 비판하는 사람들 가운데 그의 사상을 폭넓게 이해하고 있는 몇 안 되는 사람 중 한 사람이다. 사실, 구성과 생활세계라는 후설의 개념에 빚을 지고 있는 사람이 하버마스라고 할 수 있다. 하버마스는 자신보다 앞서 상호주관성을 이야기한 후설의 초월론적 상호주관성 개념을 수용하지 않는다고 밝혔지만, 실상은 후설의 상호주관성 개념에 기초한 사회이론을 제시하고 있다.[2]

1953-54년에 작성한 후설에 관한 데리다의 초기 저작물들[3]은 발생의 문제를 다루고 있지만 이를 제한적으로 이해하고 있다. 이러한 점은 후설에 대한 데리다의 비판이 충분하지 못하다는 사실을 보여준다.[4] 오늘날 데리다의 사상을 연구하는 대다수는 후설의 방법론을 데리다의 관점으로만 파악함으로써 후설을 잘못 이해하는 우를 범하고 있다. 데리다가 후설을 잘못 이해하고 있는 점들을 이 책의 3장에서 다룰 것이다.

이 책에서 자세하게 다루지 않겠지만, 후설을 훌륭하게 주해하는 연구자들은 『논리연구』와 『이념들 1』에서 드러나는 주제와 개념들을 심도 있게 연구한다. 스미스(David Smith), 맥킨타이어(Ronald McIntyre) 폴레스달(Dagfinn Føllesdal)은 후설의 현상학을 프레게(Gottlob Frege)의 영향을 받은 것으로 이

---

2 Jürgen Habermas, *The Theory of Communicative Action*, trans. Thomas McCarthy (Boston: Beacon Press, 1984).
3 Jacques Derrida, *Le problème de la genèse dans la philosophie de Husserl* (Paris: Presses Universitaire de France, 1990).
4 현전과 관련된 데리다의 오해에 관한 자세한 논의는 다음을 참조할 것: Janet Donohoe, "The Nonpresence of the Living Present," *Southern Journal of Philosophy* 38 (2000): pp. 221-230.

해하고 그에 따라 후설을 해석한다.[5] 이들은 후설의 의식대상이 지향성의 내용과 하나의 명제 내용 사이에서 드러난 것이라고 주장한다. 하지만 의식대상에 관한 이들의 주장은 지각된 의미 내용과 지향적 내용을 갖는 명제가 서로 연결될 수 없다는 문제를 가지고 있다.[6] 다른 후설 연구자들 중 눈에 띄는 사람인 토이니센(Michael Theunissen)[7]은 후설의 상호주관성을 설명하기 위해 데카르트의 제5 성찰을 깊이 있게 연구한다. 하지만 토이니센의 연구는 제5 성찰에만 한정하여 후설을 살핀다는 한계가 있다. 물론 그는 후설의 다른 텍스트들에 대하여 언급하지만, 상호주관성과 관련된 후설의 여러 다른 저작물들의 풍부한 논의들을 언급하지 않고 오직 분석철학적 방식으로 후설을 이해하고 있다. 그래서 토이니센은 후설의 상호주관성을 나와 타자들 사이의 감정이입의 관계로만 이해한다. 토이니센은 후설의 원고들과 후기 저작물들 속에서 강조되는 초월론적 상호주관성을 보지 못했다.

인지과학, 인공지능과 관련된 분야에서 후설과 관련된 최근의 흥미로운 연구들에도 잘못된 이해가 발견된다. 인지과학과 인공지능을 탐구하는 철학자들은 『논리연구』와 『이념들 1』에서 언급된 도식적 접근을 수용하지만 후설의 현상학이 지향성의 규칙들에 따라 연산작용하는 지각의 기능만을 이야기한 것으로 결론 내린다. 만일 우리가 현상학을 지향성의 규칙과 특정

---

5 다음의 사례를 참조할 것: David Woodruff Smith and Ronald McIntyre, "Intentionality via Intensions," *Journal of Philosophy* 66, no. 20 (1969): pp. 680-87.

6 Donn Welton, *The Other Husserl: The Horizons of Transcendental Phenomenology* (Bloomington: Indiana University Press, 2000), appendix.

7 Michael Theunissen, *The Other: Studies in the Social Ontology of Husserl, Heidegger, Sartre, and Buber*, trans. Christopher Macann (Cambridge: MIT Press, 1984).

한 지각의 기능에 의해서만 세계를 이해하는 것으로 본다면, 현상학은 설명할 수 없는 수많은 현상들에 대해 아무런 이야기를 제시하지 못할 것이다.[8] 이들의 이러한 이해는 후설의 사유가 제한적이지 않다는 사실을, 정적인 방법에 이어 발생적 현상학으로 나아가고 있다는 사실을 살피지 못한 데서 유래한 것이다. 즉 이들의 이해는 후설을 데카르트적 방식에만 한정하여 이해한 결과이다.

만일 누군가가 발생적 현상학을 포함하여 후설의 현상학을 전반적으로 두루 살핀다면, 후설의 또 다른 면모를 확인할 수 있을 것이다. 후설은 지향성의 규칙만을 따르는 의미 기술(description of meaning)이 있다고 이야기하지 않았다. 후설은 역사성에 대한 이해를 가지고 있던 사람이다. 오히려, 후설은 경험과 그 의미를 좀 더 명확하게 이해하기 위해 끊임없이 분석하고 탐구한 사상가이다.

당연하게도 모든 사람이 후설을 데카르트주의자로 간주하지 않는다. 후설의 방법론적 전환을 중요하게 받아들이는 학자들이 있다. 나 역시 이 책을 서술하는 데 이들의 연구에서 많은 도움을 받았다. 후설의 발생적 방법론을 잘 다루고 있는 연구자들 몇 명을 언급한다면, 웰톤(Donn Welton), 카(David Carr), 하트(James Hart), 아기레(Antonio Aguirre), 자하비(Dan Zahavi), 슈타인복(Anthony Steinbock)이 있다. '올바르게' 후설을 연구하는 방식들이 성취하지 못한 것이 있다면, 언급한 중요한 주제들을 온전하게 현상학적인 관점에서 종합하는 일이다.

---

8 Welton, *Other Husserl*, p. 394.

비록 후설은 자신의 윤리적, 상호주관적 사유가 초기에 보여준 인식론적 방법과 어떻게 연관 맺는지를 구체적으로 설명하지 않지만, 본 연구는 이러한 사유의 흐름들이 서로 어떻게 설명되며 강조되는가를 하나씩 살펴갈 것이다. 후설은 윤리와 상호주관성과 관련하여 전기의 입장과 후기의 입장이 어떻게 연결될 수 있는지를 공식적으로 드러내지 않았다. 하지만 그는 다양한 글들에서 직접적으로 윤리학, 발생적 상호주관성, 그리고 발생적 현상학이 자신의 철학에서 일관된 형태를 띠고 있음을 알리고 있다. 이러한 주제에 대한 후설의 탐구는 생각했던 것 이상으로 성공적이고 일관된 형태로 종합되어 있다. 이러한 가능성이 아직 발견되지 못한 근본적 이유 중 하나는 발생적 현상학과 관련된 후설의 시간이론의 발전이 덜 알려졌기 때문이다. 이 책은 시간론과 함께 정적 현상학과 발생적 현상학의 방법론적 차이를, 그리고 이러한 차이들이 후설로 하여금 어떤 방식으로 쇄신과 비판의 윤리학을, 상호주관성을, 그리고 시간의식의 심층적 차원들을 드러나게 하는지를 추적할 것이다.

이 책은 전반적으로 후설의 철학이 정적 방법을 보충하기 위해 발생적 방법을 선택하게 된 내적인 요인들을 탐구한다. 나는 후설이 결코 아무것도 없는 상태에서 사상적 변화를 취했다고 말하고 싶지 않다. 후설은 자신의 철학적 탐색으로 윤리적 주체와 그러한 주체의 통일된 삶의 의미를 드러내고자 했다. 그래서 나는 후설의 사유가 어떤 영감들로부터 채워졌는지를 다룰 것이다. 동시에 나는 후설 사상의 발전에 영향을 끼쳤다고 볼 수 있는 외적인 요인들을 구체적으로 다루지는 않을 것이다. 물론 후설의 사상적 변화는 외적인 요인으로부터 기인한 것이기도 하다. 후설의 철학적 변화는 1차 세계 대전이라는 소용돌이 속에서 일어난 것이다. 1차 세계 대전이 막 끝난 후, 유럽은 새로운 질서에 직면했다. 특히 독일은 전쟁의 패배 이후에 새롭게 국가를 정비해야 할 위기에 처했다. 전쟁으로 인해 후설의 작은 아들은 죽었으며 큰 아들은 심각한 부상을 입었었다. 그와 같이 개인적인 그리고 가족으로서 공유하게 된 트라우마는 그에게 아무런 영향을 끼치지 않았다고 볼 수 없다. 동료들에게 보낸 편지 속에서 후설은 자신의 아들들의 전쟁 참여를 언급하고 있으며 전쟁으로 인해 자신의 철학적 기획들에 집중하는 데에 어려움이 있음을 호소하고 있다. 예를 들면, 1916년 4월, 자신의 아들이 죽고 6주가 지난 후에 후설은 나토르프(Paul Natorp)에게 다음과 같이 편지를 쓴다: "비록 나는 전쟁 초기에 철학적 성과를 많이 내었음에도 불구하고, 불행하게도 이미 다소간 쇠락해졌네 (과도한 작업이 몇 년간 계속되었기 때문이기도 하네). 그래서 나는 깊은 심적 동요를 극복하는 데에 어려움이 있네. 또한 때때로 결과물을 낳는 것도 힘드네. 나의 모든 노력이 정지된 것일세."[9]

후설은 1930년도 이후에 독일의 변화가 낳은 심각한 영향들을 직시하고 있었다. 이러한 점은 1933년 러시아 철학자 레프 셰토프(Lev Shetov)에게 전한 이야기를 통해 확인할 수 있다. "엄청난 독일의 혁명은 이제 우리가 아리안인이 아니라는 것을 밝히면서 우리뿐만 아니라 우리의 후손들의 운명이 되었네…. 무엇보다 이렇게 새롭게 부상한 침통한 사실에 잘 버티려면 끊임없이 강해져야 할 필요가 있네. 그래서 나의 연구는 생산적인 해를 거듭하고도 몇 달이 지난 지금도 계속되고 있다네…. 이제 매우 엄격하게 국경 이

---

9 Edmund Husserl, *Briefwechsel*, Teil 6 (Dordrecht: Kluwer, 1994), p. 376; Husserl an Shestov, 29.5.1993.

동을 금하는 것은 파급이 클 것일세. 그렇기에 모든 것은 다시 불확실해진 것일세."[10]

후설의 개인적 비극을 고려해볼 때, 유럽에서 있었던 전쟁과 나치주의의 등장은 후설로 하여금 자신의 국가와 공동체 그리고 가족에 대한 책임의 문제를 다시 한 번 생각하게 만들었다고 볼 수 있다. 이와 같은 외적 요인들이 후설로 하여금 자신의 철학을 살피게 하였으며, 자신의 방법론을 바꿔야 할 필요성을 인식하게 했다. 이 책의 마지막 장에서 나는 발생적 현상학이 후설의 질문에 어떤 대답을 주었는지를 드러낼 것이다. 나는 공동체와 윤리에 관한 발생적 접근으로부터 어떻게 초월적 상호주관성의 개념이 제시되는지를, 그리고 상호주관적인 공동체로부터 물려받은 전통 속에서 자아의 윤리적 책임은 어떤 방식으로 논의되는가를 밝힐 것이다. 이를 통해 이 책은 후설의 공동체와 윤리에 관한 사유가 무엇인지를 선보일 것이다. 나는 쇄신과 비판의 윤리학이 발생적 분석을 통해 온당하게 수립될 수 있다고 주장한다.

이 연구에서 사용되고 있는 문헌들의 각주는 중요하다. 왜냐하면 이 책에서 언급되는 자료들 중에는 아직 발행되지 않은 원고들로부터 인용한 것이 있기 때문이다. 후설의 필사본이나 미발간 원고들의 내용에 관하여 해설을 제공하는 것은 중요한 일이 아닐 수 없다. 이와 함께 후설의 출간된 저작물들의 발전 과정을 살펴봄으로써, 우리는 그의 사유의 움직임을 확인할 수 있다. 『논리연구』나 『이념들 1』과 같은 초기 연구들은 정적 현상학의 방법을 따르고 있다. 같은 시기에 나온 필사본들 또한 동일한 방법론을 취하고

---

10 Edmund Husserl, *Briefwechsel*, Teil 6 (Dordrecht: Kluwer, 1994), p. 376; Husserl an Shestov, 29.5.1993.

있다. 물론 필사본에는 상충되는 내용들도 있는데, 이러한 내용들은 후설을 곤란하게 만든 철학적 주제들을 탐구하려는 시도로부터 기술된 것이다. 이러한 원고들 속의 상충되는 내용들은 생각보다 꽤 위험한 것일 수도 있는데, 왜냐하면 후설이 의도했던 내용보다 더 큰 논란을 일으킬 수 있기 때문이다. 미발간 원고들은 대체로 출판의 목적 속에서 탈고되며 편집되고, 조율되었다는 점에서 후설이 자신의 사유를 어떻게 "올바르게" 형성하고 있었는지를 간접적으로 보여준다. 게다가 후설은 1913년의 『이념들 1』과 1929년의 『논리학』 사이에 어떠한 책도 출간하지 않았기에, 후설의 사유의 발전을 살펴보길 원하는 사람이라면 그와 같은 공백의 시기에 기록된 원고들의 내용이 무엇이었는지를 면밀하게 탐구해야 한다. 원고들은 후설의 노력과 시간이 들어간 결과물이다. 후설의 원고들 대부분은 강의나 세미나를 위한 기록들이며 후설 자신의 탐구나 강의 내용을 반영하고 있다.

　출판을 목적으로 후설은 지속적으로 원고를 개정하고 탈고하고 편집했기 때문에, 그의 원고들은 철학적 결과물로 취해질 수 있다. 후설의 원고들의 중요성은 현상학적 방법론을 갱신하고자 하는 후설의 지속적인 노력을 담고 있다는 점에 있다. 이런 점에서 후설의 원고들이 매우 중요하다고 강조해도 지나침이 없다.

Edmund Husserl

제1장

정적 현상학과
발생적 현상학에 관하여

발생적 현상학이 등장하면서 1917년 이전까지 후설 철학을 특징지었던 정적 현상학은 발생적 현상학과 애매한 관계를 갖게 되었다. 1917년[1] 이후의 원고들에서 살필 수 있는 것처럼 후설은 발생적 탐구를 채택하기 시작했고, 이러한 탐구를 축적하여 후설은 1929년에 발생적 탐구가 강조되는 『논리학』을 내놓는다. 사실, 1913년에 후설은 『논리연구II』의 서문을 개정하면서 자신의 사유가 이미 기존의 방법으로부터 새로운 방법과 의미를 찾아나서기 시작했다고 알렸다. 개정한 서문에서 후설은 기술적 심리학의 토대로서 "순수 직관적 본질 파악"에 이르는 방법론으로부터 벗어났다고 밝힌

---

1 나는 형식적 구성으로서 시간구성(*Zeitkonstitution als formale Konstitution*)이라는 제목이 달린 C-원고를 강조한다. 대체로 C-원고의 내용에서 많은 것을 참조할 수 있었다. 그 외에도 세속적 현상학(*Mundane Phänomenologie*)이라는 제목이 달린 A-원고와, 상호주관성의 구성(*Konstitution der Intersubjektivität*)이라는 제목이 달린 E-원고의 내용도 1917년에 작성된 필사본으로서 본 연구에 많은 도움이 되었다. 그 외에도 이 기간에 수동적 종합을 다루는 다양한 원고들을 살펴볼 수 있었다. 언급된 원고들은 벨기에 루벵(Leuven)대학의 후설 아카이브(Husserl Archives)의 분류에 따른 글들이다. 이와 같은 원고들은 주제별 혹은 주제에 따른 시기별로 분류되었다. 하지만 엄밀하게 주제별로 원고들을 나눌 기준이 없기 때문에, 일부 원고들은 한 번에 수많은 주제들을 담은 글들로 묶여진 것이기도 하다. 나는 이러한 후설의 원고들을 인용할 수 있게 허락해준 후설 아카이브의 관장인 베르넷(Rudolf Bernet) 선생께 심심한 감사를 표한다.

다.[2] 이러한 점은 후설이 심리학적이지 않은 방식으로 어떻게 경험이 기술될 수 있는지를 다른 방식에서 살피고 있음을 알린다. 좀 더 완벽한 설명을 위해 후설은 발생적 현상학의 탐구 방향으로 나아갔다.

1917년 이후부터 발생적 현상학이 뚜렷하게 등장했지만 발생적 현상학의 개념은 몇 번이고 바뀐다. 베르넷(Rudolf Bernet), 케른(Iso Kern), 마르바흐(Eduard Marbach)는 자신들의 공저인 『후설의 현상학 개론(Introduction to Husserlian Phenomenology)』에서 1917년 이후부터 "후설은 줄곧 순수 혹은 초월론적 현상학이 정적 혹은 발생적 양상이라는 두 부분으로 나뉜다는 점을 강조해 왔다"라고 이야기한다.[3] 나는 이러한 사실과 모순되는 어떠한 증거도 찾을 수 없다고 본다. 후설은 1921년까지 발생적 현상학이 곧 현상학적 방법이라고 분명하게 정의내리지 않았지만, 발생적 현상학에 대한 후설의 관심과 탐구는 이미 1917년부터 수립되었다는 사실에 전적으로 동의한다.[4]

하지만 그러한 변화를 시간 상으로 구분하는 것보다 중요한 것은 그의 연구 성과들로부터 정적 현상학과 발생적 현상학이 어떻게 논의되는가이다. 후설의 주요 저서와 글로는 『논리 연구』와 『이념들 1』, 그리고 1910년과 11년의 『로고스』지에 게재된 「엄밀한 학으로서 철학」을 들 수 있다. 이들은 대체적으로 정적 현상학의 측면을 띠고 있다. 발생적 현상을 대표하는 후설의 저서나 글로는 『논리학』, 『성찰』, 『위기』가 있다. 이러한 작품들의 차이는 현상학적 방법론의 변화를 명백하게 보여준다.

---

2   Hua 19, 18/262.
3   Bernet, Kern, and Marbach, *Introduction to Husserlian Phenomenology*, p. 176.
4   이러한 이해는 후설에게서 분명하게 드러나는데 이와 관련하여 다음을 참조할 것: Hua 11, 336-345.

인지 심리학자들, 해체주의자들, 그리고 분석철학들은 정적 현상학이 후설의 현상학을 이해하는 표준이라고 본다. 그래서 이들은 정적 분석을 기술하는 후설의 저서나 글에만 집중하는데, 이는 후설을 잘못 이해하는 처사이다. 『논리 연구』와 『이념들 1』과 같은 후설의 초기 저작에만 의존하여 후설을 이해하는 것은 후설 현상학을 관념론이나 유아론, 혹은 실재적 내용을 보지 못하는 형식주의로 치부하는 잘못된 이해를 낳는다. 발생적 현상학의 등장은 후설이 정적 현상학적 분석의 한계를 넘어서도록 하는데, 우리는 이러한 사실에 관하여 계속해서 살펴나가기로 한다. 오늘날 후설을 탐구하는 많은 사람들은 발생적 현상학의 중요성을 이해하고 있지만, 시간성, 상호주관성, 그리고 윤리의 함의들이 교차하는 지점을 상세하게 기술하지 않고 있다.

정적 현상학과 발생적 현상학의 구분은 다양한 방식으로 특징지을 수 있다. 큰 틀에서 '기술적인 것'(descriptive)으로서의 정적 현상학을 '해명하는 것'(explanatory)으로서의 발생적 현상학과 구분할 수 있다. 좀 더 구체적으로, 정적 분석은 의식작용들을 관장하는 의식의 일반구조에 대한 이해를 추구한다. 정적 현상학은 하나의 대상이 경험에 어떻게 주어지는가를 구성적으로 분석하는 것이다. 예를 들어 정적 현상학의 분석에서 형식적이고 도식화된 기술을 통해 통일된 자아(the ego)를 제시할 수 있다. 정적 현상학에서 자아의 의식은 하나의 추상적 통일체로 취급된다. 다만, 정적 현상학의 구성적 분석은 자아와 세계를, 자아와 타자 사이의 관계를, 그러한 관계로부터 논의될 수 있는 상호주관성을, 더 나아가 역사적 과정과 시간적 지평의 좀 더 깊은 관계를 드러내는 데에 한계가 있다.

이와는 뚜렷하게 다른 방식으로 현상을 탐구하는 발생적 현상학은 경험의 기술에 대한 형식적 구조를 넘어서고자 한다. 발생적 현상학은 한 개별자로서 주체의 기원에 대한 면밀한 탐구뿐만 아니라 문화적 경험 세계의 기원을 살핀다. 더 나아가 '흐르는 살아 있는 현재'(streaming living present)라고 볼 수 있는 절대적 주체성의 시간적 토대가 무엇인지를 탐구한다. 자아를 구성하는 내용이 무엇인지를 생각해 볼 때 우리는 자아가 자아에 앞선경험들로부터 유래한 다양한 규범과 신념들을 취사선택하면서 성장한다는 사실을 알 수 있다. 자아는 출생하면서부터 자신을 둘러싼 환경과 영향을 주고받는다. 정적 현상학이 자아의 성장을 고려하지 않은 채 형식적 분석에 머무른다면, 발생적 현상학은 자아가 성장하면서 조우하는 발생적 기원들을 주의 깊게 살핀다. 발생적 현상학은 우리 자신만의 경험뿐만 아니라 우리가 공유하고 있는 세계에 대한 경험, 더 나아가 문화와 역사에 대한 질문을 필연적으로 다룬다. 발생적 분석으로 현상을 탐구하는 일은 자아가 세계 속에서 파악된다는 사실을, 그리고 자아는 자기 혼자만의 구성으로 현상들을 이해하지 않는다는 사실을 인정하는 것이다. 이는 수동적 기원에 관한 논의에서 그리고 경험의 선술어적인 단계에 관한 설명에서 분명하게 드러난다. 이와 같은 특징을 차후에 좀 더 충분하게 다루기로 한다.

다만 논의를 진행하기에 앞서 짚고 넘어가야 할 중요한 점이 있는데, 그것은 후설의 현상학이 발생적 현상학으로 이동했다고 해서 정적 현상학을 포기했다는 것이 아니라는 사실이다. 후설은 좀 더 풍성한 결과물을 성취하고자 발생적 현상학으로 나아간 것이다. 후설은 현상학적 탐구의 최초의 접근 방식인 정적 분석을 결코 버리지 않았다. 발생적 단계만 고집하며 현상학적 분석을 수행한 것이 아니다. 그렇기에 우리는 먼저 정적 현상학에서

시작해야 한다. 그다음 발생적 현상학을 살펴봐야 한다.[5]

1. 변화에 대한 문헌적 증거

정적 현상학에서 발생적 현상학으로의 변화는 『이념들 1』(1913)과 『이념들 2』(1921) 사이의 변화가 보여주는 것처럼 1913년에서 1921년 사이에 일어난 것이라고 볼 수 있다. 사실 『이념들 1』에서 발생적 현상학은 잠정적 측면에서 논의된다. 다만 『이념들 1』에서는 후설이 1920년도에 발생적 현상학을 이야기한 것과 동일한 의미에서 발생적 현상학이 논의된 것은 아니다. 가령 『이념들 1』에서 드러난 발생적 현상학은 비-심리학적 기원과 관련된 개념을 취하지만 후설이 나중에서야 포기한 심리학적 이해와 여전히 연관을 맺고 있다. 『이념들 1』에서 강조되는 의식작용과 의식대상에 관한 탐구들은 시간적/역사적 차원을 설명하는 데에 한계가 있다. 여기에서 탐구되는 것들은 발생적 현상학의 핵심이라고 할 수 있는 의미의 역사적 축적물들의 중요성을 놓치고 있다. 『이념들 1』과 『이념들 2』 사이에는 핵심적으로 중요한 변화가 있다. 가령, 『이념들 2』에서는 시간의식과 운동감각적 구성(kinaesthetic constitution)과 같은 주제들을 적극적으로 해명하고 있지만, 『이념들 1』에서는 그와 같은 용어들이 등장하지 않는다. 『이념들 1』의 근본

---

5 정적 현상학과 발생적 현상학의 연결에 관련해서 발생적 이해와 연관된 정적 이해의 장점과 단점을 통찰력 있게 설명한 라라비(Mary Jeanne Larrabee)의 논문을 참조할 것: "Husserl's Static and Genetic Phenomenology," *Man and World* 9 (1976), pp. 163-174.

적인 작업은 발생적 현상학을 직접적으로 다룬다고 보기 힘든데 왜냐하면 『이념들 1』은 "모든 것은 **주체의 근원적 능력**을, 그런 **획득된 능력**"에만 집중하기 때문이다.[6] 의식의 구성적 기술에만 중점을 두는 『이념들 1』은 『이념들 2』에서 제시하는 문제들을 주의 깊게 다루지 않는다고 볼 수 있다. 우리는 후설의 사유가 『이념들 1』과 『이념들 2』 사이에서 의미심장한 변화를 보이기 시작했다고 결론지을 수 있다. 수동적 구성에 관한 후설의 구체적인 탐구는 『이념들 2』에서 처음으로 등장한다. 감각 운동적 구성, 수동적 구성, 그리고 시간의식에 대한 질문들은 이후로도 후설의 C-원고뿐만 아니라 『수동적 종합』(1918-1926), 『논리학』(1929), 『성찰』(1931), 『위기』(1934-37)에서 발생적 방법으로 더욱 정교하게 다뤄진다.

후설이 『논리학』을 작성할 시기에 발생적 구성에 대한 그의 사유는 명확하게 자리를 잡고 있었다. 『논리학』의 2장은 논리적 실체(logical entities)와 판단의 의미의 연관성을 주체와 관련해서 주의깊게 분석한다. 후설은 논리적 판단이 품고 있는 의미의 발생에 관심을 두고 있었다. 각각의 의미는 후설이 발생적 분석으로 드러내고자 했던 "숨겨진" 역사적 발생을 가지고 있다. 후설이 주장한 것처럼, "판단들의 '구성'과 '발생'은 반드시 질문되어야 한다. 분석 논리학은 분석의 영역을 은폐하고 있음에도 불구하고, 어쨌든 더 좁은 의미에서 형식적-수학적 학설로서 발전된 형태로 오래전부터 주어져 있었다. 논리적 범주들과 세분화된 형식들은 그 자체로 부족함이 없는 명증성을 보장 받았는데, 실로 그 명증성의 가치는 모든 시대에 타당하다고 평가받았

6 Hua 4, 255/267.

다. … 그럼에도 이 명증성에 대한 주제적 반성이 요구된다. 각 형식들의 **본질적으로 필연적인 역사적 의미**를 질문해야 한다."[7] 후설에게 이러한 질문이 제기되는 이유는 그가 더 이상 의식대상이 구성되는 구조적 분석에만 관심을 두지 않고, 판단들의 발생적 구성과 그 의미에 관심을 두는 태도로 바꿨기 때문이다. 발생적 현상학은 후설이 새롭게 관심을 둔 주제들에 대한 답변이다. 후설이 볼 때 발생적 분석에 따른 논리학의 과제는 논리학이 갖고 있는 역사적 침전물을 드러내는 것이다. 『논리학』에서 후설은 발생적 분석 방법으로서 역사적으로 '환문'(Rückfrage)하기 없이는 현대 논리학의 이론에서 작동하는 숨겨진 전제들을 온전하게 드러낼 수 없다고 주장한다. 후설에 따르면, "논리학은 원래 방법에 있어 선구자"였지만 "역사적 소명을 잃어버렸다" 그래서 결론적으로 논리학은 "최근 들어 자신의 업무와 의미에서 철저하게 길을 잃고 말았다."[8] 우리는 이 사실을 상기해야 하며, 이에 따라 역사적 침전물을 드러내야 한다. 이 모든 일은 매우 중요하다.

한편으로, 『수동적 종합』에서는 자아의 구성적 작용 없이도 의미가 어떻게 "미리 주어질" 수 있는가를 해명한다. 이러한 접근은 자아를 발전하는 것이자 역사를 갖는 것으로서 이해하게 만든다. 정적 현상학만으로는 그와 같은 자아의 특징을 온전하게 설명할 수 없는데, 왜냐하면 정적 현상학으로는 세계에 대한 혹은 주체에 대한 역사성을 밝힐 수 없기 때문이며, 또한 주체의 선-술어적 단계에 관한 그 어떤 설명도 제시할 수 없기 때문이다. 한편으로 『성찰』에서도 정적 현상학의 역할이 제한되어 있다는 사실이 드러난다.

7   Hua 17, 184/208.
8   Hua 17, 2/2.

후설은 『성찰』에서 다음과 같이 주장한다: "맨 처음 형성된 현상학은 단순히 정적이고, 그것이 기술하는 것은 개별적 유형들을 추적하고 이것들을 질서 세우며 체계화하는 박물학(natural history)에서 기술하는 것과 유사하다. 보편적 발생의 문제와 시간의 형성을 넘어서 그 보편성에서 자아의 발생적 구조에 관한 문제는 아직 건드리지도 않았다. 실로 그러한 문제는 사실상 높은 단계의 문제이다."[9]

『성찰』의 다섯 가지 성찰 중 처음의 세 성찰들은 명백히 정적 현상학적 방법을 사용하며 정적 현상학이 현상학 탐구의 출발점이라는 사실을 분명하게 강조한다. 하지만 최종적인 두 성찰들에서 후설은 수동적 기원, 더 높은 질서로서 인격성, 습관성이라는 주제들을 드러내는데, 이는 발생적 분석에서 강조되는 주제들이다. 우리는 이들에 관하여 차후에 자세하게 살펴볼 것이다.

이제 정적 현상학에서 발생적 현상학으로 어떻게 바뀌었으며, 이러한 변화가 후설의 초기 현상학적 접근을 어떻게 고양시켰는지를 밝히고자 한다. 이를 위해 정적 현상학의 방법을 먼저 살펴보자.

2. 정적 현상학

정적 현상학의 방법은 인간의 심리 작용으로 수학과 논리학의 토대를 해명하려는 심리학주의에 대한 후설의 반박으로 출현한 것이다. 의미 내용이

9 Hua 1, 110/76.

란 순수 심리적 과정들로 환원되는 것이 아니라고 보는 후설은 『논리연구 Ⅰ』의 서문에서 심리학주의에 대한 비판을 잘 드러내고 있다. 경험 심리학에서는 인식을 인식하는 주체의 심리적 과정에 불과한 것으로 간주한다. 예를 들면, 심리학주의는 논리 법칙들을 심리학에서 이야기하는 사람이 사고하는 방식과 동일한 것이라고 본다. 이에 따르면 심리적 사고 과정으로서 논리 법칙들은 전적으로 경험 관찰을 통해서만 진리 가치를 얻는다. 심리학주의는 인식된 객체와 인식하는 주체 사이의 상호 연관성에 대한 그 어떤 특성도 인정하지 않는다. 게다가 심리학주의는 논리 법칙에 의존하여 주장을 내세움에도 불구하고 논리 법칙 그 자체를 문제 삼는 모순된 행위를 내보인다. 심리학주의에 따르면 논리학은 사람들이 사유하는 방식에 대한 경험 심리적인 결과에 불과하기에 논리학으로부터 내세워진 주장은 보편적인 효력을 지니지 않을 수 있다. 하지만 심리학주의조차도 사유하는 방식에 관한 자신만의 주장을 수립하기 위해 역설적이게도 논리학에 의존하고 있다. 사실, 심리학주의는 그 자체로 치명적인 모순을 안고 있는 것으로 보인다. 이 책의 논의가 중요한 이유는 후설이 심리학주의에 저항하면서 발전시킨 것이 무엇인지를 확인할 수 있다는 데에 있다. 현상학이 결론적으로 내놓는 방법은 『논리연구』에서 잘 나타나고 있지만, 이 외에 더 풍성한 내용과 발전 사항들은 1913년의 『이념들 1』과 후설 사후에 출간된 1907년의 강의 시리즈인 『현상학의 이념』에서 발견된다.[10] 후설의 철학적 방법은 오직 객관적 대상으로서의 지위를 가지면서도 의식에 주어진 대상으로서 구성

---

10 『논리연구』와 『이념들1』에서 드러난 후설의 현상학적 방법들의 차이에 관한 자세한 설명으로는 웰톤(D. Welton)의 다음의 책, *Other Husserl*에서 특히 part 1. 을 참조할 것.

되는 사태를 명증하게 드러내는 데에 있다. 이는 정확히 환원의 과정으로 수립되는 정적 현상학적 방법을 뜻한다.

심리학주의의 대안을 제시하는 것 이외에도 후설은 당대에 많은 철학자들이 품고 있던 회의주의에 대해서도 반박했다. 후설의 회의주의 비판은 흥미로운데, 왜냐하면 그의 회의주의 비판은 자신의 철학적 기획에서 중요한 위치를 차지하는 현상학적 환원을 도출하기 때문이다. 회의주의 비판은 후설로 하여금 초월론적 인식탐구로 선회하게 만들었다. 회의주의는 자연세계를 인식하는 우리의 능력에 의문을 두는 것이다. 세계를 참되게 이해하는 인식이 무엇인지를 근본적으로 해명하려 했던 후설은 회의주의와는 다르게 객관적 인식의 가능성을 주장했다. 이러한 가능성을 확보하기 위해 그는 인식의 타당성에 회의하기에 앞서 인식이 무엇인지를 원칙적으로 밝히고자 했다. 그에 따르면 인식을 깊이 들여다보기 위해, 회의주의와는 다른 독립된 새로운 방법, 즉 현상학적 탐구의 타당한 영역을 개시하는 방법이 요구된다. 이에 따라 인식에 대한 타당한 검토가 뒤따를 수 있다고 본 후설은 자신의 새로운 방법으로서 "인식의 본질을 해명하는 작업으로서 순수하게 우리 자신에 한정하는 방식"을 내세운다. 후설은 우리 자신에 한정하는 방법을 "현상학의 근본원리이자 가장 기초적인 것"으로 규정한다.[11]

정적 현상학은 의식으로 주어진 대상들을 현상학적 환원의 방식으로 탐구하는 것이다. 그러므로 정적 현상학은 우리 자신의 의식과 연관된 대상을 다룬다. 후설은 『논리연구』 재판에서 정적 현상학의 방법이란 "동물의 유기

---

11 Hua 2, 23/18.

체에 대한 상태를 논하는 게" 아니라 "지각, 느낌, 판단, 그리고 본질을 순수 직관으로 파악하는 것이자, 무제한적인 일반성으로서의 선험성으로 귀속 되는 것들"을 논하는 과정이라고 설명한다.[12] 후설이 관심을 두고 있던 것은 경험 대상의 주관적 관점이 아니라 절대적 주체성의 영역이다. 절대적 주체 성의 영역이란 아무렇게나 대상이 우리에게 주어지는 것이 아니라 대상의 의미가 필증적으로 주어지는 직관의 사태 영역을 뜻한다. 다시 말해 절대적 주체의 의식의 영역은 주체의 의식과 관련된 대상이나 세계의 의미가 드러 나는 영역이다. 의식이 의식으로부터 초재하는 어떤 대상을 지칭할 수 있느 냐 없느냐는 후설에게 중요하지 않다. 또한 "의식과 관계없이 현실적 대상" 이 정립될 수 있는가의 문제는 후설의 사유로부터 배제된다.

　의식에 주목한다고 해서 후설의 정적 현상학을 유아론적 관념주의 사상 으로 오해해서는 안 된다. 후설은 내가 앉은 책상이나 의자 위에 커피가 있 다는 것과 같은 "물리적 대상들이 직관적으로 주어진다는" 상식적인 경험 들을 결코 부인하지 않는다. 경험되는 물리적 대상들은 "현상의 다양성 속 에서 지향적 통일체"로서 현전한다.[13] 그와 같이 경험되는 것은 다양한 방식 으로 드러나며 우리에게 드러난 경험 가능한 다양한 모습들은 지각의 연속 속에서 다양하게 있다고 해도, 우리는 탐구하려는 대상의 본질을 통찰할 수 있다. 커피가 담긴 컵이 다양한 관점과 다양한 형태로 나에게 주어진다고 해도 커피가 담긴 컵은 언제나 나에게 하나의 커피가 담긴 컵으로 드러난 다. 그와 같은 컵은 상상으로도 주어질 수 있지만 그럼에도 상상은 커피가

12 Hua 19, 18.
13 Hua 3, 88/105.

담긴 컵이라는 통일된 형태를 띤다.

그래서 정적 현상학은 몇 가지 특징들로 이해될 수 있다. 첫째, 정적 현상학은 의식에 내재하는 대상의 구성과 연관된다. 정적 현상학은 의식의 구성과 관련하여 대상의 질료와 형식의 경험이 어떤 방식으로 획득되는지를 탐구한다. 즉 정적 현상학의 핵심은 내재적 경험에 있으며, 내재적 경험 속에서 의식에 주어진 대상의 본질 파악이 중요하게 부각된다.[14] 구체적으로 계속해서 검토할 필요가 없는, 변하지 않는 대상의 본질 이념이 정적 현상학으로부터 탐구되는 대상이다. 정적 현상학의 대상들은 직접적으로 의식의 작용과 연관을 맺는다. 각각의 대상들은 직접적으로 의식과 관련을 맺는데, 의식에 주어지는 대상 그 자체는 변하지 않는 것으로 이해된다. 어떤 대상이 변화되어 다른 모습으로 의식과 연관을 맺어도 의식은 탐구되는 대상 그 자체와 연관 맺는다.[15] 각각의 의식의 양상에 관계를 맺는 각각의 대상은 구성적으로 하나의 완성된, 통일체로 인식될 수 있다. 정적 현상학은 의식에 소여되는 대상들에 관한 내재적이면서도 지향적인 경험을 탐구하는 것이다. 순수 내재성의 영역으로의 환원을 통해, 후설은 모든 의미의 원천으로서 통일성이 있는 절대적 소여성을 정립할 수 있다고 보았다. 절대적 소여로서 의미의 형식적인 구조는 의식 작용의 내용에 따라 다르게 나타나는 것이 아니다. 의미는 다양한 의미 작용과 관계하지만, 의미의 내재적 내용은

---

14 이에 관하여 다음을 참조할 것: Bernet, Kern, and Marbach, *Introduction to Husserlian Phenomenology*, p. 196.
15 [역자주] 눈앞의 동그란 사과를 의식할 때 그 사과의 모양이나 색깔이 달라져도 심지어 사과를 먹어치운 후 사과가 없어졌다 해도 우리의 의식은 '사과' 그 자체와 연관 맺을 수 있다.

동일한 형식적 구조를 가진다는 것이 후설의 관점이다.

그 예로서, 앞서 언급한 커피 컵을 생각해 보자. 커피 컵에 대한 경험은 경험 속의 한 대상으로서 의미를 갖는 컵에 관한 것이다. 커피 컵이 어디에 있었는지, 정말로 지금 있는지는 중요하지 않다. 핵심은 다양한 의식 작용을 통해 구성된 커피 컵이 경험되었다는 사실이다. 커피 컵은 책상 위에 놓인 컵에서부터 내 입술에 닿은 커피 컵, 그리고 다시 책상 위에 놓인 커피 컵 등으로 다양하게 경험된다. 이렇게 다양한 관점에서 드러난 커피 컵은 하나의 통일된 커피 컵 그 자체로 의식에 주어질 수 있다. 우리는 다양한 커피 컵 현상에서도 대상 그 자체로서 하나의 통일된 커피 컵을 마주할 수 있다. 동시에 다양한 관점들 중 어떤 한 관점을 집중적으로 검토할 수도 있다. 여하튼 우리는 커피 컵이라는 하나의 대상이 나와 관련을 맺는 가운데 다양하게 드러난다는 사실을 확인할 수 있다. 커피 컵의 다양한 측면들을 살필 수 있는 나는 커피 컵이 나에게 따뜻한 안락을 주는 것으로 이해할 수 있으며 또한 나는 이 컵을 물을 마시는 용도로 사용할 수 있다. 커피 컵은 관점에 따라 하나의 통일된 대상으로 나와 연관 맺으며 경험된다. 경험 속에서 지향된 대상으로서 커피 컵은 여러 특징을 갖는다. 커피 컵으로부터 느껴지는 온기, 커피 컵의 색깔과 모양, 크기 등 이러한 모든 것은 커피 컵이 커피 컵의 모양으로만 판정되는 것을 넘어, 다양한 양상과 다양한 이해의 범위를 갖는다는 사실을 알린다. 다시 말해 이 모든 것은 커피 컵 그 자체와 함께 지향된 커피 컵의 양상들이다. 대상은 하나의 커피 컵이라는 통일체로 있으며, 그러한 통일체는 의식의 다양한 형태와 관계를 맺는다. 커피 컵은 듣는 것이 아닌, 보거나 만지는 것과 같은 특정한 감각적 체험에 호소되는 것이다. 이러한 점은 우리가 의식 작용과 연관되는 감각과 같은 내재적 요소들에 집중할 수 있다는 사실을 드러낸다. 이는 우리가 작용을 통해 감각된 체험에 의미를 부여함으로써 커피 컵을 하나의 통일된 현상으로 드러나게 한다는 점을, 더 나아가 그러한 통일된 대상을 우리가 탐구할 수 있음을 말한다. 예를 들어, 만일 내가 커피 향을 맡고 커피 열기를 얼굴로 느낀다면, 나는 그 커피는 따뜻하거나 손 대기에 뜨겁다고 판단할 것이다. 만일 커피 컵의 손잡이가 차갑다면, 나는 커피 컵이 따뜻한 커피로 채워지지 않았다고 생각할 것이며 그에 따라 커피에 대해 앞서 느꼈던 것과는 다른 느낌을 가질 것이다. 정적 분석은 대상을 직관함으로써 형상적 분석으로 발견되는 본질들을 드러낸다. 정적 분석은 개별 대상의 본질적 양상들이 무엇인지를 판단하면서 더 높은 단계로 향한다. 검은 커피 컵은 "색상"의 본질로서 검은색의 특성을 지니며, "형태"의 본질로는 둥글다는 모양을 갖는다. 게다가 커피 컵의 다양한 모습들을 연상함으로써 나는 커피 컵 일반의 본질이 무엇인지, 궁극적으로 커피 컵이 무엇인지를 판단할 수 있다.

정적 현상학은 경험을 형식적으로 접근한다는 한계가 있는 것으로 보일 수 있다. 지향성의 작용에 따라 드러나는 감각적 자료의 구조로부터 경험의 의미를 해명하는 후설은 지향적으로 체험된 감각 자료의 구조로부터 어떻게 의미가 출현하는지를 자세하게 다루지 않는다. 다만 정적 분석은 이미 하나의 단적인 완성태로 드러난 대상만을 이해한다는 특징을 내보인다. 후설은 지향성에 따라 체험된 대상의 감각 구조의 기원을 따지지 않고 지금 이 순간 대상의 의미에만 집중한다. 이러한 분석에는 대상의 의미의 발생을 추적하지 않고, 우리의 질문을 제한해서 본다는 한계가 있다. 정적 분석은 후설의 후기 사유에서 강조되는 발생의 과정에 대한 이해를 결여하고 있다. 후설의 후기 사유의 핵심은 질료-형식이라는 형식적인 도식적 이해가 전적으로 대상들의 의미의 발생을 설명할 수 없다는 사실을 인정하고, 대상의 현출이 구성되게 하는 감각들이 어떻게 출현하는가를 그 기원으로 추적해 들어가는 데에 있다.

감각 자료로부터 취해진 대상에 대한 "객관적" 설명은 온전하게 완결된 것이라고 할 수 없다. 경험으로부터 우리에게 주어지는 감각 자료는 그때마다 헤아려져야 할 것으로 남아 있기 때문이다. 다양한 지향 작용들로부터 구성된 대상이 좀 더 엄밀하게 드러나도록 우리는 모든 감각 자료들을 헤아려 형식적으로 파악하는 것보다 더 근본적인 방법을 추구해야 한다. 우리는 대상의 형식을 넘어 그 이상의 것을 설명할 수 있어야 한다. 우리는 대상에 대한 감각이 앞선 경험으로부터 어떻게 발생했는가를 해명해야 한다. 우리는 자아의 신념이나 습관의 기원, 의미의 기원에 대한 이해 없이, 대상 그 자체의 의미를 충전적으로 해명할 수 없다. 우리가 구성 작용에 따라 대상에 부여한 의미는 시간적 과정 속에 나타난 의미의 변화를 환기시키지만 정적으로 판단된 작용은 그때마다 드러난 대상의 본질을 포착할 뿐 작용의 내용의 상이한 역사들을 설명하지 않는다. 후설의 정적 분석에 따른 형식적 구조는 대상의 역사적인 발전 과정을 수용하지 않는다. 소콜로브스키(Robert Sokolowski)는 이러한 사례를 훌륭하게 보여주고 있다: "후설의 정적 분석들은 10살 때의 의식으로 알았던 아버지와 의식대상으로서 60세가 된 동일한 아버지를 놓고 **의식대상**으로서 '아버지'를 구성하는 술어들의 그 어떤 차이점들을 발견하지 않으려는 것이다."[16] 의미의 침전물들과 함께 의식대상인

---

16 Robert Sokolowski, *The Formation of Husserl's Concept of Constitution* (The Hague: Martinus Nijhoff, 1964), p. 162.

60세가 된 "아버지"의 모습은 10살 때 보았던 아버지의 모습과는 완전히 의미가 다르다. 정적 현상학은 그와 같은 차이를 수용하지 않는다. 후설은 자신의 원고들 속에서 다음과 같은 사실을 언급하고 있다: "심리학적으로 그리고 **발생적-현상학적으로** 우리는 산출을 말해야 할 것이다; 현상학적-**정적으로** 우리는 현상의 요소들만 그리고 현상의 본질에 따르는 현상만을 분석할 수 있다. 하지만 현상학적-정적으로 우리는 논리적으로 연결되어 있는 기능들, 그러한 논리적으로 수없이 형성된 기능들을 가지고 본질적인 차이들을 발견한다."[17] 그와 같이 논리적으로 결합되는 기능들은 후설의 정적 분석의 형식적 구조를 이루지만, 이러한 기능들은 정적 분석 속에서 대상들의 발생적 현출이나 의미와 연관 지어 논의되지 않는다.

정적 분석으로 현출되는 구성의 형식적 구조는 우리의 일상적 지각 활동 속에서 드러나는 다양한 의미와 그 역할의 중요성을 간과한다. 각각의 지각은 지각된 대상의 배경을 가지고 있다. 지각된 대상은 필연적으로 체험된 감각 작용의 특정한 동기 속에서 형성된다. 달리 말해, 모든 인식 주체는 하나의 고립된 대상을 파악하는 것이 아니다. 모든 주체는 대상의 의미에 대한 개별적 이해 속에서 문맥에 따라 대상을 확인한다. 맥락 속에서 특정한 동기와 함께 인식의 발전 과정에 대한 이해는 반드시 해명되어야만 한다.

순수 형식적 구조를 강렬하게 강조한 나머지 후설의 정적 분석은 시간의 영역의 중요성을 주의깊게 살피지 않는다. 『이념들 1』에서 설명되는 지향성은 시간적 구조를 갖추고 있지 않으며, 경험 대상의 시간성뿐만 아니라

---

17 MS, A VI 8 I, p.42a, 이는 다음의 책에서 인용한 것이다: Iso Kern, *Husserl and Kant* (The Hague: Martinus Nijhoff, 1964), p.259.

주체의 시간성도 헤아리지 않는 형태를 띤다. 이와 달리 발생적 구성은 경험들을 시간성에 따라 충전적으로 사유할 수 있게 하는 토대를 형성한다. 사실, 후설은 정적 방법으로도 대상의 시간적 역동성을 수용할 수 있다고 보았다. 정적 접근 방식은 탐구에 있어 의식의 역사적 과정으로부터 종합된 대상을 명징하게 드러낸다고 이해했기 때문이다. 정적분석에서도 역동적 이해가 있지만 여기서 말하는 역동적 이해는 후설의 후기 발생적 사유에서 언급하는 역동성과 동일한 게 아니다. 정적 방법의 역동적 이해는 형식성과 연관된 것인데, 이는 시간적 **의식대상**에 대한 역동적 발전 과정을 지향하는 발생적 탐구보다 여전히 순수 자아에 따른 완성된 지각의 역사성을 강조한다. 역동적인 탐구로의 이동은 발생적 분석의 준비 과정이다. 다양한 경험으로부터 대상을 명징하게 종합하여 대상을 드러내는 정적 분석의 역동성은 발생적 분석의 역동성과는 다르지만, 발생적 현상학으로 나아가는 동력이 된다.

정적 분석의 또 다른 한계가 있다면, 고립된 자아의 구성에 집중하는 정적인 정립이 모든 가능한 객관적 세계를 완벽하게 구성할 수 없다는 것이다. 그런 점에서 초월적 상호주관성은 구성에 있어 필수적이며, 발생적 현상학으로부터 요구되는 것이다. 정적 현상학은 자아로부터 구성된 상호주관성만을 인식한다. 정적 현상학은 인식하는 자의 자기 영역 속으로만 환원하여 들여다보기 때문에 자아에 앞서 구성된 그 어떠한 것도 설명하지 못하며, 주체성의 상호주관적 본질에 관해서도 해명하지 않는다. 후설이 발생적 분석에서 강조한 것처럼 주체의 경험을 가능하게 하는 초월성은 모든 초월성의 원천으로 기능하는 타자의 경험에 의존하고 있다. 왜냐하면 참된 초월성은 나에게만 본질적으로 타당한 게 아닌 그 이상으로 나아가는 것이기 때

문이다.[18]

초기 탐구 시기에 수행된 내적 시간의식에 대한 강연에서 드러나듯, 후설의 정적 현상학은 시간적 차원을 다루고 있다. 하지만 정적 분석의 시간에 대한 형식적 접근은 의식의 시간성과 관련해서 그리고 소여되는 대상에 관한 의식을 다루는 데에 있어 발생적 탐구만큼이나 온전하게 대상을 다루지 않는다. 정적 분석이 의식의 시간성에 대해 살피는 것이라고 해도 주체가 갖는 역사적 사태는 충전적으로 설명되지 않는다. 주체의 경험에, 그리고 세계를 구성하는 방식에 기여하는 문화적 요소들에 대한 그 어떤 설명도 정적 분석에서 찾을 수 없다. 그래서 정적 현상학은 세계의 역사적 본질이나 의미에 대한 해명이 충분하지 못하다. 소여된 대상들에 대한 의식의 정적 탐구를 넘어서 대상들의 기원으로 나아가려는 것이 발생적 탐구이다. 세계에 대한 우리의 이해를 확장시키는 과학적, 철학적 사유가 역사성을 띤다는 점이 발생적 탐구로부터 개시된다.

지금까지의 설명으로부터 확인되는 것은 발생적 현상학이 구체적으로 밝히려는 두 가지 영역들을 정적 현상학에서는 검토하고 있지 않다는 사실이다. 첫째, 정적 현상학은 지금 우리가 경험하는 세계에 대한 사회-문화적, 윤리적 결과들과, 이들이 우리에게 끼치는 영향을 구체적으로 분석하지 않는다. 둘째, 정적 분석은 우리가 대상을 이해하는 데에 가장 기초를 이루고 있는 선-문화적 혹은 문화 외재적인 구조에 대해 해명하지 않는다. 이러한 선-문화적인 것은 나 자신으로부터 온 것이 아닌 타자와 공유하는 것으로서

18 Hua 15, 560.

세계를 경험하게 하는 지각의 기초를 이룬다.[19]

정적 현상학의 이와 같은 한계들은 상호주관성이나 윤리의 문제들을 숙고할 때 확연하게 드러난다. 형식적인 도식은 상호주관성의 역동성을 제대로 설명하지 못한다. 형식적 이해는 상호주관성이 갖는 역동적인 선-문화적 구조들에 대한 분석이 없다. 또한 윤리적 판단으로부터 겪게 될 갈등을 상황이나 맥락에 따라 살피지 않는데, 왜냐하면 형식적 이해는 주체의 역사성과 문화적 요소들을 고려하지 않기 때문이다. 정적 현상학에 입각한 후설의 윤리는 형식적인 것이자 제한적으로 이해되는 것이다. 우리는 차후에 정적 윤리학과 함께 윤리학의 발생적 차원을 탐구할 것이다. 정적 현상학과 발생적 현상학의 결합을 통해, 나는 정적 현상학이 안고 있는 문제들을 발생적 현상학으로 해결할 수 있다고 주장할 것이다. 이는 상호주관성과 윤리라는 주제들이 드러나는 방식을 알린 셈인데, 여기에서 중요한 것은 후설은 자신의 현상학에서 정적 방법을 결코 포기하지 않았다는 사실이다. 후설은 정적 방법의 한계를 보충하기 위해 발생적 방법을 도입한 것이지, 정적 방법을 버리기 위해 도입한 것이 아니다. 이러한 사정과 함께 이제 우리는 발생적 현상학에 대해 알아보기로 한다.

19 Welton, *Other Husserl*, p. 199.

3. 발생적 현상학

후설은 『논리연구』 1901년 판에서 **발생**이란 용어를 사용했지만, 이는 경험 심리학과 현상학의 차이점을 드러내 보이기 위한 것이었다. 후설이 여기에서 이 용어를 사용한 이유는 현상학은 내적 경험에 대한 기술적 분석을 제공하는 반면, 심리학은 심리적 사건들에 대한 경험의 발생과 기술에 관계한다는 사실을 알리는 데 있다. 1913년에 후설은 『논리연구』의 서문을 다시 썼는데, 그는 서문에서 이미 현상학의 방법을 다른 방식으로 생각하기 시작했다는 사실을 선보였다. 후설은 좀 더 구체적이고 기술적인 방식으로 발생에 대한 개념을 사용하기 시작했다는 점을 알리면서 기존의 발생의 언급을 지워버린다. 후설은 『이념들 1』에서도 발생에 대해 언급하지만, 거기에서 사용된 발생은 1917년 이후 자신의 후기 현상학에서 사용되던 방식과는 다른 것이다. 『이념들 1』에서 사용된 발생의 개념은 후설에 의해 차후에 포기되는 심리학적 의미를 담고 있었다. 후설은 자신의 현상학적 탐구가 경험에 대한 심리학적 해석으로서 형식-질료라는 도식에 상당히 의존하는 탐구였음을 인지했었다. 후설은 경험의 구체적인 내용을 설득적으로 피력할 수 있는 방법들을 다른 방식으로 생각하기 시작했다.

발생적 현상학에 대한 좀 더 적절한 이해는 정적 현상학의 도식적 접근을 넘어설 때, 그러니까 자아의 경험 대상들의 발생적 계보뿐만 아니라 순수 자아의 계보를 포함하는 접근 방식으로 나아갈 때 성취된다. 자아와 관련해서 살펴보아도, 발생적 현상학은 한 개인의 성장 과정을 그러니까, 자아의 개별적인 역사적 과정을 제시하는 것이다. 발생적 분석은 습관성들과 관련된 발전을, 개인의 능력의 발전을, 구체적인 자아의 성장 과정을 기술한다.

경험의 대상들을 다룰 때, 발생적 현상학은 자아보다 앞서 존재하는 축적된 역사를 살피며 그런 역사 속에서 구체적인 자아가 이해하는 구체적인 대상들을 파악한다. 자아는 축적된 경험들 속에서 이해된다. 즉 자아의 경험은 자아만의 고립된 경험이 아니라 처음부터 세계의 지평 속에, 역사적 지평 속에 있는 것이다. 이는 발생적인 설명은 정적 설명보다 정교하고도 복잡한 방식으로 시간성을 탐구한다는 사실과 같다. 순수 자아는 연속적인 경험으로 채워진 텅 빈 형식 그 이상으로 이해된다. 자아는 자신만의 역사를 갖는 세계 속에, 문화 속에 존재하는 자로 이해된다. 동시에 후설은 통일성을 갖는 자아의 근본 구조에 관한 연구를 포기하지 않는다. 다만, 자아의 근본 구조는 자아의 시간성/역사성과 관련해서 탐구되며 자아도 경험세계를 공유한다는 사실에서 고찰된다. 달리 말해, 발생적 설명은 역사, 문화, 상호주관성과 같이 정적 현상학이 보지 못한 성장의 영역을 들여다보는 것이다.

자아와 관련해서 계속해서 이야기한다면, 발생적 분석은 앞선 경험들로부터 발전시킨 자아의 습관성들과 이로부터 형성한 자아의 신념이나 능력들을 탐구한다. 이러한 습관성들은 가능한 경험의 지평으로서 세계가 이미먼저 주어졌다는 사실을 알린다. 자아는 그와 같은 선소여된 세계 속에서 대상을 이해한다. 나(the I)에 의해 획득된 습관성들은 다양한 의미의 층들로서 순수 자아를 구성할 뿐만 아니라 자아가 경험하는 세계를 구성하게 만든다. 발생적 현상학의 탐구는 정적 현상학으로부터 수행할 수 없었던 각각의 경험에 속하는 다양한 의미의 층들을 헐어내는 작업이다.

어떤 대상을 경험할 때 우리는 연속적인 시간 속에서 대상을 판단하며, 판단된 대상은 경험의 일부분으로 남는다. 그리고 그 대상을 다시 마주할 때 우리는 경험 속에서 그 대상을 끄집어낸다. 우리는 매번 대상을 마주할 때마다 마치 처음 보는 것처럼 여기지 않는다. 우리는 그 대상을 앞선 경험 속에서 주시한다. 대상에 대한 최초의 경험은 대상의 의미를 구성하는데, 대상이 계속해서 경험된다면 대상의 의미 또한 계속해서 축적된다. 이는 우리가 앞서 언급한 소콜로브스키의 사례를 생각해 볼 때 분명해진다. "아버지"에 대한 첫 경험으로부터 이후 계속되는 경험은 "아버지"에 대한 새로운 차원과 의미를 더해 주기에, 우리가 60세가 되었을 때, 10살 때 가졌던 "아버지"의 의미는 그 이상의 어떤 것이 된다. 게다가 경험과 의미는 상호 연관적으로 수립된다. 최초의 경험에서 획득한 의미로부터 계속되는 경험에 의해 형성된 축적된 의미는 경험의 결과가 된다. 이러한 경험들의 반복을, 즉 대상에 대한 일관된 경험을 하는 주체는 습관적 관계로 드러나는 대상을 만난다. 이와 같이 대상을 이해하는 방식은 정적 현상학에서 고려되지 않았는데, 왜냐하면 정적 현상학에서 주체란 이미 통일된 완성태 그 자체로 이해되기 때문이다. 후기 연구 성과들 속에서 발생적 분석과 함께 후설은 주체의 성장의 과정을 탐구할 수 있었는데, 후설은 이와 같은 주체의 성장 과정을 "존재발생적 성장(ontogenetic development)"이라고 불렀다.[20] 이러한 이해는 선술어적 구성의 단계인 수동적 발생의 개념을 수반한다. 이 외에도 발

---

20 예를 들면 후설의 원고: MS, C17, 83b (1932)에는 다음과 같은 내용이 있다: " 자신은 자신의 '존재 발생적 성장'에서 자기의식을 키운다. 그는 계속해서 경험하는 사람으로서 인간이 되어 간다. 그는 아버지, 시민 등으로서 '올바른 판단'으로 개별적인 정상적 이념으로서 새로운 의식을 더해 가며 한 인간으로 성장한다." ("in seiner 'ontogenetischen' Entwicklung erwächst er zum Selbstbewuβtsein, er wird Mensch als sich selbst als Menschen ständig erfahrender. Als Mensch wird er Vater, Bürger etc., als Mensch erwacht er von neuem im Bewuβtsein seiner 'wahren Bestimmung', der individuellen Normidee seiner selbst")

생적 분석은 한 주체의 경험의 침전물들이 습성이나 신념으로 형성된다는 사실을 검토하게 만든다.

주체의 경험과 역사를 면밀하게 검토하는 것 외에도, 발생적 분석은 대상의 역사도 살피게 한다. 후설은 다양한 의미의 층들은 목적을 갖는다고 보았는데, 이때 목적이란 대상에 무한히 축적된 의미를 뜻한다. 이러한 축적된 의미의 층들의 계보를 구체적으로 살펴보기 위해, 현상학자들은 반드시 발생적 현상학적 분석을 수행해야 한다. 이러한 과정은 의미로 쌓인 침전물들을 드러내는 방식이며 이렇게 쌓인 의미들이 오늘날 우리의 경험에 끼치는 영향력이 무엇인지를 밝혀준다. 물론, 이와 같은 작업의 목적은 달성하기 힘든 것일 수도 있다. 하지만 앞서 언급한 "아버지"와 관련된 경우에 우리가 60세가 되어 아버지를 이해하는 일은 30세 때 이해했던 아버지, 20세 때 경험했던 아버지, 다른 친구들의 아버지와 비교하면서 경험한 10세 때의 아버지라는 축적된 경험에 의존하는 일이다. 이 모든 축적된 경험 속에서 60세가 되어 아버지를 파악하는 일은 **인식 대상**을 이해하는 방법이 어떤 것인지를 알려준다. "아버지"의 다양한 의미를 헐어냄으로써, 우리는 아버지가 현재 우리에게 어떤 경험으로 구성되는지를 이해할 수 있다. 1921년에 후설은 이러한 과정을 다음과 같이 서술했다.

또 다른 '구성적' 현상학은 발생에 대한 것으로, 가능한 인식의 대상으로서 대상 그 자체의 역사와 함께 객관화되는 필연적 역사를 따르기 마련이다. 그러한 대상의 근원역사는 질료적 대상으로, 그리고 그 자체의 내재성으로 환원되는데, 그렇기에 근원역사는 근원적인 시간-의식 속의 대상의 기원으로 돌아간다. 보편적인 모나드의 기원 속에서 이러한 대상들의 구성의 역사는 결정되며, 대상들은 모나드를 위해 그렇게 있으며, 보편적인 발생의 형상적 현상학 속에서 이러한 동일한 것들은 모든 인식 가능한 모나드들과 연관해서 모든 인식 가능한 대상들로 산출된다. 그래서 우리는 역으로 객관적 단계들에 상응하는 모나드의 지속되는 단계들을 살필 수 있다.[21]

발생적 현상학으로 이동함에 따라 우리는 더 이상 구성의 완성된 체계에만 머무르지 않고 새롭게 출현하는 **인식 대상**과 인식 작용의 상호 연관성으로부터 형성된 역사적 과정을 살피게 된다. 발생적 분석은 경험의 시간적 관계와 생성 과정들을 드러냄으로써 경험의 시간적 깊이를 고찰하게 한다. 이러한 시간적 깊이는 정적 분석만으로는 성취될 수 없는 것이다. 모든 **인식 대상**은 자신의 과거에서부터 발생한 역사를 갖는다. 발생적 현상학을 수행하는 일은 그와 같은 역사를 드러내는 일로서 각각의 **인식 대상**에 대한 좀 더 복잡한 층위들을 해명하는 것이다. 정적 현상학의 구조적인 도식적 접근 방식이 발생적 과정들을 충분하게 드러내지 못했다면, 발생적 현상학은 정적 현상학의 질료-형식적인 도식이 할 수 없었던 방법으로부터 어떻게 경험의 내용을 채워야 할지를 알려준다.

『이념들 2』에서 제기된 운동감각적 구성(kinaesthetic constitution)에 관한 문제는 정적 현상학에서 발생적 현상학으로의 변화를 보여주는 또 다른 사례이다. 우리는 이제 정적 분석으로 표현되는 것을 넘어서는 경험의 침전물들과 몸에 관한 논의를 살필 수 있다. 정적 분석에서 신체는 순전히 "재현된

21 Hua 11, 340.

감각들"로 현전되는 것이지만 몸 그 자체는 재현되지 않는다. 몸의 운동감각의 역할에 관한 발생적 해명도 다양한 경험들이 어떻게 가능한가를 보여준다. 정적인 분석에서는 경험에 대한 운동감각들은 순수 의식의 현상들이다. 하지만 경험과 관계하는 운동감각과 몸을 발생적 분석으로 보면 운동감각들이 감각의 영역으로서 몸을 더 깊은 차원에서 이해하게 만든다. 왜냐하면 자아의 몸의 운동감각은 또 다른 운동감각과 일치할 때, 즉 어떤 운동감각의 경험이 있고 그 이후에 또 다른 운동감각이 경험될 때 드러나기 때문이다. 가령 자신의 손을 맞잡을 때 접촉의 경험과 같은 손이라는 경험이 감각으로 경험되는 것처럼, 우리는 [의식의 구성과는 다르게] 앞선 경험들의 과정을 통해 운동감각을 경험한다. 이와 같은 몸의 경험이 습관화되는 과정은 수동적 종합으로 있다. 모든 지향적 지각은 지향되기 이전부터 수동적으로 형성된 통일체를 가지고 있다. 수동적으로 형성된 통일체의 본질을 탐구하기 위해서는 몸으로부터 획득된 경험의 침전물이 반드시 분석되어야 하며, 그로부터 발생하는 결과물들의 역사가 추적될 수 있어야 한다. 그와 같은 분석은 몸을 물질적 신체로만 보는 정적인 방법으로 가능하지 않다. 왜냐하면 그러한 분석은 반드시 자아가 물질적일 뿐만 아니라 "정신적"이기도 하다는 차원에서 탐구될 것을 요청하기 때문이다. 자아는 물질적인 몸과 연관되며 정신적인 자신만의 특정한 행위나 취향 등, 개별적 특성과 연관된다. 이러한 자아의 정신적 · 물질적 특징들은 개별 자아의 침전된 경험들과 분리되어 논구될 수 없다. 이러한 특징들을 밝히기 위해서는 "모든 것은 **주체의 근원적 능력**, 그런 다음 이전의 현실적인 삶에서 발생된 **획득된 능력**

을 이해할 수 있도록 되돌이켜 지시"[22]하는 방식으로 탐구되어야 한다.

자아의 정체성이 습관성과 연관되어 형성된다는 사실은 정적 현상학에서 발견될 수 없는 것이다. 운동감각적 구성은 정적 현상학을 재구성할 때만이 이해될 수 있다. 그래서 침전물들과 습성에 대한 분석은 발생적 분석을 요구한다.

후설은 자신의 저서 『논리학』에서 발생적 현상학을 통한 탐구를 뚜렷하게 드러내고 있다. 발생적 분석의 역할은 구성의 과정을 좀 더 참되게 이해하고자 하는 것이다. 정적 분석은 수동적으로 소여된 자료들에 대한 고려이지만, 열린 지평에 대한 고려 없이 의식으로부터 구성된 대상을 탐구하는 것이기에 후설은 정적 분석이 심리학적인 것에 더 가까울 수 있다고 보았다. 이러한 점에서 초기의 정적 현상학의 접근을 비판적으로 검토한 후 후설은 발생적 분석을 더해 간다: "일반적으로 대부분의 심리학과 인식론에서는 감각 자료들을 의식의 삶을 구성하는 것으로서 감각주의에서 사용하는 의미와 다른 것이라고 하지만 여전히 편향되어 있다." 정적 현상학은 "**현전하는 대상**이라는 내재성의 영역을 살피며, 명징성만을 추구하는" 제한된 접근 방식이다.[23] 정적 분석은 현상들이 품고 있는 발생적 조건들의 가능성을 탐구하지 않는다. 정적 분석에서 현상들은 시간의 흐름이라는 주체성의 심층적인 차원들과 관련해서 논의되지 않는다. 앞서 『이념들 1』의 방식이라고 서술한 초기의 탐구방법은 궁극적으로 현상학적 방법이 무엇인지를 이

---

22 Hua 4, 255/266-267.
23 이와 관련하여 다음을 참조할 것: Sokolowski, *Formation of Husserl's Concept of Constitution*, pp. 207-210; Hua 17, 253/286.

해하는 출발점이었다면, 후설이 후기에서 뚜렷하게 드러낸 탐구 방식은 의식작용을 통해 소여된 대상의 질료와 형식의 결과만으로 대상을 다루는 것이 아니다. 단순히 질료와 형식이라는 이분법적 이해는 좀 더 정교한 발생적 분석으로 대체된다. 발생적 분석은 질료와 형식이라는 도식을 수용하면서도 대상의 선술어적 경험이나 역사적 구성도 살펴본다. "궁극의 '핵심'에 속하는 좀 더 깊은 차원에 놓여 있는 발생을 드러내고 경험의 기원으로 돌아감으로써" 우리는 의미의 논리적 원리를 자명하게 밝힐 수 있다.[24] 발생적 현상학으로 후설은 시간성을 파헤치며 주체에 대한 이해를, 이에 더해 주체가 경험하는 세계를 더 심층적으로 살필 수 있었다.

『성찰』에서 후설은 확고하게 의식주체는 근본적으로 시간적이며 시간적으로 세계의 대상과 연관을 맺는다고 주장한다. 자아의 기원에 대한 이와 같은 관점은 자아를 근본적으로 새롭게 이해하게 만든다.[25] 자아는 세계의 부분으로서 세계로부터 침전된 것과 연관 맺고 있으며, 앞선 세대들로부터 전수되었던 문화전통의 일부를 수동적으로 수용하고 있다. 이와 같은 침전물들의 기원을 확인하는 과정은 주체를 좀 더 넓은 관점에서 역사적인 것과 연관 지어 살피는 일이다. 의미의 침전물은 특정 개인에게서만 비롯된 것이 아니다. 의미의 침전물들을 추적하고 그 기원을 되묻는 과정에서 우리는 계속해서 세대들로부터 이어져 온 축적된 의미들과 그로부터 구성된 결과물이 무엇인지를 반드시 살펴봐야 한다. 그러한 과정은 인간의 역사에 대한

---

24 Hua 17, 185/208.
25 우리는 이와 같은 새로운 개념을 상호주관성에 대한 후설의 개념이 변화한다는 사실과 함께 2장, 3장에서 상세하게 다룰 것이다.

탐구를 수반한다. 물론 후설은 그와 같은 기획이 참으로 어렵다는 사실을 잘 알고 있었다. 후설의 「기하학의 기원」은 갈릴레오의 기하학을 탐구한 후설의 이력 중 특별한 결과물인데, 이 책은 "필연적으로 가장 심오한 의미의 문제들, 학문과 학문의 역사 일반의 문제들, 보편적 역사 일반의 문제들"에 접근하고 있다.[26] 하지만 탐구의 방법은 곧장 기하학의 역사의 문제로 소급하는 방식이 아니다. 후설은 객관적 사실로서 기하학의 역사적 기원을 드러내는 것이 사실상 어렵다는 것을 알고 있다. 대신에, 후설은 우리가 해야 할 일이란 "오히려 최초의 기하학의 창시자를 알지 못하는데 기하학은 어떻게 형성되었고 그 이후에도 만든 사람에게 묻지도 못했는데 어떻게 수천 년간 전통으로 지속되었는지를 묻는 것"이라고 말한다. 이와 같이 기원을 되묻는 방법을 통해 우리는 의미가 형성되고 축적되는 점진적 과정을 형성한 인간 활동들을 드러낼 수 있다. 발생에 대해 되묻는 방법은 "의미에 대한, 학문 일반의 역사와 문제에 대한, 더 나아가 일반적인 보편 역사에 대한 문제들에 대한 가장 심층적인 차원으로 이끈다."[27] 그와 같은 탐구는 우리로 하여금 역사적으로 발전된 의미가 무엇인지를 이해하게 한다. 『위기』에서 후설은 역사란 대상에 대한 이러저러한 특징들을 드러내는 과정이라고 정의한다: "그래서 우리는 순환론과 같은 것에 빠지게 된다. 출발점에 대한 이해는 그것의 성장을 돌아보며 오늘날의 형태로 주어진 학문과 함께 시작함으로써 획득될 수 있지만 출발점의 이해가 부재하는 상황에서 발전이란 **의미의 발전** 외 아무것도 말해줄 수 없다. 따라서 우리에게는 이리저리 앞으로

---

26 Hua 6, 365/354
27 Hua 6, 365/353.

나가거나 뒤로 물러서야 한다는 점, 그리고 상호작용 속에서 서로 도와주고 있음에 틀림없다는 점이 남는다."[28]

이리저리 확인하는 분석의 과정은 우리 자신의 경험에 숨겨진 의미를 드러내는 시도이다. 그처럼 의미의 기원을 되묻는 작업은 우리가 그동안 갖고 있던 편견을 버리도록 돕는다. 그리고 이 작업은 특정한 관점으로 집적된 침전들에 의해 진부하게 이해되던 우리의 역사를 생생한 차원에서 살피도록 만든다. 이러한 관점은 후설이 볼 때 갈릴레오의 기하학을 하나의 사례로서 이야기 할 수 있다. 후설은 갈릴레오의 기하학이 의문에 부쳐질 때까지 학문 전통에서 갈릴레오의 기하학을 당연하게 받아들인 태도에 책임이 있다고 주장한다. 이는 학문이 자신의 역사를 살펴야 할 필연성을 깨닫지 못했을 때, 학문은 그저 하나의 이데올로기로 수립되기 때문이다.[29]

우리는 발생적 현상학의 발전을, 그리고 그것이 세계와 관련 맺고 있는 자아를 이해하는 데 어떻게 영향을 끼쳤는지를 알아야 한다. 이는 처음부터 시간에 대한 후설의 글들을 면밀하게 검토해야 한다는 사실을 뜻한다. 하지만 시간 논의를 살피기에 앞서, 정적 방법과 발생적 방법을 명확하게 정리하는 것이 중요하다.

---

28 Hua 6, 59/58.
29 'Hua 6'에 수록된 「기하학의 기원」을 참조할 것.

4. 시간과 시간성

정적 현상학에서 발생적 현상학으로 나아가는 후설의 변화를 문헌적으로 살피기 위해 우리는 시간에 관한 정적 분석과 발생적 분석을 반드시 들여다봐야 한다. 초기 작품들에서 후설은 의식작용의 과정과 질료의 관계는 임시적이라고 간주한다. 후설은 시간의식과 결부된 의식의 좀 더 심층적인 층위를 온당하게 제시할 준비가 되지 않았는데, 그는 시간의식의 심층적인 차원을 초기에는 제시하지 않았다. 하지만 후설은 "지속적인 흐름으로 구성될 수밖에 없는 심적 과정을"[30] 자세하게 살펴야 한다며 시간론을 더 심층적으로 파고들었다.

후설의 시간과 관련된 초기의 주장들은 자아의 세계와 역사적 차원을 충분하게 다루지 못했다. 이 책의 2장에서 보다 자세하게 다루겠지만, 도식은 경험된 감각 자료들이 생동하면서도 시간적 흐름 속에서 파악되는 것임에도 불구하고 시간과는 아무런 관계가 없는 중립적인 것으로 이해되었는데, 1907년에 후설은 1901년에서 1905년 사이에 드러냈던 시간과 관련해서 이와 같은 도식을 포기한다. 시간의 차원들은 감각 내용으로부터 "분리되는 것으로" 구성되기에 현재에서 과거로 이동할 때, 감각 내용은 현재로 구성되는 파악에서 과거로 구성되는 파악으로 포착된다. 하지만 이러한 시간의 흐름만을 강조하면 시간의 흐름 속에 있는 대상의 이해는 과거에서 과거로 무한히 후퇴하는 양상만을 드러낼 뿐이다. 시간이라는 대상은 감각 내용

---

30 Hua 3, 81절 참조.

들과 연관 맺는 시간적 차원을 갖지만, 이와 같은 시간은 도식에 따른 이해로 시간의 연속성에서 이해되지 않는다. 왜냐하면 모든 사건의 통일체는 그 파악에 있어 언제나 시간적 양상 속에 있기 때문이다. 1907년에 후설은 지각작용에 대한 새로운 이해를 그리고 경험의 통일체의 음영짐에 관한 의미를 제시하고자 했다. 이와 같은 이해와 의미는 후설의 후기 시간에 관한 원고들에서 집중적으로 거론되는 시간의 흐름으로 드러난다. 흐르는 개념으로부터 더 나아가 흐르는 살아 있는 현재의 개념으로 향하는 1917년의 변화는 새롭게 발생적 접근으로 현상학을 탐구하는 기초를 제공한다. 흐르는 살아 있는 현재는 자아의 기원뿐만 아니라 질료에 대한 기원을 탐구할 수 있는 토대를 마련한다. 하지만 흐르는 살아 있는 현재에 대한 이와 같은 해명은 1920년대 초 후설의 C-원고가 나오기까지 드러나지 않았다.

그래서 정적 분석의 문제들은 후설의 초기 내적 시간의식의 개념으로 해결되지 않는다. 왜냐하면 의미의 침전물에 대한 이해가 중요함에도 불구하고 후설의 시간에 대한 초기 관찰들은 순수 형식적인 것으로서, 작용의 내용에 관한 어떤 것도 드러낼 수 없기 때문이다. 시간의 생생한 흐름 속에 있는 인간의 경험은 순수 형식적으로 있지 않다. 그러므로 시간의 순수 형식적 분석만으로 생생한 경험을 이해할 수 없다. 다시 말해 순수 형식적 분석만으로 시간을 다루기에는 충분하지 않다. 『이념들 1』의 탐구는 그 자체로 중요하지만, 시간 문제와 관련해서 개론적으로 상술되고 있다. 구조적 도식으로 시간을 이해하는 것이 실패한다는 점은 더 이상 간과될 수 없다.

5. 결론

초기 현상학적 접근으로 이해되는 정적 현상학은 주체와 대상들을 완전하게 드러난 결과물로서 살핀다. 이러한 까닭에, 정적 현상학은 경험 대상과 주체의 역사성을 검토하지 않는다. 정적 현상학의 핵심은 철학적 회의주의나 심리학주의를 넘어서려는 시도로서 경험의 형식적 본질에 초점을 두고 있다. 순수 의식의 영역에 대한 현상학적 환원을 제시함으로써 후설은 심리학주의나 회의주의를 넘어서서 인식에 대한 좀 더 만족스러운 접근 방식을 제시했다고 믿었다. 후설은 내재성의 영역에서 고찰되는 지향적 대상들과 지향적 주체의 관계에 초점을 맞춘 인식의 도식을 수립했다. **의식작용들과 의식대상들**이라는 형식적 구조는 후설의 초기 현상학적 입장을 잘 드러내준다. 하지만 후설이 스스로 평가했듯, 정적 현상학은 대상의 의미를 시간과 관계없이 고정된 상태로 이해한다는 점에서 경험 대상과 주체의 관계에 대한 심리학적 해명을 성공적으로 수행하지 못하고 있다.

정적 분석은 의미가 획득되는 과정을 온전하게 해명하지 않는다. 의미가 획득되는 과정은 모든 경험과 의미에 내재되어 있는 특정한 시간성을 살필 것을 요구한다. 초기에 후설은 이러한 역동성을 자신의 정적 방법론으로 명증하게 파악하고자 했지만, 이는 발생적 분석으로 성취될 수 있는 것과는 다른 것이었다.

정적 현상학으로부터 발생적 현상학의 이동은 상호주관성과 윤리의 문제에 어떤 영향을 주는가를 살피게 한다. 이러한 변화의 중요성을 좀 더 잘 이해하기 위해, 발생적 현상학과 이와 연관된 상호주관성 및 윤리의 개념들의 변화는 상세하게 다루어져야 한다. 이를 위한 상호주관성의 문제를 드러내는 토대로서 내적 시간의식을 집중적으로 다루는 작업은 매우 중요하다. 세대와 문화를 가로지르는 공동체와 개인의 연관성에 관한 상세한 설명은 그와 같은 연관성이 어디에서, 어떻게 윤리적으로 수립되는지를 드러내기 위한 선행 작업이다. 공동체, 개인, 윤리와 같은 주제들은 내적 시간의식과 관련된 후설의 사유의 변화가 상세하게 제시될 때 잘 드러난다. 발생적 현상학으로의 사유의 변화가 상호주관성에 영향을 끼쳤다는 사실이 명확하게 드러날 때 후설의 논의는 그 타당성을 더 확보할 것이다.

Edmund Husserl

제2장

시간의식과
상호주관성에 관하여

우리는 서사를 그러니까 시간 그 자체를, 시간의 목적에 대해서 말할 수 있을까? 그것은 분명 터무니없는 일이다.[1]

후설의 현상학이 발생적 현상학의 방법으로 발전하는 점은 시간에 대한 사유가 깊어지는 것과 분리되지 않는다. 시간과 발생적 현상학의 방법을 함께 살피는 목적은 상호주관성 및 그것과 연관된 윤리적 주체의 문제를 탐구하기 위해서이다. 초기 정적 현상학에 관한 후설의 저서들에는 상호주관성이 명백한 주제로 드러나지 않는다. 예를 들어, 『논리연구』에서는 우리가 타자를 어떻게 경험하는가와 관련된 구체적인 언급이 없다. 정적 현상학적 방법을 중점적으로 다루는 『이념들 1』에서도 타자에 대한 질문이 제기되고 있지만 체계적이고 만족스러운 방식으로 해설되지 않는다. 사실, 정적 현상학의 방법만으로는 초월론적 상호주관성에 대한 물음이 충분하게 해결되지 않는다. 후설의 초기 작업은 정적 현상학의 방법에 의존하는 것으로서 형식적이고 도식적이다. 정적 방법의 엄밀한 구조는 나와 타자의 역할이

---

1   Thomas Mann, *The Magic Mountain* (New York: Vintage International, 1992), p. 541.

나 경험에 대한 구체적인 물음을 놓치기 쉽다. 후설은 상호주관성과 관련해 어려움에 직면하는데, 특히 환원의 과정은 **유아론**(solus ipse)으로 귀결되는 것으로 보일 수 있기에 정적 현상학에 대한 방법론적 물음을 재고하지 않을 수 없었다. 정적 분석에 따르면 자아 그 자체는 세계 구성의 절대적인 근거이다. 이에 따라 정적 분석에서 타자는 타자 스스로에서부터 의미를 갖지 않고 타자는 인식하는 주체로부터 도출되었다.

1907년에 후설이 시간의 문제를 심도 있게 사유하기 시작했을 때, 그는 시간의 근원적 의식으로서 절대의식을 정립하지만, 이로부터 더 나아가 절대의식의 흐름으로서 시간을 제기하며 의식의 흐름으로부터 역사에 대한 문제, 상호주관성에 관한 문제로 확장한다. 후설이 수년에 걸쳐 고군분투하며 탐구한 시간의식은 발생적 현상학적 방법의 발전을 가능하게 하였으며 초월론적 상호주관성 이론을 완성하는 데에 상당한 기여가 되었다. 1920년 후반에서 30년 초반에 후설이 시간에 대해 다시 탐구를 했을 때, 발생적 현상학적 방법의 개념은 완전히 정립된 상태였는데, 이때 그는 역사, 시간, 그리고 상호주관성에 대한 의미심장한 논의들을 개시했다.

후설의 감정이입의 유비로부터 드러난 상호주관성 이해는 상호주관성의 문제를 온전하게 답할 수 없었다. 그러나 발생적 현상학을 통해 후설은 세계와 존재에 대한 상호주관적인 의미가 무엇인지를 드러내는 길을 확보한다. 초기 정적 작업들로부터 제시된 도식적 설명을 넘어 후설은 시간성에 대한 이해를 확장하는데 이러한 확장으로부터 시간의 근원적인 상호주관적 차원을 개시한다.

이러한 상황을 더 자세히 알기 위해 1905년 겨울에 있었던 시간의식에 대한 후설의 첫 번째 강연을 먼저 살피고, 이어서 1907년에서 11년까지 보충된 시간에 대한 원고들에서 나타난 개념들을 확인하기로 한다. 이제 후설의 시간에 대한 사유의 발전을 좀 더 상세하게 살펴보자.

1. 1905년의 시간 강의

시간의식에 대한 후설의 초기 강연들은 시간의식의 형식들에 관한 브렌타노(Franz Brentano)의 이론들을 비판적으로 살핀다. 후설의 시간 이해는 당연하게도 첫 단계부터 객관적인 시간을 괄호치는 것이다. 후설은 객관적 시간을 판단중지해야만 시간의 문제를 좀 더 세밀하게 다룰 수 있다고 보았다. 후설에게 시간은 "그 자체 너머로 도달해야 하는"[2] 그러니까 주관과 상관없이 초재하는 객관적인 시간이 아니라, 현상학적으로 소여된 것으로서 주관의식의 상관적 대상으로 파악해야 할 것이다. 탐구되는 대상에 대한 현상학적 환원이 필수적이듯, 객관적 시간에 대한 환원은 "시간의 본질이 단순히 여러 주관 의식의 개별 사례와 연관되는 것으로만 보는 게 아닌 시간 표상에 관한 '내용'과 '질'을, 더 나아가 의미를 분석할 수 있게 한다."[3] 이러한 입장에서 후설은 "경험으로부터 체험되는 '객관적 시간'을 부정하지 않으면서도 시간 그 자체에 대한 체험을" 이야기하는 것에 관심을 갖는다. 후설의 시간연구는 "**시간의식**을 탐구함으로써 **시간의 선험성**을 좀 더 **명백하**

---

2 Hua 10, 189/195.
3 Hua 10, 188/194.

게 드러내는 것"이다.[4]

시간과 연관된 내재적 내용과 의식 작용의 구성에 대한 후설의 탐구는 심리학적인 게 아닌 시간 그 자체에 대한 체험을 지향한다. 그런 점에서 후설은 시간의 기원을 심리학적인 방법으로 고찰하는 브렌타노와 거리를 둔다. 브렌타노는 시간은 우리의 감각에 새로운 계기들이 부착되어 주관적인 상상을 통해 발생하는 것으로 보았다. 그는 과거로 지나간 대상의 의미는 기억의 표상과 상상을 통해 현재의 지각과 결합함으로써 드러난다고 보았다. 왜냐하면 현재의 지각 속에서 재현된 저마다의 표상은 앞선 지각 내용을 표상하는 것이며 우리는 앞선 지각의 내용을 현재에서 재현함에 따라 시간적 계기를 갖기 때문이다. 가령, 우리가 하나의 선율(melody)을 인식하려면, 처음부터 끝까지 선율은 반드시 연속되어야 한다. 선율의 각각의 음들은 동시에 주어질 수 없다. 상이한 시간 위상에서 드러나는 화음들을 듣는 것이지 선율의 모든 화음을 한 번에 동시적으로 들을 수 없다. 이러한 점은 상이한 시간 위상에서 내용들을 재생하는 우리의 표상 능력을 보여준다. 지나간 음이나 화음의 내용은 과거이면서도 연속하는 계열 속에서 표상되며 우리는 이러한 표상을 현재의 의식 속에서 끄집어 낼 수 있다. 우리의 의식에 내재한 대상들의 연속으로부터 우리는 시간적 계기를 드러낸다. 브렌타노는 이와 같은 계기의 의미는 상상 속의 내용을 재현한 것이라고 본다. 브렌타노에게 시간의 지속은 감각에 대한 내재적 계기에 따른 상상으로부터 나온다. 한마디로 시간은 심적 상상으로부터 나온 결과이다. 후설에 따르면 브렌타

---

4 Hua 10, 10/10.

노의 잘못은 "감각들의 연속과 연속에 대한 감각은 같지 않다"는 점을 구분하지 못한 데에 있다.[5] 브렌타노의 설명은 "오직 지금이라는 판단만이 실재적이다"[6]라고 보는 문제를 가지고 있다. 브렌타노에게 과거나 미래와 같은 다른 시간 표상들은 상상에 따른 계기로서 비실재적인 것으로 간주된다. 브렌타노의 설명은 실재적인 지금이 어떻게 비실재적인 과거가 될 수 있는지에 관한 충분한 해명을 내놓지 못한다. 브렌타노의 입장에 대해 후설은 "시간 표상에 대한 심리학주의에 기원을 두는 이론"[7]이라고 비판하며, 브렌타노의 주장을 폐기되어야 할 것으로 간주한다. 시간에 관한 참된 현상학적 이해를 위해 후설은 "현상학적인 자료인 과거와 현재를 지향적으로 포섭하는"[8] 의식의 통일체를 재검토할 것을 주문한다. 이 외에도 브렌타노는 시간에 대한 지각과 시간에 대한 상상의 차이점을 그리고 파악의 내용, 작용으로 이해된 대상을 구분하지 못하는 우를 범한다. 그와 같은 구별의 부재는 시간의 요소가 무엇으로 표현되어야 하는지를 결정할 수 없다. 브렌타노는 시간의식 자체가 어떻게 가능한가를 해명하는 데 충분한 설명을 제시하지 못했다.

후설은 시간의식에 대한 도식적이고 형식적인 설명으로 브렌타노의 이론에 대한 대안점을 내놓는다. 이러한 시도는 후설의 정적 현상학적 방법과 그 맥을 같이 한다. 후설이 제시하는 형식적 특징은 "의식의 연속과 연속

---

5 Hua 10, 12/12.
6 Hua 10, 14/15.
7 Hua 10, 15/16.
8 Hua 10, 16/16.

의 의식"[9]의 가능성에 대한 물음과 그에 대한 대답으로 드러난다. 후설의 논의는 시간적 위상이나 시간의 질료와 관련해서 시간적으로 달라질 수 없는 ("지금-지각")과 같은 근원적 인상은 시간적일 수 없다는 사실로부터 출발한다. 지금-지각은 현재로 주어지든 과거로 혹은 미래로 주어지든 오직 예지나 파지의 연속체의 경계로서만 생각될 수 있다. 감각 내용이 다양한 양상으로 주어진다고 해도 이 모든 것은 자기 동일적인 지금-지각을 포착하는 형식적인 자기 동일적 의식에 의존한다. 이러한 관점에서 우리는 어떤 대상의 정체성과 지속성을 이해할 수 있다. 각각의 실재적인 지금-지각은 연속하는 지금 지각들에 의해 끊임없이 대체된다. 최초의 지금-지각은 과거로 계속해서 물러나며 다양하게 소여된 것들 중 하나로 남게 된다. 하나의 통일된 시간은 연속적인 시간의 위상이라는 총체적인 계열로서 설명된다. 상이한 시간의 위상들을 가지고 있는 하나의 통일된 시간 대상은 연속하는 것으로서 경험된다. 이전과 이후의 모습으로서 하나의 시간 대상은 과거로 변화하여도 동시에 통일된 하나의 모습을 지닌다. 비록 대상을 경험하는 시간의 전체 계열들은 과거로 소멸되지만 시간 속의 대상은 통일되게 고정되어 있다.

그러므로 어떤 연쇄의 지각은 지각을 통일하는 관계의 지점들이 모두 작용과 관련된 "지각된 것" (좀 더 정확하게, 연쇄의 지각으로 완결된 경험)**이 아니다.**(지각은 지금의 지각이라는 의미로 이해된 것이다) 한편으로 이는 지각을 통일하는 관계의 점들이 모두 연쇄적으로 지각되었다는 것을, 연쇄의 지각

9 Hua 10, 189/195.

은 지각의 연쇄를 전제한다.[10]

도식적인 설명은 과거로 소멸되는 시간 위상의 이중적인 연쇄로 제시된다. 이중적인 연쇄의 한 가지는 파악의 계열이며 또 다른 것은 파악의 계열과 함께 대상의 통일성이 시간적으로 주어지는 내용의 계열이다. 한마디로 파악 내용은 시간적으로 변하지 않고 고정된 것으로 드러날 수 있다. 연쇄 속에서 시간 파악을 통해 시간적 대상의 내용은 파악될 수 있다.

모든 연쇄의 각각의 지금은 상이한 부분들로 구성되는데, 후설에게 각각의 지금은 "지금-지각"[근원의식], "일차적 기억"[파지], "일차적 기대"[예지]로 구성된다.[11] 이 세 요소들은 시간의 단면들로서 지금 의식의 '경계'를 이룬다. 지금-지각은 모든 시간적 대상의 근원적 지금이라는 시점의 파악이다. 각각의 지금은 근원의식의 최초의 기억으로부터 즉각 소멸되는 것이다. 근원의식으로서 지금-지각은 모든 시간 대상의 지금이라는 순간의 근원적 파악이다. 지금 지각은 즉각적으로 일차적 기억 속으로 소멸한다. 지금 지각의 파악은 대상의 시간적 위상과 관련해서 일차적 기억 속에서 파악되는 내용과는 다른 것이다. 기억은 과거의 양상으로 있다는 사실을 제외한다면 일차적 기억의 내용은 지금-지각의 내용과 동일하다. 기억은 이미 지나간 과

10 Hua 10, 190/197.
11 이러한 용어들은 원래 후설이 1904년에서 1905년 사이에 사용하던 말이다. 초기 필사본에서 후설은 "근원 기억(primary memory)" 혹은 "새로운 기억(fresh memory)"이라고 불렀다. 후설의 용어들은 1907년 원고에서 변화하기 시작했다. 나는 후설이 주요하게 생각했던 주제에 따라 그가 사용하던 용어가 변화하는 과정에 주목할 것이다. [ ]는 역자 주: 역자 주의 내용은 후설이 후기의 시간 분석에서 재정립한 단어이다.

거에 관한 것이다. 후설이 자주 드는 사례로서 선율 속에서 선율의 첫 시작의 음정(tone)을 파악한다면, 지금 지각으로서 근원의식은 즉각적으로 선율의 두 번째 음정에 대한 파악을 동반한다. 그러나 근원의식은 지금-지각으로서 계속해서 등장한다. 지금 지각의 내용인 첫 음정은 일차적 기억을 통해 새로운 지금 지각[두 번째 음정]과 결합되면서 유지된다. 음정의 특징은 현재에서 과거로 변한다. 반면 파악은 근원 기억에 대한 것으로서 새로운 지금-지각의 파악과 과거로 지나간 파악이 함께 작용한다. 선율이 중단될 때까지 지금이라는 위상은 계속해서 다른 지금 위상으로 대체되며 선율의 연쇄적 음정을 드러낼 것인데, 이는 기억 속에서 각각의 근원적 지금이 계속해서 사라지고 등장하는 것과 같다. 선율의 각 음정의 파악은 "막 지나간 과거이지만 동시에 여전히 의식 주관에게 현재인 채"[12] 의식의 기억 위상에서 현전된다. 이와 같은 두 가지의 연속[계속해서 막 지나가지만 혹은 막 도래하지만, 계속해서 현전되는 사태]은 선율로 하여금 지금 속에 있으면서도 시간적으로 확장해 나가는 것으로 보이게 한다. 선율 전체를 지각하는 것은 "연속에 대한 연속체로 이해하는 일인데, 이는 (각각의 시간적 위상에 따라) 음정이 위상과 위상에 따라 계속해서 서로서로 이어가는 것이게 하며, 그에 맞춰 시간적 대상 전체의 통일적 의식을 구성하게 한다."[13] 한마디로 파악의 위상과 내용의 시간적 위상에 대한 연속을 연속체로 이해할 수 있다.

하지만 지금 듣는 선율이 아닌 지난주나 어제 들었던 선율을 다시 기억할 때 무슨 일이 일어나는가? 막 지나간 것으로서 의식에 현전되는 최초의 기

---

12 Hua 10, 212/219.
13 Hua 10, 231/239.

억과는 달리, 재기억은 최초의 기억이 더 이상 생생하지 않은 과거에 대한 재현전화(Vergegenwärtigung)이다. 재기억은 처음부터 경험된 과거의 대상을 재생하는 것이다. 재기억은 최초의 기억의 내용을 가질지라도 최초의 원본적 경험과는 다른 것이다. 왜냐하면 재기억은 최초의 경험을 의식에서 "재생산한 양상의 지표"로 있기 때문이다.[14] 최초의 기억에서 시간적 대상은 원래 그대로 현전되는 반면에, 재기억에서는 시간적 대상이 의식 속에서 다시 환기되어 드러난다. 재기억에서 시간적 대상은 직접적으로 직관되지 않으며, 최초의 기억처럼 지금 현재의 지각으로 파악되는 게 아니다. 재현전화하는 재기억의 작용은 자아가 언제든지 행할 수 있는 것으로서 단순히 기억 속에서 어떤 생각을 끄집어내는 게 아니라 경험된 대상을 반복적으로 끄집어낼 수 있는 능동적인 작용이다. 후설에 따르면 "형상적 법칙에 따라, 모든 기억은 제한 없이 수많은 단계로 무제한적으로 반복될 수 있으며, '나는 할 수 있다'의 영역에서 기억은 계속해서 재생될 수 있다. 각각의 단계는 본질적으로 자유의 활동(물론 방해받을 수도 있는 그런 활동)이다."[15] 재현전화 작용을 실행하는 재기억의 자유는 원래 주어진 것을 다시 재현할 수 있다는 자유로서 우리에게 소여된 것만으로 한정되지 않는다. 이는 원래 주어졌던 것만큼 선명하게 현전하지 못해도 실질적으로 주어졌던 것보다 더 빠르게 재현전할 수 있는 자유로서 재기억은 기억 대상을 재차 현재에 드러낼 수 있다. 하지만 재기억의 대상이 명증적이지 못하다고 할 때, 선명함이 상실되는 이유는 재현된 대상의 문제가 아닌 재현전화하는 작용의 문제 때문이다.

14 Hua 10, 37/39.
15 Hua 10, 44/45-46.

즉 하나의 경험은 과거로 갈수록 덜 분명해지며, 이렇게 덜 분명해지는 사태가 재기억 속에서 일어나기 때문이다.

최초의 경험과 재현전화의 경험에는 중요한 차이점이 있다. 재현전화의 경험은 무한히 반복될 수 있지만, 최초의 경험은 오직 한순간에만 주어진다. 원본적인 최초의 경험의 대상에 좀 더 가깝게 다가서기 위해서는 재현전화 작업이 필수적이지 않을 수 없다. 그럼에도 불구하고 "재현전화 [Vergegenwärtigung]는 원본적인 어떤 것을 산출하는 작용과는 다른 것이다. 왜냐하면 그 어떤 표상[Vorstellung]도 재현전화로부터 산출되지 않기 때문이다."[16] 한편, 재현전화는 최초의 기억과도 구별되는 것인데, 최초의 기억은 이차기억으로서 재현전화 속에서 다시 현전하는 어떤 것을 떠올리기 위한 상상과 같은 것을 가지고 있지 않다. 오히려 원본적인 최초의 기억은 시간적 특징에서 변화를 갖는 지금 의식의 확장이지만, 원래부터 소여된 것을 재생하지는 않는다.

어떤 대상에 대한 원래의 지각을 재기억하는 것과 대상 그 자체를 떠올리는 것 사이에는 분명한 차이점이 있다. 대부분의 경우 재현전화된 것은 원래의 지각을 재기억함으로써 드러난 대상이다. 지각에서 현전된 대상은 재현전화된다. 그래서 기억은 "실재적으로 앞선 지각의 재생을 뜻한다."[17] 기억은 앞선 지각의 재현전화가 아니라 오히려 지각의 대상과 연관된 것이다. 기억에서 "의미하는 것, 설정되는 것은 지각의 대상이며, 대상의 지금인데,

16 Hua 10, 45/47.
17 Hua 10, 58/60.

대상의 지금은 실질적인 지금, 즉 현재와 연관된 것으로 간주된다."[18]

그래서 문제는 파악의 다양한 양상 속에서 '대상 자체가 무엇으로 등장하는가?'이다. 이차적 기억에서도 최초의 기억에서만큼 현재로 드러난 동일한 현상학적 대상으로 파악되는 게 대상일까? 재기억과 관련해서 후설은 재기억은 회상된 대상의 이미지와 같은 어떤 것을 떠올리는 게 아닌 원래 경험된 대상이 재현전화된 대상과 동일하다는 의미에서 "동일성을 갖는" 재현전화라고 강조한다. 재기억은 [대상의 동일성을 구성하는] 소여성의 양상이며, 시간적으로 변한 것의 위치를 잡는 것이다. 하지만 시간적 위치 지음은 불가분적으로 "지각의 시간과 지각된 것의 시간이 동일하게 있다"[19]는 사실과 연결된다. 그래서 후설은 다음과 같이 주장할 수 있는데, 즉

> 시간 위치는 시간적 위치 지음의 연속이라 할 수 있는 시간의 선험적 본질
> 에 속하는 것으로, 때때로 동일한 것으로, 때때로 변화하는 대상들로 채워
> 지는데, 그래서 그러한 절대적 시간의 동질성은 과거의 양상들이라는 흐름
> 속에서 파기될 수 없는 것으로 구성되는 것이자 지금을 끊임없이 개시하는
> 발생적인 시간의 관점의 양상들로 구성되며, 모든 시간적 위치는 그것이 무
> 엇이든 간에 원천점의 양상이라는 흐름 속에서 구성된다.[20]

이러한 방식에서, 후설은 하나의 객관화되는 절대적 시간인 파악된 시간

---

18 Hua 10, 58/60.
19 Hua 10, 72/74.
20 Hua 10, 72/74.

의 동일성을 수립하는 시간성의 선험적 법칙을 수립한다.[21]

지금까지 드러난 것은 모든 시간적 경험에 대한 감각적 내용이 시간적 위치지음과 연관하여 중립적이라는 점에서 도식적이다. 달리 말해, 선율의 음정이 다가올 미래나 과거 혹은 현재로 파악된다면, 즉 생생하게 흘러가는 것으로서 그 어떤 단편적 규정으로 파악될 수 없다면, 음정 그 자체는 현재도, 지금도 아닌 것이다. 왜냐하면 모든 내재적인 감각 내용은 시간적 파악에 대응하는 것으로 있기 때문이다. 시간 위상은 감각 내용에 의해 "분별적으로" 구성된다. 하나의 감각 내용이 현재에서 과거로 흘러갈 때 감각 내용은 현재에 파악되며 구성 작용으로부터 생동하는 것이지만, 이어서 지나간 과거로 파악되는 구성작용으로부터도 생동한다. 지각은 "가로지르는 영역들"로 이해될 수 있는데, 가로지르는 영역에서 "각각의 영역은 감각적 내용의 연속체로[있으며], 지금-지각으로 딱 잘라서 보는 〈파악〉의 특징의 연속체와 감각도 딱 잘라서 보는 감각 내용의 연속체로 있다."[22]

후설은 두 가지 구분되는 연속체에 대해 이야기한다. 하나의 연속성은 감

---

21 여기에서 일차기억이나 이차기억의 양상과 관련해서 어려움이 있다. 한 대상이 두 기억에 동시에 있을 수 있을까? 예를 들어, 내가 처음으로 베르디의 진혼곡(Requiem)을 듣는다면, 나는 곡 전체의 흐름을 지각하는 일차기억 속에서 진혼곡을 확인할 것이다. 하지만 두 번째로 이 곡을 듣는다면, 나는 일차기억 속 첫 번째로 들었던 곡의 흐름을 여전히 가지고 있는 것일까? 혹은 일차기억 속 이 곡의 흐름은 지워져 이차기억을 통해 회상되는 것일까? 혹은 이 모든 양상은 동시에 일어나는 것일까? 나는 처음에 들었던 곡의 흐름을 재현할 수 있지만 또한 근원 기억 속에서 이 곡을 가지고 있기에 진혼곡 전체를 하나의 지각으로도 가질 수 있다. 그와 같은 사실이 어떻게 가능할까? 우리는 어떻게 진혼곡을 완벽하게 전체로서 이해할까? 왜 1997년 3월 심포니 홀에서 합주된 베르디의 진혼곡은 내 기억에서 남아 있지 않는 것일까? 일차적이든 이차적이든 이 모든 우리의 기억을 제한하는 요소는 무엇일까?
22 Hua 10, 231/239.

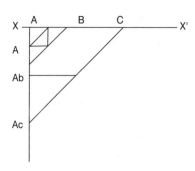

각 내용들에 대한 것이고, 또 다른 연속성은 감각 내용들과 관련된 시간적 위상에 관한 것이다. 위의 다이어그램은 후설의 설명을 이해하는 데 도움이 된다.

다이어그램은 어떻게 동시성과 연속성이 도식적 접근에서 사료될 수 있는지를 보여준다. 수평선의 X-X'는 현재로서 실질적인 지금의 연속인 반면, 수직선인 A-Ac와 B-Bc는 모두 지금의 과거로 소멸되는 것이다. 대각선으로 있는 B-Ab와 C-Ac는 X-X' 수평선 위에서 지금이 무엇이든 간에 확장된 현재를 가리킨다. B가 지금이 될 때, Ab는 막 지나가지만 "동시적인 것"으로 있다. C가 지금일 때, 막 지나간 Bc와 조금 더 지나간 Ac도 "동시적"으로 있다. Bc든 Ac든 이들은 지금의 C의 연장된 현재를 구성한다. 수평선은 객관적 시간을 재현전화하며, 수직선은 파악 내용의 과거와 현재를 재현전화하는 반면, 대각선들은 최초의 기억의 위상들을 지금-지각을, 파악의 시간적 위상들을 재현전화한다.

뵘(Rudolf Boehm)이 그렇게 불렀듯,[23] 후설의 이러한 도식은 문제가 있는 것

---

23 뵘(Boehm)은 후설전집 10권의 4절의 제목을 다음과 같이 지었다: "On The Dissolution of the Schema: Apprehension-Content-Apprehension."

으로 관찰되는데, 이유인즉 이러한 도식의 복잡성은 시간적 대상을 인식하는 작용이 무엇인지를 파악하기 어렵게 만들기 때문이다. 시간적 대상들은 감각적 내용과 연관을 맺는 자기 자신만의 시간적 위상을 가지고 있다. 이러한 시간적 대상들의 연속체에 시간 위상이 계속해서 부가되는 설명은 도식을 어렵게 만들며 시간이 무한히 물러나는 것으로만 귀결된다는 문제가 있다. 초기 작품들에서, 후설은 시간 그 자체를 지각하는 작용에 대해 숙고하지 않았었다. 또한 도식은 연쇄의 문제를 해결할 수 없었는데, 왜냐하면 파악의 시간적 양상은 반드시 한 대상이나 사건의 통일체를 이해하기 위해 동시적이고 멈춰진 상태로 있어야 하기 때문이다. 후설은 이러한 어려움을 1905년 강의에서는 다룰 준비가 되어 있지 않았다. 1907년 이후에야 도식과 같은 형식적 시간 구조가 좀 더 심층적으로 이해되기 시작했는데, 이는 경험의 통일성 속에서 음영진다는 게 무엇이며 지각의 작용에 대한 이해를 동반하는 시간의식에 대한 심층적 이해를 사유하기 시작하면서 드러났다.[24]

24 나는 시간과 관련된 후설의 사유의 변화와 관련된 브로(John B. Brough)의 분석에 동의한다. 나는 그의 후설전집 10권의 영문판 서문 내용으로부터 많은 도움을 받았다. 브로는 서문에서 1907년 이후의 후설의 시간론과 초기 강연의 시간론의 차이를 명백하게 보여주고 있다. 하지만 1920년 말에서 1930년 사이에 등장한 C원고와 관련된 연구에 입각해 볼 때, 나는 후설이 시간성에 관하여 제3의 움직임을 보였다고 생각한다. 이와 관련해서는 이후 자세하게 논할 것이다. 그리고 이와 관련된 내용으로는 다음의 나의 논문을 참조할 것: "The Nonpresence of the Living Present: Husserl's Time Manuscripts," *Southern Journal of Philosophy* 38 (2000): 221-30.

2. 1907년에서 1911년 사이의 논의

초기 도식적인 시간 분석의 어려움을 극복하려는 시도 속에서 후설은 의식의 내재성에 관한 전혀 다른 차원의 해명이 필요하다는 점을 알게 된다. 이는 동일한 시간적 대상의 내재적 지각들이 음영진다는 것과는 다른 차원의 논의이다. 후설은 이 지점에서 그가 초기 강의들에서 개괄적으로 드러낸 도식들이 안고 있는 한계를 발견한다. 시간에 대한 도식적 이해는 대상들을 온전하게 이해하는 데에 한계를 갖는다.[1907년 이후 시간의식 분석의 초점은 내적 시간 자체의 구성으로 옮겨 간다] 이와 관련해서 후설은 다음과 같이 서술한다.

> **이 모든 것은 충분하지 않다.** 이는 양상을 경험하는 연속들의 복잡한 흐름은 그 자체로 여전히 어떤 지점에서는 부풀려지고 어떤 지점에서는 소멸되는 방식과 같은 지속되는 **소리**의 **지각**이 아니다. 후자는 **통일적인** 객관성-나의 지각에 앞서 이미 나에게 주어진 것이다. 복잡하게 괴롭히는 다양성으로 있는 게 아니다.[25]

이러한 어려움을 극복하기 위해, 후설은 통일된 것으로 있지만 다양체로 접근할 수밖에 없는 의식의 근본적 층위를 명확하게 밝히는 작업이 필요하다고 생각한다. 의식의 통일체는 "**의식의 흐름**과 연관된 독특한 형태를 띠

25 Hua 10, 281/291-92.

는 것으로 이해될 수밖에"[26] 없다. 만일 의식의 흐름이 통일체로 있다면, 통일된 시간적 대상도 존재할 것이다. 한편, 만일 통일된 시간적 대상이 존재한다면, 대상을 시간적 통일체로 이해하게 하는 절대적 의식의 흐름이 있을 수밖에 없을 것이다.[27]

하지만 절대적 의식이라는 개념은 도식적인 문제를 해결하는 데에 적절한 해결책이 아닌 것으로 보이는데, 왜냐하면 여전히 도식적으로 대상을 구성하는 것으로 보이기 때문이다. 후설은 도식적 접근으로 대상을 이해하는 작업을 그만두는데, 왜냐하면 절대의식과 관련된 형식적 이해는 시간을 "단지 파악에 있어 질료적 차이로만 이해하는 것이기 때문이다. 의식 속에서 '대상을 생동하게 하는' 경험되는 내용의 파악을 단순히 차이나는 것으로만 이해하는 것은 문제가 있다."[28] 도식적 이해는 의식의 '지금' 속에서 동일한 내용으로 드러나는 것이 계기적 연속성 속에서 그리고 대상의 연쇄가 한 번에 동시적으로 무시간적으로 직관될 수 있다고 믿게 만드는 실수를 범하게 한다. 물론 그와 같은 도식적인 파악은 "지금"의 현전으로 드러내는 한 의식에 타당한 것일 수 있다. 후설 스스로가 밝히길, "그래서 명백히 연쇄적일 수 있는 의식 속에서 연쇄되는 대상이 동시에 같은 내용을 가지고 있다는 것은 가능하지만 (그리고 이들이 언제나 지금이라는 의식 속에서 동시에 공존하는 것으로 있을지라도) 이는 터무니없는 주장이다."[29]

이러한 터무니없는 점을 극복하기 위해, 우리는 "**감각의 변화**를 설명하는

---

26 Hua 10, 284/294.
27 Hua 10, 284/294.
28 Hua 10, 319/331.
29 Hua 10, 323/335.

방식만으로는 **대상의 차이들을 설명할 수 없다**는 사실을"[30] 반드시 수용해야 한다. 달리 말해 시간적 파악에서 차이는 여전히 지금 속에서 파악되는 대상의 시간적 특징 외 다른 어떤 것에 의존해야만 한다. 그와 같은 차이는 반드시 "의식의 양상"[31]을 포함하고 있다.

시간 분석에 관한 최초의 시도가 잘못한 점 중의 하나는 기억을 "일차적 기억[파지]"과 혼용한 것에서 비롯된다. 왜냐하면 "일차적 기억"은 후설이 후기 작업에서 시도하고자 한 객관적 시간과 의식의 위상의 구별을 모호하게 만들기 때문이다. 이와 같은 어려움을 인지함으로써 후설은 자신의 용어에 변화를 줘야 할 필요성을 느꼈다. 그는 **일차적 기억**을 **파지**로 대체했고, **일차적 기대**를 **예지**로 대체함으로써 이와 같은 혼란을 피하고자 했다. 후설은 "기억은 구성되는 시간의 대상을 지시하는 표현"[32]이라는 점으로 이해했다면, "파지와 예지는 의식의 위상과 그런 위상의 지향적 관계를 묘사하도록 기술된 것이라고 보았다. 이에 따라 후설은 의식의 위상들과 의식의 연속성은 반드시 구성되는 시간적 대상으로 간주될 필요가 없다"[33]고 주장한다.

"의식의 위상을 시간적 대상으로 간주하는 게 왜 잘못된 것인가?"하는 문제는 의식의 흐름을 의식의 지각 작용 속에서 이해한 데에 있다. 흐름은 구성으로 드러나는 "과정"이 아니다. 흐름은 그 자체로 과거로 소멸되는 것으로서 지금으로 구성되는 특징을 갖고 있지 않다. 한편 파지는 고유한 지향성으로서 기억이나 재현의 상상으로 나타나는 지금이 아니다. 파지는 기억

---

30 Hua 10, 324/336.
31 Hua 10, 324/337.
32 Hua 10, 333/346.
33 Hua 10, 333/346.

과 동일한 방식으로 지금과 연결되는 게 아니다. 오히려, 파지는 "지금이라는 의식과 '함께' 있는 것이지만 '지금'이 아니며, 지금과 **동시적인 게 아닌 것으로서** 말해질 수 없는 것, 그러니까 **내재적 시간 속에서 아무것도 아닌 것이다.**"[34] 파지는 시간적 위상을 나타내는 것이다. 여기에서 중요하게 봐야 할 점은 경험의 통일된 이해를 위해 지각과 지각의 내용을 언어로 규정하는 것으로부터 멀리해야 한다는 사실이다.

1907년 이후에 후설은 시간의식의 위상에 관한 지각은 대상에 대한 지각과 서로 다르다는 사실을 밝히고 있는데, 왜냐하면 시간의 흐름은 지각의 대상이 아니기 때문이다. 시간의식에는 다양한 층들이 있는데 그러한 사실에 따라 후설은 시간을 구성하는 흐름의 층과 절대적 의식의 층을 구분하고 있다. 절대적 의식의 층을 내세움으로써 [절대의식을 구성하는 또 다른 의식이 계속 요구되는] 도식적인 접근에서 발생하는 무한한 후퇴의 문제는 [절대의식의 자기 구성을 통해] 해결된다. 시간 속에서 지속하는 대상은 동일한 것으로 있으면서도 동시에 시간 속 과정의 위상으로도 이해된다. 지속하는 대상은 변하는 것 혹은 멈춰있는 것이면서도 동시에 지속하는데, 마치 정지한 것이 변하는 것으로, 변하는 것이 정지한 것으로 있는 것처럼 있다. 절대적 의식과 비교해 보아도 의식의 흐름은 계속해서 변하지만 흐름 자체가 정지하거나 상이한 "비율"로 흘러간다고 할 수 없으며 그와 같은 의미에서 흐름 자체가 완전히 변할 수 있다고 볼 수 없다. 흐름 그 자체는 실제로 변화하지 않는데, 흐름은 계속해서 흐르는 것으로서 지속 외에 다른 방식으

---

34 Hua 10, 334/346.

로 이야기되는 게 아니다. 대상과 흐름 사이의 관계는 시간으로부터 구성되는 것과 현상을 시간으로 구성하는 것과의 차이로 맺어진다. 시간을 구성하는 흐름은 "개별 대상도 개별 과정도"아니다. 그래서 시간 속에서 구성된 대상의 술어를 시간을 구성하는 현상인 흐름으로 규정하는 시도는 이치에 맞지 않으며 "구성된 대상들이 이전에 존재했으며 지금도 존재하며, (한결같은 의미를 지닐 수 있는 것으로) 드러난 대상은 시간 속에서 한결같이 동시적으로 연쇄한다는 말도 타당하지 않다.[35] 오히려 우리는 다음과 같이 말할 수 있는데, 현상을 구성하는 시간 혹은 "현상의 연쇄—즉 흐름을 구성하는 시간의 위상인 연쇄—는 지금에 그러니까 **구성하는** 지금에 이미 구성적으로 있는, (우리가 '였었다'라고 말할 수 없는) 구성된 것에 **속한다**"[36]고 말이다. 시간의 흐름 속에서 시간의 흐름을 구성하는 것에 대한 이해는 의식의 절대적 흐름의 이중 지향을 가리키고 있다. 지향성의 한 측면은 시간적 대상의 흐름을 가리키지만, 또 다른 지향적 측면은 흐름 그 자체를 가리킨다. 우리는 이를 1905년 강의에서 나타난 내용 파악의 구분과 혼동하지 말아야 한다. 흐름 그 자체는 경험을 가능하게 하는 것이다.

원천점으로서 이러한 단일한 흐름은 절대적 흐름이라는 통일체 속에서 언제나 동시적으로 존재하는 수많은 흐름으로 쪼개어질 수 있다. 절대적 흐름이라는 통일체가 없다면, 우리는 라디오 소리와 함께 컴퓨터 자판을 두드리는 소리를 동시적으로 경험할 수 없을 것이다. 각각은 지금, 현재로서 흐름 속에서 흘러 지나가는 것이지만 이들 소리는 절대적 주체의 시간의식 속

35 Hua 10. 370/381-2.
36 Hua 10, 371/382.

에 연결되어 있다. 두 소리는 지속적으로 필연적으로 연결되는 것은 아니다. 왜냐하면 나는 라디오를 *끄*기 전에 컴퓨터 자판을 두들기는 일을 멈출 수도 있기 때문이다. 그래서 하나의 경험의 흐름은 또 다른 경험의 흐름과 온전하게 연관되는 사태로 드러나지 않는다. 물론 저마다의 위상들은 동시적으로 과거로 소멸되는 같은 시간적 위상에 있다. 그렇기에 컴퓨터에서 C 자판을 건드리는 경험과 동시에 베르디의 〈진혼곡〉의 첫 번째 첼로 음정을 경험하는 것은 "지나가 버린 형태" 속 동시적인 사태이다.[37] 첼로의 첫 음정과 컴퓨터 자판의 C를 건드리는 처음의 경험은 시간의 흐름 속에서 소멸되는데, 이들은 소멸된다고 해도 서로 구별되는 내용을 가지고 있다. 의식의 지금이란 서로 다른 소리들을 하나로 공유하고 있다. 다시 말해 한 주체의 의식 속에 서로 다른 두 소리는 함께 있다.

우리는 이러한 경험을 현재, 과거, 혹은 미래로 의식한다. 이를 후설은 "횡단 지향성"(vertical intentionality)이라고 불렀다. 내재적 시간에서 확장되는 내재적 대상의 통일체는 예를 들면 음조와 같은 것은 현재, 과거, 미래로 구성되는 것으로서 내재적 시간에서 확장되는 것이면서도 대상에 관한 의식의 흐름 속에서 통일체로도 구성된다. 흐름은 구성하는 것과 함께 구성되는 것이라는 독특한 위상을 지닌다. 게다가 절대적 의식의 위상들의 연쇄에 대한 의식과 대상의 연쇄에 대한 의식 모두를 포함하는 흐름을 이해하게 한다. 왜냐하면 의식의 절대적 층위는 자기 구성으로서 후설은 단호하게 무한하게 후퇴하는 모든 대상을 폐기하기 때문이다.

---

37 Hua 10, 374/385.

우리는 앞서 이중적인 지향성이 어떻게 동시적인 경험을 규정하는지를 살펴봤다. 이들은 모두 내재적 대상들의 위상이다. 하지만 절대적인 시간적 흐름은 어떻게 실질적으로 동시적이지 않은 위상들을 가질 수 있단 말인가? 어떻게 우리는 흐름 그 자체의 비-동시적인 위상들을 이해할 수 있을까? 다른 모든 경험의 위상들이 연쇄적이듯 이들 모두는 연쇄적이며, 현재라는 핵심 지점으로부터 막 지나간 과거이자 막 도래할 미래로서 파지와 예지의 위상으로 있다. 이는 절대적 시간의 흐름이 내재적 대상에 대한 모든 의식이 가지고 있는 지향성의 세 가지 측면, 즉 근원인상, 파지, 그리고 예지로 있다는 뜻이다. 이러한 세 양상이 중요한 이유는 지각과는 다르게 시간의 절대적 흐름과 연관되기 때문인데, 절대적 흐름 속에서 세 양상들은 절대적 흐름에 대한 지각 작용의 위상을 지시하면서도 내재적 대상으로 지각작용을 구성하고, 구성하는 의식의 절대적 층위도 지시한다. 가장 심층적인 차원에서 근원인상, 파지, 예지는 내재적 시간 대상의 시간적 위상에 대한 의식의 변양으로 있지만, 이들은 질료적 내용을 갖는 게 아니다. 흐름의 실질적인 위상이 가지고 있는 내용이란 지나간 혹은 도래할 위상 정도이다. 후설은 이를 흐름의 "종단 지향성"(horizontal intentionality)이라고 불렀다. 흐름의 위상들이 과거로 사라질 때, 지금의 위상인 근원 인상은 과거로 소실되고 있는 위상에 대한 의식의 연속체로서 이미 지나간 위상에 관한 것이다. 이 점은 왜 근원인상이 연쇄의 의식으로 고려될 수 있는지를 알려준다. 지속의 단일성은 "**흐름 속에서** 구성되지만, 흐름 그 자체는 지속의 관한 의식의 통일체에 의해 구성된다."[38] 내재적 시간 대상들이 의식의 위상과 연계되는 한에서 시간적 대상의 연쇄에 대한 의식이 흐름이라고 볼 수 있으나 그렇다고 흐름 그 자체는 의식의 연쇄에 관한 의식만을 지칭하는 게 아니다. 흐름 속에서 우리는 "'지금'의 위상을 발견하는데, 이러한 위상은 지금이라는 음색을 원본적으로 의식하게 만든다. 다시 말해 지금의 위상은 원본적인 위상을 현전하는 것이다."[39] 하지만 동시에 우리는 "이미 지나가 버려 소실되고 있는 것을 의식하는 위상의 연속체도" 발견한다. 그리고 "이러한 '한번에-드러난 전체'는 원본적인 현전으로부터 형성되며, 변화가 아닌 멈춰진 상황에서 내재적 대상을 구성하는 의식과 연계된다. 한번에 드러난 전체는 또한 과거와 연계된 위상의 연속성이 의식의 현실태를 움직이게 한다는 사실과도 연계된다."[40]

후설의 연쇄에 관한 설명에서 비록 의식의 지향성의 이중적인 두 측면이 뚜렷하게 드러난다고 해도 지향성의 이중적 특징은 개별적으로 분리되는 게 아니다. 앞선 의식에 대한 위상의 내재적 대상성을 사고하지 않고서는 우리는 앞선 의식의 위상을 사유할 수 없다. 의식의 이중지향성 모두는 **하나의** 절대적 의식의 흐름을 구성하는 것이다. 지각 작용으로부터 혹은 대상의 시간적 현상뿐만 아니라 대상 그 자체로부터 확실하게 절대적 주체의 흐름을 제시함으로써 후설은 세 가지의 상이한 층위를 수립한다. 첫째는 토대로서 절대적 주체성의 흐름이며, 둘째는 내재적 작용이고, 셋째는 외재적

---

38 Hua 10, 378/389.
39 Hua 10, 378/389.
40 Hua 10, 378/389.

시간 속의 대상이다.

하지만 후설은 의식의 절대적 흐름과 관련해서 흐름 그 자체에 대한 시간성을 용어로 정의하는 데 어려움이 있다는 사실을 인지했는데, 왜냐하면 흐름의 위상은 지금, 과거 그리고 아직 오지 않은 미래가 동시에 있기 때문이다.[41] 이는 시간에 관하여 용어로써 정의될 수 없는 시간성의 좀 더 깊은 차원에 대한 탐구가 필요하다는 사실을 드러낸다. 하지만 1907년에서 1911년 사이의 연구에서 후설은 시간의 좀 더 깊은 층위가 어떻게 설명될 수 있는지를 드러내는 데에 어려움을 겪었다. 후설은 당시에 이와 같은 시간의 깊은 층위를 현실적인 경험에서 근원적 지점이라고 혹은 잔향으로 남은 연속성의 순간이라고 불렀다. 왜냐하면 "우리는 이 모든 어떤 것에 대해서도 이름으로 규명할 수 없기 때문이다."[42] 차후에 미발간 원고들에서 후설은 시간성의 절대적 층위와 관련된 용어를 다른 방식으로 정의하고 있다.

정적 분석으로 시도되는 시간의식에 대한 탐구에서 드러나는 문제점은 상호주관성을 이해할 때에도 동일하게 나타난다. 이러한 어려움들은 자아의 경험의 위상들을 드러냄에도 불구하고, 자아의 경험과 시간들을 형식적이고 도식적으로만 이해하기 때문에 자아의 역사성과 함께 구체적인 개별 자아를 다루지 않고 형식적인 차원에서만 자아를 이해한다는 한계가 있다.

---

41 이와 같은 지적은 브로의 다음의 논문으로부터 제기된 것이다. "The Emergence of an Absolute Consciousness in Husserl's Early Writings on Time-Consciousness," *Man and World* 5 (1972), pp. 298-326. 하지만 브로는 이와 같은 한계에 대한 가능한 해법이 후설의 후기 원고들과 연관지어 생각해볼 수 있으나 이를 시도하지 않았다. 나는 이러한 문제에 대한 해법을 이후 제시할 것이다.
42 Hua 10, 371/382.

형식적으로만 이해되는 자아는 자아가 자신의 역사를 구성하고 있는 세계 속에 있는 자로 이해되지 않는다. 이렇게 이해되는 자아는 고립된 자아, 공유되는 세계가 전혀 없는 자아로 있다. 이와 같은 자아에게 상호주관성이란 자아의 경험으로부터 도출되는 것이지만, 자아의 경험에 관한 토대를 수립해주는 것이 아니다. 하지만 자아의 구성 작용의 결과로 있는 상호주관성은 단지 구성 작용의 결과가 아닌 이미 더 근본적인 의미에서 기초를 이루고 있다. 이는 후설의 초기 탐구에서 간과된 것이다. 이와 같은 논의는 초월론적 상호주관성으로 더 논의된다.[43] 이와 관련해서 우리는 이 책의 3장에서 좀 더 자세하게 다룰 것이다.

3. 1920년대에서 1930년대의 미발간 원고

이 시기의 후설의 시간에 대한 사유는 출판된 형태로 정립되지는 않았다. 이러한 사정에 따라 우리는 후설의 C-원고에 의존할 수밖에 없는데, 이 원고는 『위기』와 『논리학』이 저술되던 시기인 1920년대에서 30년대에 논구되었던 후설의 사유들을 담고 있다. 앞서 살펴본 것처럼, 이 시기에 강조된 후설의 발생적 현상학적 방법은 자아를 둘러싼 환경 세계와 자아의 기원 모두에 관해 환문하여 살피는 일을 가능하게 한다. 또한 경험에 대한 역사적 본

43 후설에게 초월론적 상호주관성에 대한 전체 논의들을 살펴보기 위해 자하비의 다음을 저서를 참조할 것. *Husserl and Transcendental Intersubjectivity*, trans. Elizabeth Behnke (Bloomington: University of Indiana Press, 2001).

질을 이해하는 데에도 많은 도움을 준다. 후설은 구체적으로 이와 관련해서 논의를 자세히 드러내지 않았지만, 우리는 흐르는 생생한 현재로서 시간의 식의 가장 근본적인 차원을 후설이 드러냈다는 사실을 알 수 있다.

후설이 강조한 시간의 흐름은 상이한 관점들로부터 동일한 대상이 다시 드러날 수 있다는 사실을 알리지만, 이보다 더 중요한 점은 시간의 흐름이 의식 내에서 드러나는 대상에 관한 지각을 이해할 수 있게 돕는다는 데에 있다. 하지만 앞서 논의한 바와 같이 후설의 중간 시기에 논구된 시간의 흐름은 시간성의 토대를 설명하는 데에 충분하지 못하다고 볼 수 있는데, 왜냐하면 시간의 흐름으로 주체의 기원을 포착하여 설명하기란 불가능하기 때문이다. 시간의 흐름의 핵심은 의식작용으로부터 구성되는 대상에 대한 시간성에 대한 것이자 의식의 시간성이 흐름에 있으며 이러한 흐름에 대상이 상응한다는 데 있다. 하지만 이와 같은 설명은 절대의식과 관련해서는 선 반성적 의식과 구성하는 의식 사이의 구별을 충분하게 해명하지 못하는 것으로 보일 수 있다.

의식으로부터 구성된 모든 대상은 하나의 통일체로서 종합적으로 판단된 것으로 있다. 소여된 각각의 사태와 함께 대상에 대한 구성에는 잠재성도 무한하게 소여된다. 여기에는 시간도 하나의 통일체로 종합되어 있다. 그런데 시간의 종합적 통일체는 절대적 흐름으로부터 부여된 것이다. 달리 말해, 의식으로부터 구성된 대상은 시간과 관련해서 생각될 수밖에 없다. 이것이 곧 '의식 작용적 시간화'(noetic temporalization)이다.[44] 발생적으로 의식의

---

44 Klaus Held, *Lebendige Gegenwart* (The Hague: Martinus Nijhoff, 1966), p. 48.

현출을 살피기 위해 후설은 기존의 태도로부터 벗어나야만 했다. 이에 따라 후설은 흐르는 생생한 현재(the streaming living present)라고 부르는 선 현상적 시간성에 대해 강조하기 시작했다. 이와 같은 강조는 1907년에서 1911년 사이에 주요하게 다루었던 근원인상의 층위로부터 그리고 시간의 흐름이라는 논의로부터 좀 더 나아간 것이다. 흐르는 생생한 현재는 근원 현상적인 것으로서 시간적으로 파악되는 게 아니지만 구성을 이루는 것이다. 흐르는 생생한 현재는 시간의 구성을 이해하는 하나의 시도로부터 나온 것이다.

흐르는 생생한 현재는 결코 직관될 수 없는 것인데, 왜냐하면 이는 현상적인 게 아니기 때문이다. 흐르는 생생한 현재는 선-현상적인 것이다.[45] 시간에 관한 후설의 사유가 전개되는 과정 속에서 의식의 흐름의 층위가 있다고 강조되어도 시간성이 주체로부터 구성된다는 게 자명하다는 사실은 논란의 여지가 있어 보인다. 왜냐하면 환문하기 방법으로 시간의 가장 심층적

---

45 후설은 그와 같은 주장의 문제의 핵심을 이해하고 있었다. 후설은 흐르는 생생한 현재와 같은 것을 무의식으로서 시간의식의 층위라고도 칭했는데, 다만 C원고에서 그는 무의식이 정확히 무슨 뜻인지를 분명하게 제시하지 않았으며 자신의 이론에서 무의식으로서 흐르는 생생한 현재가 어떤 기능을 하며 어떻게 작동하는지도 완벽하게 다루지 않았다. 이와 관련해서 다음을 참조할 것. Ruldolf Bernet, "The Unconscious Between Representation and Drive: Freud, Husserl, Schopenhauer," in *The Truthful and the Good*, ed. John Drummond and James Hart (Dordrecht: Kluwer, 1996), pp. 81-95. 그리고 후설이 무의식에 관하여 작성한 다음의 글도 참조할 것: "이러한 특징을 이미 전제하고 있는 좀 더 높은 층위의 지식이란 무의식의 영역이자, 인식을 드러내는 침전된 영역이다. 또한 거기에서 우리는 근원적 구성에 관하여 이야기할 수밖에 없는데, 만일에 우리가 침전된 지향성이 계속해서 발전한다고 이야기를 해야 한다면 그렇다. "Ein höherstufiges, diese Patenz schon voraussetzendes Wissen ist das die Sphäre des 'Unbewu β tseins,' die sedimentierte Sphäre, enthüllende Wissen und auch da haben wir zu sprechen von ursprünglicher Konstitution, wenn wir sagen dürfen, da β die sedimentierte Intentionalität noch zeitigend weiterläuft" (MS, C3, p. 47b).

인 차원에 도달하여도 절대적인 살아 있는 현재는 부동하는 원자처럼 있는 것도, 어떤 지점을 차지하고 있는 것도 아니지만 동시에 주체는 모든 것을 수반하고 있으며 심지어 세계 구성 전체를 수반하는 것이기 때문이다. **자아 (Ich)**와 **비-자아(Nicht-Ich)**는 서로 분리되지 않은 채 동시에 자아의 질료로서 있다. 생생한 살아 있는 현재에서는 주체와 객체의 그 어떤 구분도 없다. 후설은 이와 관련해서 다음과 같이 설명한다.

이와 같은 흐르는 살아 있는 현재는 한편으로 이미 초월론적으로 현상학적인 경험의 흐름이거나 의식의 흐름으로 설명되는 게 아니다. 고유한 시간적인 (혹은 심지어 시-공간 적인) 전체에 대한 상상에 따른 "흐름"이 아닌데, 시간적인 외연의 통일체 속에서 연속하며 연쇄하는 개별 사실적 현존을 갖는 그런 전체가 아니다. …흐르는 생생한 현재는 "지속적으로" 흐르는 것이자 현존과 따로 분리되는 것에 있는 것도 아니다. 이는 시 공간적인 (경험적인 공간을 갖는) 현존도, "내재적인 시간적" 연장 속에 있는 현존도 아니다. 이에 따라 연쇄라고 불리는 현존과 따로 분리되지 않는다.[46]

---

46 MS, C3, p. 4a: "Diese strömend lebendige Gegenwart ist nicht das, was wir sonst auch schon transzendental-phänomenologisch als Bewuβ tseinsstrom oder Erlebnisstrom bezeichneten. Es ist überhaupt kein 'Strom' gemäβ dem Bild, also ein eigentlich zeitliches (oder gar zeiträumliches) Ganzes, das in der Einheit einer zeitlichen Extension ein kontinuierlichessukzessives individuelles Dasein hat…. Die strömend lebendige Gegenwart ist 'kontinuierliches' Strömendsein und doch nicht in einem Auseinander-sein, nicht in raumzeitlicher (welträumlicher), nicht in 'immanent-zeitlicher' Extension sein; also in keinem Auseinander, das Nacheinander heiβ t."

시간성을 탐구하던 중 후설은 그동안 사용했던 "흐름"이라는 용어와는 다르게 '흐르는 생생한 현재'라는 용어를 제시함으로써 단일한 의식에 앞서 선재하고 있는 의식의 익명적 층위를 더욱 고찰하였다. 흐르는 생생한 현재란 "자아를 그러니까 의식작용하는 존재를 포함한 모든 존재의 구성을 타당하게 하는 선-존재하는 것으로서 선-시간적인 것이자 하나의 어떤 의식의 흐름이다."[47]

흐르는 생생한 현재라는 선-존재는 익명적인 것이며 자아에 선행하는 것이다. 흐르는 생생한 현재는 구체적인 자아의 토대로 있으며, 자아의 침전된 활동의 기초이지만 이는 자아 그 자체도, 작용 그 자체도 아니다. 흐르는 생생한 현재로부터 출현하는 인식작용과 감정들은 자아를 구성한다. 흐르는 생생한 현재는 "자아의 구조와 계속되는 흐르는 현재로서 발견되는 비-자아의 흐름이라는 기체"로 이해되는 "(지속하는 생생한 흐름)으로서 근원적 현재라는 구조적 분석"으로 드러나는 것이다. 우리는 "환문(Rückfrage)의 방법에 의하여 침전된 의식작용으로부터 전제되고 있는 게 무엇인지를, 가령 근본적으로 자아에 선행하고 있는 게 무엇인지를" 추적할 수 있다.[48]

후설에게 모든 시간성의 근원으로서 흐르는 생생한 현재는 모든 객관적 시간성의 (심지어 주관적 시간성의) 타당성을 보증하는 것이자 존재론적인 의미를 드러내는 원천이다. 시간성의 가장 심층적인 층위인 흐르는 생생한 현재는 내재적 시간성의 형식으로서 파지/예지라는 후설의 초기 시간 개념을

---

47 MS, C17 I, p. 4. 이 인용은 멘쉬(James Mensch)의 *Intersubjectivity and Transcendental Idealism* (Albany: State University of New York Press, 1988), p. 214에서 인용한 것이다.
48 Hua 15, 598.

부정하지 않는다. 흐르는 생생한 현재에서 여전히 근원적 과거와 근원적 미래는 근원적 현재에로부터 나란히 연쇄한다. 근원적 과거든 미래든 이 모두는 흐른다. 모든 시간성의 구조는 흐르는 것으로 있다. 물론 이러한 시간의 위상을 드러내는 데에는 어려움이 있다. 흐르는 생생한 현재는 살아 있는 현재를 모순적으로 드러낸다. 왜냐하면 "시간성은 시간성 그 자체를 드러내는 모순이 있으면서, 현재에 살아 있는 현재로서 생생한 현재 그 자체는 결국 방금 막 살아 있던 현재 등으로서 이야기될 뿐"[49]이기 때문이다.

흐르는 생생한 현재는 익명적이며, 자아에 선행하는 것이기에 당연하게도 우리는 이러한 게 어떻게 자아와 연관을 맺을 수 있는지, 자아의 흐르는 시간과 의식 주체가 어떻게 연관을 맺는지 의문을 가질 수밖에 없다. 흐르는 생생한 현재와 의식작용하는 자아와의 관계가 모순된 게 아니라고 보았던 후설은 이러한 애매한 관계를 해명하는 데에 노력을 기울였다. 그는 확고하게 흐르는 생생한 현재는 "자아의 삶"을 "보편적인 경험의 흐름"을 "수반하는" 절대적 토대라고 강조한다.[50] 분명한 것은 후설은 절대적 흐름의 자기-구성에 대한 타당한 해명 없이는 이와 같은 주장을 내세우는 게 온당하지 못하다고 보았다는 점이다. 후설은 자아가 시간을 구성한다고 주장하면서 흐르는 생생한 현재와 자아의 관계를 해명하려고 노력했다. "나는 존재한다. 시간은 나로부터 구성된 것이다."[51] 그렇다면 도대체 흐르는 생생한

---

49 MS, C3, p. 39a: "das Paradox, daβ auch die Zeitigung sich zugleich selbst verzeitigt, daβ lebendige Gegenwart selbst wieder als gegenwärtige lebendige Gegenwart in soeben gewesene lebendige Gegenwart kontinuierlich überleitet usw."

50 MS, C17, p. 61a.

51 Hua 15, 667.

현재와 현존하는 자아가 어떻게 동시적인 하나로서 함께할 수 있을까? 그에 대한 대답은 **자아**라는 단어로부터 발견된다. 자아의 한 측면은 초월론적 자아로 있지만 또 다른 측면은 초월론적 자아극으로 있다.

자아극이란 후설의 후기 사상에서 새롭게 등장한 단어는 아니다. 후설은 『이념들 1』에서 이와 관련된 논의를 하였는데, 이는 지향성을 개시하는 발산의 중심핵을 뜻한다.[52] 『이념들 2』에서도 자아극은 이와 같은 맥락에서 드러난다.[53] 하지만 C-원고에서는 자아는 경험의 흐름 속에 있는 것으로서 자아극과 대조를 이루는 것으로 설명된다. 초월론적 자아로서 자아는 의식의 흐름 속에 있는 것이자 작용하고 촉발하는 것으로서 흐름 속에서 반성적 차원에서 포착될 수 있는 것이다. 한편으로 자아극은 초월론적 자아의 근원적 정체성을 형성하는 것이자 초월론적 자아에 앞선 핵심 축으로 있다. 이와 같은 자아극은 자아에 대한 선-반성적인 자기 지각으로 있다.[54] 반성적 의식을 가능하게 하는 선-반성적인 자아극으로 자아를 이해하는 것은 시간이라는 대상을 구성하는 자아를 인식한다는 말과 다르지 않다. 후설이 다음과 같이 기술한 것처럼, "한편으로 우리는 의식의 시간적 흐름으로 그리고 시간성과 관련을 맺는 작용들에 관한 초월론적 자아로 있으며⋯ 또 다른 한편으로 우리는 이와 같은 시간화의 근원적 토대로서 근원 자아로 있다."[55]

---

52 다음을 참조할 것, Hua 3, 253/291.
53 다음을 참조할 것, Hua 4, 97/103, § 22.
54 이와 관련해서 선반성적인 자기 지각과 시간성에 대한 탁월한 설명으로 다음을 참조할 것. 자하비(D. Zahavi), *Self-Awareness and Alterity: A Phenomenological Investigation* (Evanston, IL: Northwestern University Press, 1999), pp. 63-90.
55 MS, C2, p.8b. "Auf der einen Seite haben wir den zeitlichen Bewuβtseinsstrom und auf diese Zeitlichkeit bezogen das transzendentale Ich der Akte⋯ andererseits als Urgrund

앞서 인용한 같은 원고에서 후설은 다음과 같이 이야기한다. "계속해서 분열되는 자아의 모습 속에서 그리고 재차 자기 정체성을 수립하는 자아의 모습에서, 근원적으로 기능하는 자아로서 근원 극이라고 불리는 **근원-자아**로부터 드러나는 것을 나는 발견한다."[56] 의식의 흐름의 토대로서 자아극 그 자체는 반드시 시간으로부터 열외가 된 상태여야 한다. 자아극은 시간으로 구성되는 모든 작용의 원천이다. 후설은 초월론적 자아는 이와 같은 자아극을 자아 자신의 토대로 지닌다고 말한다. 자아극은 초월론적 자아에 본연적으로 있는 것이며, 자아극을 통해 초월론적 자아는 세계를 시간 속에서 구성한다. 자아극은 "구성을 기초 짓는 것이자, 자신의 참여가 없어도 작동하는 본질적 형식으로서 흐름을, 순수한 연상을, 자아의 시간화의 토대를 가능하게 한다."[57] 여기에서 자아극이란 구체적인 자아와 구별되는 것이다. 구체적인 자아란 객관적 사태와 지향적 관계를 맺는 것이자 시간 속에서 스스로 구성되기도 하는 것이다. 그러나 앞서 계속해서 강조했듯, 자아극은 구체적인 게 **아니다**. "살아 있는 현재의 흐름 속에서 [자아극은] 내재적인 시간적 발생의 변화 속에서도 동일하게 지속하는 극으로 있다. 이러한 순수한 '나'는 추상적으로 있는데, 자아극은 오직 흐르는 현재의 내용을 통해 구체

dieser Zeitigung… das Ur-Ich… ."

56 MS, C2, pp. 3a/3b. "Ich finde in diesem beständigen Sichspalten des Ich und sich dann wieder Identifizieren ein Ur-Ich, Ich, das ich als Urpol, als ursprünglich fungierendes Ich bezeichne."

57 MS, E III 9, p. 7a. "Es trägt in sich die strömende, ohne Ich-Beteiligung constatted gehende rein assoziative unterichliche Zeitigung in ihrer Wesensform, in ihrem eigenen Fundierungsbau" 이 인용은 멘쉬(James Mensch)의 다음의 논문에서 인용한 것이다. "Husserl's concept of Future," *Husserl Studies* 16, no. 1: 41-64. 이와 관련된 또 다른 설명으로 다음을 참조할 것. Hua 15, 578-579.

적으로 있다."[58] 순수하게 추상적인 자아극은 초월론적 자아의 토대를 이루는 것이다. 자아극은 흐름으로서 촉발의 중심이자 초월론적 자아를 가능하게 하는 것이자 모든 구성의 원천이다. 또한 자아극은 질료적 자료들을 작용과 연결시켜주는 핵심이다.

자아극의 이와 같은 특징은 자아극이 그 어떤 객관적 의미도 갖지 않는다는 사실을 암시한다. 자아극은 모든 객관적 의미에, 그리고 자아의 의식 활동에 대한 반성에 선행하는 것이기에 자아극의 통일체란 일반적으로 반성을 통해 종합되는 대상과는 성격이 다른 것이다. 지향성의 중심축으로서 자아극은 그 어떤 객관적 형태를 띠는 게 아니기에 익명적인 상태로 있다. 후설은 이에 따라 다음과 같이 주장하는데, "근원적 자아는 자기 자신 안에서 대상에 대해, 현존하는 것에 대해, 자아가 되는 것으로, 그리고 자신을 둘러싼 환경을, 비-자아처럼 익명적인 자아로서 이것을 위해 그리고 나를 위해 움직인다."[59]

시간으로부터 열외된 것이자 모든 의식 활동의 원천인 자아극을 통해 자아는 수동적으로 습득된 하나의 통일체로 있으며, 능동적으로든 수동적으로든 자아극을 지닌 것으로 있다. 하지만 후설은 수동적인 것과 관련해서 자아극에 속하지 않지만 자아극을 촉발하는 흐르는 생생한 현재의 일부

---

58 MS, C3, p.42a. "Im Strömen der lebendige Gegenwart ist er der identisch verharrende Pol im Wechsel der immanent zeitlichen Vorkommnisse.… Dieses pure 'Ich' ist abstrakt, konkret ist es nur durch den Gehalt der strömenden Gegenwart."

59 MS, C2, pp. 3a/3b. "und das dem Ur-Ich zum Gegenüber, zum Seienden gewordene Ich und den Umkreis dessen, was für dieses und für mich als anonymes Ich, als Nicht-Ich da ist… in sich trägt."

로 있는 어떤 것에 대해서도 이야기한다. 후설에게 흐르는 생생한 현재 속에 있는 자아극에 속하지 않는 **비-자아**라는 게 무엇일까? 흐르는 생생한 현재 속에 있으면서도 자아가 아닌 게 비-자아이다. 비-자아는 작용의 질료를 촉발시키는 것이다. "근원적으로 흐르면서도 근원적으로 구성된 비-자아는 [실질적인 경험 내용의] 질료적 보편성을 이루는데, 이는 흐름 속에서 그 자체로 구성하는 것이면서도 구성된 것이다. 비-자아는 시간화하는 시간적 근원으로 발생하는 것이자 자아에 의해 출현하는 게 아니다. 그리하여 비-자아는 자아에 부분으로 있지 않으면서도 작용을 발생시킨다."[60]

비-자아는 자아로서 근원적으로 있다고 볼 수 있다. [파지와 예지의 뒤얽힌 변양 속에서 자아는 선소여성의 영역, 즉 비자아로 구성되는 통일체의 영역 없이는 작용할 수 없다.] 비-자아는 자아로부터 구성되는 게 아니지만 시간화되는 것으로 있다. 비-자아는 흐름으로 있는 것이다. "근원적으로 흐르는 현재는 내재적 영역으로 이해되는 것으로서 철저하게 이미 비-자아로 이해되는 것이자 흐르는 현재로부터 구성되는 것이다. 흐르는 현재는 상위한 층위에서 비-자아로 있는 것으로부터 계속해서 구성된다."[61] 그래서 시간적 흐름의 구성을 위한 근원적 원천으로 있는 비-자아는 구성되는 것이자 구성하는 것으로 있다. 대상에 대한 구성의 기초를 형성하는 비-자아는 두 가지 양상을 띠는데, 하나는 근원적 자아의 상태이며, 다른 하나는 시간화

---

60 MS, C10, p. 25. 이 인용은 멘쉬(J. Mensch)의 *Intersubjectivity and Transcendentalism*, p. 50에서 인용한 것이다.

61 MS, C10, p. 15a. "Die urströmende Gegenwart, als immanente Sphäre verstanden, ist durchaus schon Nicht-Ich, und alles, was in ihr konstituiert ist und sich fortkonstituiert, ist Nicht-Ich in verschiedenen Stufen."

라는 근원적 흐름으로서 근원적 비-자아의 상태이다. 이와 같은 두 가지 근원적 토대는 하나의 모습으로 "단일하게" 있다.[62] 근원 자아의 두 양상은 자아가 작용할 때 모두 동시에 순수하게 촉발되며, 순수한 질료로 드러난다. 근원 자아의 자아와 비-자아의 함께 있는 모습은 분명 구분되는 것이면서도 구별되지 않는 것이기에 시간화의 근본적 층위는 수동적이면서도 능동적으로 있다.

이러한 해명으로부터 분명하게 드러나는 것은 수동성 개념의 타당성과 중요성이 부여된다는 사실이다. 이는 구체적인 현실적 자아는 습관성과 침전을 통해 자신의 통일체를 형성한다는 점과 함께 근원적 자아는 순수한 수동적 종합을 가지고 있다는 사실을 드러낸다. 질료는 자아로부터 나오지 않는 근원적 경험 내용을 제공하지만 자아의 의식작용에 의존하는 시간성과 연계될 수밖에 없다. 자아의 층위든 비-자아의 층위든 이 모두는 그 토대에서부터 수동성에 의존하고 있다. 란트그레베(Ludwig Landgrebe)가 자신의 논문 「수동적 구성의 문제」(The Problem of Passive Constitution)에서 설명한 것처럼, "자아는 가장 먼저 초월론적 역사로서 초월론적 발생으로부터 발견되며… 각각의 질료는 사실, 이미 '침전된 역사' 속에 있다."[63] 이 말이 뜻하는 것은 질료 그 자체가 이미 수동적으로 구성되는 것처럼 초월론적 자아는 이미 자신의 역사 속에서 수동적으로 구성된다는 것이다. 수동적 구성과 능동적 구성의 결합 속에서 우리는 "초월론적인 생성 그 자체의 내재성"으로 자

---

62 MS, C10, p. 21.
63 Ludwig Landgrebe, *The Phenomenology of Edmund Husserl* (Ithaca, NY: Cornell University Press, 1981), p. 64.

아와 질료 모두를 포함하는 구성의 수동적 층위를 이해할 수 있다.[64]

4. 시간과 상호주관성

후설의 사유가 어떻게 시간과 관련해서 변화했는가에 대한 긴 논의 끝에
는 상호주관성과의 연관성이 있다. 다음의 장에서는 상호주관성의 문제가
좀 더 상세하게 다루어질 것이다. 상세하게 다루기에 앞서 상호주관성이 시
간의 문제와 어떻게 연결되는가를 정확하게 짚어보는 게 중요하다. 물론,
후설은 명백히 자신의 초기 저작물들에서는 상호주관성의 문제에 대해 심
각하게 사유하지 않았다. 문제는 상호주관성에 대해 사유하기 시작하면서
시간 논의가 부각되지 않을 수 없었는데, 이는 후설로 하여금 시간의식에
대한 도식적인 이해로부터 1908년에 시작된 논의보다 발전된 절대적 의식
을 고찰하게 만들었다. 상호주관성은 후설이 흐르는 살아 있는 현재라는 개
념을 소개하는 1920년대와 1930년대의 후기 원고들에서 중점적으로 다루
는 개념이다.

정적 현상학적 방법이 중점이 되던 시기에 후설의 시간에 대한 도식적 접
근은 타자 이해를 순수 형식적인 분석에서 이끌었다. 후설이 발생적 현상학
적인 방법을 시도하기 시작하면서 시간에 대한 개념도 절대적 의식의 흐름
으로 제시되기 시작한다. 비록 여전히 자아의 구성 중심적인 면모를 지니고

---

64 Landgrebe, *The Phenomenology of Edmund Husserl*, p. 63.

있지만, 후설은 사유의 출발을 상호주관적으로 변경한다. 후설이 의식의 가장 심층적인 근원적 단계에 흐르는 살아 있는 현재가 있음을 밝히면서 그는 상호주관성의 문제도 이전과는 전혀 다른 차원에서 논한다. 가장 심층적인 차원으로의 환원은 의식의 가장 근원적 저변에 이미 나와 타자가 함께 있음을, 바로 그 함께 있음으로부터 역사와 문화의 유산이 이해될 수 있음을 드러낸다.

후설의 작품들에서 타자의 현존을 이해하는 공통적인 방식은 자아가 과거에 겪었던 경험으로 타자를 유비하는 방식이다. 이러한 사실은 시간에 대한 자아의 구성 개념이 여전히 중요하며 이와 함께 시간의 흐름이라는 절대적 의식을 살피게 한다. 자아의 구성 개념은 여전히 중요한데, 왜냐하면 우리는 우리로부터 지나간 현재를 구성으로 드러내기 때문이며, 이러한 과정 속에서 자기-정체성을 형성하기 때문이다. 타자의 현존도 그와 같은 방식으로 이해될 수 있다. 이러한 유비적 이해는 상호주관성을 이해하는 데에 있어 중요하지만, 이 정도의 논의는 시간에 대한 더 심층적인 분석을 제시하지 못한다는 한계를 갖는다. 시간의 문제와 관련해서 상호주관성을 더 심도 있게 이야기할 수 있는 중요한 방식이 있다. 익명의 흐르는 살아 있는 현재의 층은 나와 타자의 관계를 더 구체적으로 드러낸다. 자아의 기원을 추적해 감으로써 환문의 방법 속에서 우리는 구체적인 자아, 자기반성으로 개별성을 띠는 자아에 앞서는 더 근본적인 층을 직면한다. 자기반성적인 모든 개별 자아에 앞서 자아와 타자를 연결시키는 근본적 층위가 자아만으로 이루어지는 게 아니라는 점을 우리는 알게 된다.

후설은 가장 근원적인 절대의식을 흐르는 살아 있는 현재로 규명함으로써 상호주관성의 문제를 나와 타자의 관계 문제에서 더 나아가 함께 구성되는 모나드 문제로 확장시킨다. 이에 대해 후설은 다음과 같이 언급하고 있다.

> 절대적인 자기-시간성의 통일체와 시간의 양상 속 절대성은 절대적인 흐름 속에서, 그 자체로 시간화하는 '흘러가는 생생함' 속에서, 그리고 원초적 현재에서, 그 자신의 통일체 속 절대성의 현재 속에서, 자신의 모든 것을 포함하는 통일체! 그것은 시간화하는 것이며 그 자체로 그 이후로도 모든 것을 시간화하는 것이다. 이러한 상황 속에서 절대적인 것의 층들은 다음과 같다. 모나드들의 어떤 절대적 '인간적인' 총체성으로서 절대성.[65]

이는 후설로 하여금 자아중심주의로부터 더 멀리 나아가는 질문을 제기하게 했다. 선-자아론적인 층으로 향하는 시간적 환원은 후설의 감정이입의 분석이 밝힌 것보다 더 원본적인 방식에서 타자와 자아가 함께 있다는 사실을 드러낸다. 왜냐하면 이러한 근본적인 층은 선-자아론적이며, 선-개별적인 것으로서 나는 타자와 근본적으로 직접적이고 즉각적인 방식으로 함께 있기 때문이다. 후설은 이러한 층을 "구성의 원본적 단계에서 타자와 내가 동시에 조우하는 층위라고, 소위 나 자신과 타자의 구성에 이미 앞선 세계"[66]라고 설명한다.

이는 가장 심층적 층위에서 타자의 타자성이 자아의 정체성을 이루고 있

---

65 Hua 15, 669.
66 MS, C17 V, p. 30, 이는 멘쉬(James Mensch)의 다음의 책에서 인용한 것이다. *Intersubjectivity and Transcendentalism*, p. 19.

음을 알린다. 자아의 정체성은 침전물들을 통해 등장한다. 우리는 환문이라는 탐구 방법을 통해 자아의 침전물에 대한 논의를 할 수 있다. 흐르는 살아 있는 현재의 단계에서 자아는 자아 자신으로부터 기인하지 않는 선 구성적 단계의 수동적 침전물과 함께 발전한다. 이는 자아의 구성적 작용의 결과로부터 나오지 않는 자아의 침전물이 있다는 점을 의미한다. 후설이 궁극적인 가장 최초의 단계에 대해 이야기하는 바는 자아에 앞서 존재하는 타자가 있다는 사실을 알리는 것이다. 이러한 사실은 내가 나 스스로를 구체적인 자아로 이해하기에 앞서 자아의 침전물을 구성하고 있는 타자가 있다는 사실을 알려준다.

이러한 가장 심층적인 시간의 차원에 현전하는 상호주관성은 구성하는 상호주관성이지 결코 구성된 상호주관성이 아니다. 구성하는 상호주관성은 수동적 연합의 단계에서 이해되는 것이지 인식 대상으로서 포착되는 게 아니다. 이러한 구성하는 상호주관성에서 자아는 자기-반성의 자아가 아니다. 이는 구성하는 상호주관성이 반성의 대상으로 있지 않다는 뜻이다. 이 사실은 자아의 어두운 핵심이 결코 자아의 구성적 인식으로부터 초래되지 않는다는 점을 뜻한다. 자아는 과거의 파지를 통한 반성의 대상으로서 자신을 구성할 수 있다. 그러나 흘러가는 현재는 언제나 그와 같은 반성으로부터 벗어난다. 이는 자아는 언제나 스스로부터 소외된다는 사실을 뜻하며, 단지 지나간 과거로서만 붙잡을 수 있는 자아는 결코 흘러가는 지금이라는 현재로 붙잡히지 않는다. 자아는 언제나 자신과 거리를 두고 있다. 자아의 어두운 핵심은 자아와 타자가 함께 공존하는 사태를 드러냄으로써 자아극에 대한 개방의 가능성을 제공한다. 이는 구성하는 절대적 주체를 전면에 내세워 타자를 이해하던 전통적인 후설의 상호주관성 설명으로부터 진일보한 주장이다. 후설의 이와 같은 주장은 절대적 주체의 개념을 약화시키고 오히려 절대적 주체의 자리를 절대적 상호주관성, 타자와 자아의 공-현존성으로 대체시키는데, 이는 흐르는 생생한 현재의 구조가 제시되었기에 가능한 일이다.

흐르는 생생한 현재와 관련된 논의는 윤리와 함께 논구될 때 좀 더 분명하게 드러난다. 이 주제는 윤리적 주체의 출현에 대한 논의에서 매우 중요하다. 후설은 시간성과 관련해서 선-자아론적 단계와 관계를 맺는 침전물에 대한 복합적인 이해가 없었다면 자신의 후기 윤리학을 발전시키지 못했을 것이다. 이러한 침전물은 세대를 거쳐 전승되는 것을, 그리고 그러한 세대 속에 자아가 필연적으로 연결되어 있음을 알린다. 우리는 이를 윤리 논의와 함께 좀 더 자세하게 다룰 것이다.

5. 발생적 현상학과 시간성

발생적 현상학의 중요성은 시간 논의에서 명백하게 드러난다. 정적 현상학은 후설로 하여금 의식의 지향적 대상으로서 시간에 대한 이해와 시간적으로 지속하는 대상들에 대한 구성을 설명하게 했다. 비록 후설은 정적 분석으로 구성의 작용에 대한 시간성을 설명하고자 노력했지만, 충분하게 만족할 만한 의식의 시간성을 해명할 수 없었다. 그러나 발생적 현상학은 후설로 하여금 의식 그 자체의 시간성에 대한 해명의 가능성을 제시하게 했다. 후설은 발생적 방법의 환문(Rückfrage)의 방식을 통해 자아-극의 선-반성적인 시간적 경험을 설명할 수 있었다. 발생적 방법은 초월론적 자아의 시간성에서부터 자아극의 시간성에 이르게 하는 철저한 환원을 가능하게 만든다. 시간적 환원이 없었다면 근본적인 선-자아론적인 시간의 단계를 생생하게 드러내는 것은 어려웠을 것이다.

시간성과 관련된 발생적 방법은 시간에 대한 이해를 넘어, 시간적 환원이 역사뿐만 아니라 역사를 통한 사회 전반의 영역과 관련된 논의를, 그리고 자아의 발전에 대한 논의의 토대를 마련했다는 사실을 확인하게 했다. 이러한 가능성은 자아의 습관성과 세습성의 사회적 토대를 낱낱이 드러낼 때 더 명료해진다. 발생적 기원을 추적함으로써 우리는 후설의 후기 윤리학에서 매우 중요한 점을 차지하는 세대를 가로지르는 상호주관성에 대해 사유할 수 있다. 발생적 상호주관성은 자아와 시간적 타자의 관계를 도모할 수 있게 하는 방법을 제공한다. 후설의 초기와 중기의 연구 시기에서는 시간과 관련된 세대를 통한 의미의 변화의 지속성을 나타내지 않았다. 만약 현상학이 무전제의 학문이라면, 그리고 의식의 흐름을 이해하고 있다면, 우리는 대상의 의미를 더욱 순수하게 이해하기 위해 대상의 최초의 발생을 추적할 것인데, 이러한 사정에서 우리는 발생적 분석을 차용하지 않을 수 없다. 이것이 곧 역사 속의 의식의 침전물을 확인하는 방법이다. 탐구의 주체로서 자아는 의미를 드러내는 원천이기에 본질적으로 대상을 이해하는 주체성의 발생을 탐구하는 작업이 곧 발생적 작업이 된다. 아마도 절대 의식의 시간의 흐름은 주체성의 발생을 탐구하는 측면에서 개인적인 역사에 관한 의미를 제시할 수 있으나, 특정한 공동체나 더 나아가 전 인류의 역사라는 광범위한 의미를 담고 있는 역사를 제시할 수 없는 것으로 보일 수 있다. 후설은 이와 같은 오해를 해명하기 위해 의식의 절대적 흐름을 더 확장하여 논하는데, 가령 후기 원고에서는 의식의 역사적 본질에 대한 고찰을 드러내고 있다. 의식의 흐름, 흐르는 생생한 현재의 논의는 주체 문제로만 한정되지 않는, 문화, 세계 등으로 확장되는 복잡한 특징을 지닌다. 주체 문제가 역사와 공동체와 분리되어 논할 수 없다는 사실이 이를 보여준다. 우리는 다음 장에서 이에 대해 상세히 논할 것이다.

지금까지의 논의는 대체로 후설의 미발간 원고의 내용에 크게 의존하고 있다. 그러나 제한된 미발간 원고에 의존하고 있다고 해도 이러한 논의는 후설의 입장으로부터 충분히 신뢰받을 수 있다. 살아생전 공식적으로 출판한 후설의 『논리학』은 이와 같은 신뢰를 보여주는 하나의 사례라고 할 수 있다. 이 책에서 후설은 다음과 같이 설명한다.

> **"정적" 분석**은 지향된 대상의 통일체를 드러내는 것이다. 그래서 정적 분석은 소여된 대상의 불분명한 양상들로부터 분명한 양상을 향해 지향적인 변양들을 따르면서 탐구한다. **발생적 지향적 분석**은 그 자체로 실질적으로 있는 각각의 의식과 그러한 의식의 지향적 대상의 상호결합을 향하고 있다. 그래서 즉각적으로 드는 의문은 판단을 할 때 작용 활동이 속해 있는 **상황**과 그러한 상황에 속해 있는 타자의 지향성은 무엇인가이다. 그래서 이는 "역사"를 갖는 삶의 **시간성에 대한 내재적 통일**에 관한 물음으로 이어진다. 그와 같은 이해에 따라 시간적으로 발생하는 모든 개별적인 의식적 경험은 자신의 **"역사"**를 갖는데, 그것이 곧 **시간적 발생**이다.[67]

---

67 Hua 17, 278/316.

Edmund Husserl

제3장

상호주관성의
문제에 관하여

그녀는 가만히 바다를 응시하면서, 혼자 있었다. 그리고 그녀는 그가 있다는 것과 그의 눈빛이 흠모로 가득 차 있다는 것을 느꼈을 때 그녀의 눈은 음침함이나 수치심이 없는 그의 시선을 받아들이면서 조용히 그에게로 향했다.[1]

1905년 이후부터 후설은 상호주관성에 대해 글을 썼는데, 1905년은 시간성에 대한 첫 강연이 있던 해이기도 하다. 1910년 중반에 발생적 현상학의 방법을 발전시킴으로써 시간성과 상호주관성에 대한 후설의 사유는 변화한다. 앞서 살펴봤듯, 발생적 현상학의 되물어가기 탐구는 시간의 흐름으로 돌아가는 것이다. 시간의 흐름은 절대의식의 근본 토대로 이해되며 세속적인 나와 타자로부터 함께-구성되는 모나드 단자들에 이르는 상호주관성에 관한 물음으로 이어진다. 이는 후설로 하여금 발생적 분석과 함께 데카르트적 방법을 보충함으로써 엄밀한 자아중심적 해명으로부터 멀어지게 하였다. 정적 현상학은 후설의 현상학적 탐구에서 의식 주체를 절대적이라고 보

---

1 James Joyce, *Portrait of the Artist as a Young Man* (Ware, Hertfordshire: Wordsworth, 1992), p. 132.

는 데카르트적 접근 방식을 고수하게 했었다. 후설은 정적 현상학의 환원을 통해 스스로 의식 주체에 머물러 있도록 했다. 모든 주체가 세계에 대한 자연적 태도를 판단중지하는 주체의 경험은 탐구의 핵심으로 등장한다. 경험의 대상들은 지각되는 것, 회상되는 것, 평가되는 것, 상상되는 것으로 탐구된다. 이러한 탐구 과정의 두 번째 단계는 환원인데, 환원은 경험하는 주체와 경험세계의 근본적인 관계를 드러낸다. 인식된, 회상된, 평가된 대상들은 지각하며 회상하고 가치평가하는 주체와의 연관성을 빼고서 이해될 수 없다. 후설은 판단중지라는 첫 단계로부터 한 번 더 환원함으로써 주체의 영역으로 나아간다. 사실, 환원은 정적 현상학의 한계를 드러냈는데, 왜냐하면 필연적으로 모든 주체가 원본적 영역으로서 상호주관성의 토대에 있다는 사실을 알리기 때문이다. "주체의 영역으로 나아감으로써 자아는 상호주관성이라는 영역을 확인하게 되며, 자아는 오히려 부차적이라는 점을, 오히려 상호주관적 영역으로부터 자아가 출현한다는 사실을 발견한다."[2] 한편으로 발생적 현상학은 후설로 하여금 주체란 역사 속에서 사회의 발전과 함께 그 자신도 성장한다는 사실을 살피게 하였다. 발생적 접근을 통해 주체는 자신의 상호주관적 본질을 확인하는 방향으로 나아갈 수 있다. 달리 말해, 주체란 절대적인 의미에서 자기 자신만의 단독자로 있는 게 아니라 오히려 이미 상호주관적으로 있다. 이는 후설이 발생적 분석을 발전시키기 전까지 그의 사유에서 드러나지 않았던 관점이다.

정적 분석의 순수 형식적 구조만으로, 타자에 대한 물음의 해법을 찾기가

---

2 Welton, *Other Husserl*, p. 241.

힘들어지는데, 왜냐하면 타자는 순전히 형식적인 것으로만 이해되기 때문이다. 하지만 후설이 주체의 삶 속에서 시간과 역사의 역할을 고민하기 시작했을 때, 후설은 다급하게 자신의 이전 철학에서 찾아볼 수 없었던 타자에 대한 새로운 문제를 고민할 수밖에 없었다.

내적 시간성을 깊이 살펴보기 위해, 우리는 정적 현상학에서 엄격하게 고수되던 것을 넘어설 준비를 갖춰야 한다. 그리고 주체성과 상호주관성을 살필 때마다 시간성을 적용해야 한다. 상호주관성의 영역에다가 시간성을 더해 봄으로써 후설은 나와 함께 있는 존재로서 타자를 생각할 수 있게 된다. 발생적 현상학의 특징이라고 할 수 있는 되묻기(Rückfrage)를 통해, 자아의 습관성과 사회로부터 물려받은 신념을 명백하게 드러낼 수 있다. 기원을 되묻고 추적함으로써 우리는 후설의 후기 윤리학에서 중요하게 작용하는 세대를 가로지르는 상호주관성을 이해할 수 있다.

의미는 결코 초월론적 주체 혼자서 개별적으로 만든 게 아니다. 각각의 주체로서 자아는 자신의 문화와 전통을 통해 축적된 수많은 의미의 층들을 물려받았다. 이러한 의미의 층들은 자아에 역사라는 이름으로 내재해 있다. 그래서 의미의 기원을 탐구할 때 우리는 우리가 믿고 있는 윤리적 신념이나 합리적 판단의 역사적 기원이 무엇인지를 살펴봐야 한다. 이는 문화나 세대를 가로지르는 참된 인간성을 살필 수 있는 실마리를 제공한다. 타자를 배제한 원초적이고 근본적인 입장이란 있을 수 없다. 타자로부터 우리가 믿고 있는 윤리적 신념을 습득한다는 측면에서 타자의 현존은 개별 주체에 선행한다. 발생적 현상학적 방법을 전개하지 않았다면, 후설은 언급된 문제들을 타당하게 해명하는 게 불가능했을 것이다.

이러한 사실과 함께 우리는 후설의 사유의 발전된 형태가 어떻게 상호주관성으로 제시되는가를 살펴볼 것이다. 다만, 이 책의 1장에서 살핀 것처럼 상호주관성에 대한 충분한 대답을 발견하려는 후설의 다양한 시도는 시기적으로 손쉽게 알아볼 수 있는 단계로 구분되지 않는다. 상호주관성에 대한 최초의 기록들은 현상학적 환원이라는 방법을 발전시키면서 다루게 되는 타자 문제에 관한 것들이었다. 세계를 괄호칠 때 그리고 의식하는 자신을 살필 때 타자의 의식은 문제거리로 부각된다. 환원으로 절대의식의 단일성을 살필 수 있었으나 후설은 복수성(plurality)을 해명하지 못했다. 초기 기록물들에서 후설은 타자의 외재적 신체에 대한 분석으로 형식적이고 정적인 방식 속에서 타자를 다룬다. 이는 구성적인 지향적 분석으로 타자를 이해하는 것으로서 1912년에서 1915년 사이에 작업한 『이념들 2』가 나오기 전까지 시도했던 타자에 관한 정적인 형식적 탐구이다.[3] 이러한 탐구 방법은 후설의 삶 전체에서 포기된 적은 없다. 가령, 우리는 제5 성찰에서 이를 빈번하게 논하고 있음을 확인할 수 있다. 하지만 구성적 지향성에 따른 정적, 형식적 방법으로 상호주관성을 살피는 방식이 후설에게 최종적으로 단언되는 방식이 아니다. 제5 성찰의 방식은 후설에게 만족스러운 방식이 아니었다. 그 이유는 데카르트적 성찰의 방식이 발생적 현상학적 방법으로 보충되지 않은 정적 현상학의 요소에 상당히 의존하는 탐구이기 때문이다. 후설 자신이 밝혔듯, 『성찰』에서 추구했던 방식은 "시간상에서 발생하는 기원의 문제를 드러내는 데 집중하지 않고 오히려 **정적 분석**'에 집중한 방식이

---

3 이 주제와 관련된 논의로 다음을 참조할 것: Rudolf Bernet, Iso Kern, and Eduard Marbach, *An Introduction to Husserlian Phenomenology* (Evanston, IL: Northwestern University Press, 1993), p. 155.

었다."[4] 시간의식의 가장 심층적인 영역과 관련된 발생적 현상학이 중요한 역할을 한다는 것은 1930년대 이후의 원고들에서 나타난다. 이러한 원고들은 좀 더 설득력 있고 만족스러운 이론을 수립하려는 후설의 지속적인 노력을 담고 있다.

발생적 현상학은 후설로 하여금 흐르는 생생한 현재, 즉 시간의 가장 심층적 차원에 있는 복수성의 현존을 탐구하게 했다. 이는 모나드의 공동체와 습관성과 본능이 흐르는 생생한 현재 속에서 타자와 자아가 동시에 존재한다는 발견을 주제 삼도록 만들었다. 일단, 자아와 타자가 동시에 존재한다는 사실이 성립되면, 우리는 후설의 후기 윤리학의 논의에서 매우 중요한 상호주관성을 이해할 수 있게 된다.

이 책의 1장에서 논의했듯, 정적 현상학은 발생적 현상학으로 보충되는 것이지 폐기되어야 할 게 아니다. 이러한 사실은 상호주관성에 대한 후설의 사유를 살펴볼 때에도 마찬가지이다. 상호주관성에 대한 후설의 탐구도 정적 탐구로부터 출발한다. 후설이 시간에 대한 사유를 발전시키기 시작하면서, 그리고 자아와 의미의 기원으로 되돌아가는 발생적 현상학적 방법을 사용하기 시작하면서, 상호주관성의 문제에 대한 후설의 논의는 정적 현상학적 방법 때와는 상이한 양상을 띤다. 하지만 이러한 양상이 후설 자신의 초기 글들에서 내보인 정적 현상학적 분석과 대립하는 게 아니다. 오히려 새로운 접근은 탐구를 좀 더 깊이 있게 만들며, 정적 현상학만으로 접근할 수 없는 더 넓은 차원을 더해 준다. 발생적 현상학적 방법은 시간의식의 심층

---

4 Hua 1, 136/106.

적 단계에 대한 이해를 가능하게 만들었다. 후설은 발생적 현상학으로 초월론적 상호주관성에 대한 논의를 펼친 것이다.

1. 1905년에서 1921년 사이의 논의

후설은 초기에 상호주관성을 현상학적 환원과 연관 지어 고찰했다. 후설은 타자와 관련된 자아의 개별성을 밝히려고 노력했는데, 비록 더 높은 질서로서 보편적인 인격성이나 모나드론과 같은 주제들이 후설의 초기 저작물들에서 나타났다고 해도 이러한 개념들은 초기에 상세하게 다루어지지 않았으며, 후기에서야 검토된다. 초기에 후설이 타자의 마음의 문제를 해결하는 단초로 관심을 둔 것은 감정이입이다.

후설의 **감정이입**(empathy)은 립스(Theodor Lipps)로부터 빌려온 것이다. 하지만 립스가 사용하는 용례와는 구별된다. 후설은 나중에 자신이 사용한 감정이입에 대해 비판적인 태도를 취하는데, 이와 함께 립스의 이론에 대해서도 비판적 입장을 취한다. 후설은 초기에 감정이입을 립스와 같이 타자의 신체 경험과 근본적으로 연관된 것으로 사유했다. 타자의 신체 경험은 타자를 판단하거나 이해할 때, 타자의 심리를 확인할 때 기초가 되는 것이다. 이는 신체의 내적 사유나 감정이 표현되기 위해서는 겉으로 드러날 수밖에 없다는 사실에 기반한다. 자아는 즉각적으로 겉으로 드러난 타자의 신체를 감각적으로 경험함으로써 타자의 내적 심리를 이해한다. "살아 있는 신체는 이미 거기에 있어야만 하며, 거기에서 특별히 구분되는 종류, 즉 사유, 느낌,

결정, 긴장, 기대, 숙고 등과 같은 신체의 변화과정은 표현될 수밖에 없다."[5] 감각적 경험으로 자아는 타자를 접한다. 립스는 타자의 심리가 표현될 때 자아는 감정을 투영함으로써 타자를 이해할 수 있다고 보았다. 립스의 주장은 타자의 신체는 타자 자신의 생각과 감정의 표현이며, 자아는 이를 투영해 봄으로써 타자를 이해한다는 것이다. 자아가 어떤 감정을 경험할 때, 자아의 신체 역시 특정한 방식으로 그러한 감정들을 표현하기 때문이다. 립스에 따르면 유비와 투영을 통해 우리는 나의 신체와 동일하게 움직이는 타자의 신체도 나와 동일한 방식으로 감정을 표현한다고 생각한다. 가령, 내가 화가 날 때, 나는 주먹을 쥔다. 유비에 따라 만일 주먹 쥐고 있는 타자를 본다면, 나는 타자가 화가 났다는 사실을 판단할 수 있는 것이다.

립스와는 달리 후설은 감각은 타자의 내면의 표현이라는 주장을 거부한다. 오히려 후설은 그러한 표현들은 복잡한 영역에 속한다고 본다. 후설은 내면의 **"표현"**에는 "감각과 관련하여 우리가 말하지 않는 심리적 표현"이 있다고 본다. 가령, 타자는 단단한 물체에 손을 둘 때, 단단하다고 감각적으로 느끼며 대상을 경험하지만, 어떤 표현 없이도 우리는 그 단단한 물체를 파악할 수 있다. 그래서 표현은 좀 더 높은 차원과 관련된다.[6] 립스는 대상에 대한 신체적 표현만으로 내적 감정의 표현을 파악할 수 있다고 보았는데, 후설에 따르면 립스의 설명은 표현의 다양한 층위를 설명하지 못하는 처사이다.[7]

5   Hua 13, 62-63.
6   Hua 13, 64.
7   이 주제는 '본능'과 관련된 논의에서 좀 더 상세하게 다뤄질 것이다.

타자를 이해하는 데 있어서 후설은 심리학의 그림이론을 거부한다. 그림이론이란 타자의 의식을 자아 자신의 내재적 의식의 대상으로 이해하며, 타자의 의식을 재현의 방식으로 드러낼 수 있다고 보는 것이다. 그림이론에 대해 후설은 다음과 같이 주장한다. "내재적인 그림 의식에서 자기 의식도 다른 의식에 의해 그려진 대상으로 있다. 낯선 경험에 반응할 때 표출하는 자기의식의 분노는 다른 의식의 활동이나 경험 중 하나일 뿐이라는 말인데, 이는 터무니없는 주장이다."[8] 이러한 접근은 자아의 내적 관점에서만 타자가 드러난다고 보는 방식이다. 이 관점에서는 자아의 현재의 경험이 고려되지 않는다. 좀 더 상세히 말한다면 자아의 내재성만으로 타자를 이해하는 접근은 타자에 대한 자아의 감정이입이 서로의 개별적 상황을 고려하지 않고 수행된다는 문제를 낳는다. 이와 같은 접근은 자아로 하여금 타자를 그저 자아와 동일한 것으로 간주하게 만들 뿐이다. 후설이 상술했듯, 타자에 대한 감정이입을 그림이론으로 이야기한다면, 유비에 기초하고 있는 그림이론은 타자의 분노를 재현하기 위해 자아도 같이 분노해야 한다는 사실로 귀결된다. 확실한 것은 타자의 감정과 자아의 감정은 필연적으로 구별되어야 한다는 것이다.

타자를 이해하는 데 있어서 자신만의 방식을 수립하려한 후설은 시간을 통해 경험의 타당성과 정합성을 추구한다. 후설의 이러한 노력은 그의 많은 글들에서 나타난다. 후설은 시간의 경과에 따른 상이한 관점 속에서 자아를 살핀다. 하지만 상이한 관점들은 동시적일 수 있어야만 하는데, 왜냐하면

---

8   Hua 13, 187-188.

"거기"에서 인식하는 사람이 동시에 "여기"에 있는 타자를 생각할 수 있어야 하기 때문이다. 시간과 공간은 지금 여기에 있는 자아를 지금 거기에 있는 타자로부터 구별하게 한다. 그리고 그때 여기에 있던 자아와 지금 여기에 있는 자아는 구별되어야 한다. 그러나 이는 하나의 개별 통일체로서 자아와 타자가 어떻게 이야기될 수 있는지를 질문하게 한다. 어떻게 자아는 지금 여기와 그때 여기를, 혹은 지금 거기의 타자와 그때 거기의 타자를 동일하게 이해할 수 있는지가 분명하지 않다.

후설의 초기 저술들에서 이와 관련해 가장 눈여겨 봐야 할 것은 "현상학의 근본 문제들"[9]이라는 제목으로 1910년에서 1911년 사이에 쓴 강의록이다. 이 강의록이 중요한 이유는 처음으로 상호주관성의 문제를 체계적으로 접근하고 있으며 이로부터 1920년대 전반에 걸쳐 후설은 이 문제를 계속해서 살피고 있기 때문이다. 강의록에서 후설은 유아론으로 귀결된다고 비판받는 환원의 개념이 재고되어야 할 필요가 있다고 말한다. 환원을 실행함으로써, 현상학자들은 실질적으로 드러난 경험 대상으로부터 순수의식의 영역으로 접근할 수 있다. 환원은 현상학자로 하여금 전적으로 초월론적 구성 작용과 연관된 의식과 의식의 대상에만 집중하게 한다. 오히려 이와 같은 집중은 유아론이 어떻게 거부될 수 있는지를 분명하게 드러낸다. 만일 우리가 순수 초월론적 의식과 그러한 의식의 작용들을 수행할 수 있다면, 자아에 지향된 대상들에 대한 탐구는 순수자아가 갖는 대상의 내용으로 한정된다. 후설은 이와 같은 관점에만 머물지 않고 새로운 시도를 추구하는데, 그

---

9 이와 관련된 강연들은 후설전집 13권, pp. 111-235 에서 xxi-xxx라는 부록의 쪽수와 함께 6호로 수록되어 출판되었다.

는 환원의 새로운 이해로서 현전화에 대한 "이중환원"(double reduction)을 제시한다. 케른(Iso Kern)은 상호주관성에 대한 이와 같은 논의를 후설전집 13권의 서문[10]에서 잘 해설하고 있다. 현상학자는 순수의식의 두 가지 작용을 구분하는데, 첫째는 지향적으로 '생생한 경험을 현전(현전화)'하는 것이고, 둘째는 '현전되었던 생생한 경험'과 지향적으로 연관을 맺는 것(재현전화)이다. 이는 자아의 현상학적 경험은 감정이입을 통해 현전화된 타자의 경험을 생생하게 포착할 수 있다는 말이다. 이와 같은 입장에서 후설의 환원은 유아론으로 귀결되지 않는다. 왜냐하면 자아의 의식작용만으로 타자의 현전이 있을 수 없으며, 현전된 타자 경험과 지향적 관계도 맺을 수 없기 때문이다. 후설이 제시한 것처럼, "감정이입은 감정이입된 의식의 경험이며, 이러한 경험을 우리는 현상학적 환원으로 살필 수 있다. 환원으로 획득된 현상학적 자료는 시간적 배경을 가지며 현상학적 자아의 의식대상의 자료로 있다."[11] 후설의 이중환원은 립스의 이론에 입각하지 않고도 타자에 대한 생생한 경험을 논할 수 있게 한다. 왜냐하면 이는 자아의 실질적인 생생한 경험과 감정이입으로 현전화된 타자에 대한 경험 사이에는 거리가 있음을 드러내기 때문이다. 타자는 자아의 내면에서 직접적으로 투영된 표현이 아니다. 자아와 타자 사이에서 확인된 거리는 자아의 경험이 타자의 경험에 직접적으로 이를 수 없다는 점을 확인시킨다. 우리는 실질적인 지금의 현전화의 경험을 가지면서도 기억이라는 재현전화의 상태에서 타자를 이해한다.

10 상호주관성과 관련된 대부분의 후설의 작업은 다음의 3권의 후설전집에서 드러나고 있다. 이들의 제목은 다음과 같다: *Zur Phänomenologie der Intersubjektivität. Erster Teil(1905-1920), Zweiter Teil(1921-1928)*, and *Dritter Teil (1929-1935)*.
11 Hua 13, 189.

본질은 현전하는 의식과 재현전된 의식으로부터 획득한 경험의 두 양상들로부터 드러난다. "감정이입 속에서 [본질은] '의식의 모든 흐름들' 혹은 '자아-모나드들'을 포함하는 현상학적 규정과 조화를 이루는 지표로서 드러난다."[12] 케른은 이중환원이야말로 자아가 경험하는 동일한 세계를 타자도 경험한다고 생각하게 하는 근거라고 강조한다. 타자는 감정이입으로 생생한 경험 속에서 현전되면서도, 재현전 속에서 "타자의 경험으로 환원된다. 그리고 함께 판단중지된 본질은 자아와 공유되는 동일한 본질이자 자아의 경험 가능한 체계 속에 소여되는 것이다."[13] 자아와 타자가 공유하는 그러한 본질은 "다양한 경험 속에서 나에게 주어지는 경험의 지표일 뿐만 아니라 감정이입된 경험의 지표요, 타자로부터 대응된 경험의 지표이다."[14]

자아 자신의 경험을 타자에게 투영하지 않아도 이중환원은 환원으로 자아에 대한 것이 타자에 대한 것과 동일하다는 사실을 알린다. 이와 같은 이해는 타자도 자아와 함께 세계를 공유하는 자로서 자신의 지위를 갖는다는 사실을 밝힌다. 달리 말해 세계는 단순히 자아의 관점으로만 이해되지 않고 다양한 관점에서 파악된다.

후설의 이중환원은 현상학적으로 소여된 모든 것이 환원될 수 있는 것처럼, 감정이입도 환원될 수 있는 경험임을 알린다; 감정이입의 경험은 시간적인 배경을 갖는 "현상학적 자아의 자료"이다. 감정 이입의 경험의 자료들과 그러한 자료들에 의식적으로 지향하는 자아는 시간상 "동일한 의식의 흐

---

12 Hua 13 xxxv.
13 Hua 13, 228.
14 Hua 13. 228.

름에" 있을 수 없다.[15] 하지만 감정이입의 경험과 그러한 경험의 자료는 동일한 시간에 속할 수 있다. 이는 감정이입된 타자도 동일한 의식의 흐름에 있지 않지만 동시에 타자에 대한 감정이입 경험과 그 경험의 자료는 동일한 시간에 속할 수 있다는 뜻이다.[16] 다시 2장의 논의들을 상기해 본다면, 후설의 내적 시간의식에 대한 초기 사유는 자아의 과거는 즉각적인 경험의 의식으로부터 현전될 수 없다는 사실을 알린다. 자아의 과거는 의식의 회상이나 기억을 통해 재현전화되는 것이다. 상호주관성에 관한 후설의 초기 사유에서도 이와 같은 방식이 적용된다. 그러나 이중 환원은 현상학적 순수 의식에서 현전화된 지향 대상과 현전 작용 모두를 살피게 한다. 이러한 방식에서 타자에 대한 현상학적 경험은 타자 경험을 포함하는 감정이입으로 현전된 타자 경험뿐만 아니라 자아에 의해 현전화된 타자 경험 모두를 수용한다. 타자의 경험은 근원적으로 자아 혼자서 현전하여 산출되는 게 아니다. 그렇다고 이는 타자에 대한 자아의 접근이 완전히 차단된 경험임을 뜻하지도 않는다.

1910년에서 1911년 사이에 작성한 강의록의 내용들은 후설에게 전적으로 만족스러운 게 아니었다. 후설은 납득할 만한 현상학적 체계를 갖추었다고 판단될 때까지, 대략 1921년까지 어떤 출판물도 내놓지 않는다. 그래도

---

15 Hua 13, 189.
16 [역자 주] 생생한 경험으로 현전되는 눈앞에 있는 타자는 지금 나의 의식 속에 있다. 그런데 시간이 지나 눈앞에 부재하는 타자를 경험으로 떠올리면 타자가 의식 속에 있다고 해도 타자를 직접 경험하던 그때의 의식 속에 있는 것은 아니다. 그럼에도 타자의 '경험의 자료'는 의식의 동일한 시간 속에서 재현된다. 과거에 경험했던 타자의 경험을 지향성에 따라 '지금' 떠올린다면, 타자의 경험 자체는 시간 속에서 지나간 경험이라고 해도 떠올려진 타자의 경험자료는 동일한 의식 흐름 속에서 환기된다.

후설은 상호주관성에 대한 탐구를 계속해서 수행했다. 상호주관성은 『성찰』에서 다시 핵심적인 주제로서 다뤄진다.

2. 데카르트적 성찰

후설 생전에 출판된, 1929년에 쓰여진 『성찰』은 상호주관성의 문제를 체계적으로 다루고 있다. 『성찰』은 후설의 사상이 발전한다는 사실을 보여준다. 특히 5성찰은 수동적 구성 속에서 발생적 방법론을 드러낸다. 하지만 동시에 5성찰에서는 공동체나 사회와 같은 주제들을 다루면서도 자아의 역사성이나 공동체성, 세계와 같은 것을 구체적으로 논하지 않는다. 이는 이 연구에 대한 해석의 문제로 있다. 5성찰은 어떻게 후설의 사상 체계가 발전한다는 사실과 맞물려 있을까? 비록 5성찰을 작성할 시기에 상호주관성의 문제를 많이 다뤘음에도 불구하고, 후설은 그 어떤 것도 출간되기에 적합하지 않다고 보았다. 상호주관성은 그에게 어려운 주제였는데, 당시에 후설은 상호주관성에 관한 탐구가 반쯤 완성된 것으로, 그러니까 그 어떤 것도 출판할 준비가 안 되었다고 보았다. 후설은 왜 발생적 방법만으로 데카르트적 성찰을 다루지 않았는가를 분명하게 밝힐 수 없지만, 확실한 것은 후설은 자신의 연구가 정적 현상학의 방법으로는 불충분하다는 점을 알고 있었다는 사실이다. 『성찰』은 후설의 전 삶을 통틀어 상호주관성에 대해 더 상세하게 기술하고 있는 공식적인 출판물로서, 출간되지 않은 원고들을 제외하면 후설을 탐구하는 학자들에게 『성찰』 중의 제5 성찰은 상호주관성을 확인할 수 있는 공식적인 연구물로 간주된다.

『성찰』을 볼 때 중요한 것은 어떤 종류의 상호주관성이 드러나고 있는가를 살피는 일이다. 만일 주의 깊게 살피지 않는다면, 후설은 타자의 **존재**의 문제에 대해서만 집중한다는 인상을 갖게 된다. 사실, 후설의 기획은 그렇지 않다. 그는 오히려 타자의 **의미**에 대해 많은 관심을 가졌었다. 후설의 다른 저작물들이 『성찰』과 어떤 점에서 다른지를 살펴보기 위해 『성찰』을 좀 더 상세하게 들여다보는 것이 중요하다.[17]

후설은 현상학을 유아론으로 평가하는 것에 반대하며 객관성의 다른 차원을 제시한다. 현상학적 환원은 자아에 의해 정립되는 모든 것은 "**나에 의해** 지향된다"는 측면에서 객관성을 자아의 의식의 차원에서 탐구하는 것이다.[18] 하지만 어떻게 타자는 나에 의해 지향된다고 말할 수 있을까? 이러한

---

17 나는 멘쉬(James Mensch)가 자신의 저서, *Intersubjectivity and Transcendental Idealism*에서 밝힌 주장에 대해서는 반대하지만 카(David Carr)가 "The Fifth Meditation and Husserl's Cartesianism", *Philosophy and Phenomenological Research* 34 (1974): "14-35에서 밝힌 주장에는 동의한다. 멘쉬의 주장처럼 사태의 소여는 필연적으로 존재론적 지위를 갖는 게 아니라고 해도, 사태에 대한 우리의 경험의 방법과 관련하여 다뤄져야만 한다. 카에 따르면 『성찰』에 대한 주석가들의 잘못 이해된 데카르트적 편견으로부터 우리는 벗어나야 한다. 다시 말해, 사태 소여의 존재론적 문제가 어려움에 있다는 사실을 드러내고 있는 후설은 이미 데카르트주의와 결별한 상태이다. 가다머(Hans G. Gadamer) 또한 카의 이해를 지지하는데, 그는 1963년에 발표한 자신의 논문 "The Phenomenological Movement", *Philosophical Hermeneutics*, trans. D. E. Linge (Berkeley: University of California Press, 1977), pp. 130-182에서 이를 잘 드러내고 있다. 비록 가다머는 카가 강조한 것과는 달리 후설의 초월론적 환원이 데카르트주의로부터 크게 벗어나지 못했다고 보았지만, 가다머는 후설의 기획이 존재론적 지위보다는 의미의 타당성과 크게 연관된다고 주장한다. 가다머는 후설이야말로 "데카르트의 보편적 회의를 실행함으로써 참으로 잃어버린 근본주의를 발견한 자, 더 나아가 데카르트로부터 세계를 이해하는 실체로서 모든 의심에 저항하는 초월론적 자아를 발견한 자이다. 그래서 그동안 세계에 대한 모든 인식의 기초는 실질적으로 이와 같은 의미의 초월론적 기원에 따라 이해되지 않았다"고 주장한다.

18 Hua 1, 121/89.

질문은 현상학적 방법을 유아론과 다를 바 없다고 여기는 오해를 낳는다. 타자의 현존을 살핀다는 것은 타자의 존재를 당연시하지 않고 현상학적 환원을 수행한 후 의식의 차원에서 타자의 존재론적 지위를 검토한다는 말이다. 그래서 타자에 관한 문제는 존재론적이기보다는 타자의 **의미**에 관한 문제이다. "지향된 것, 종합된 것, 동기화된 것"에서 "나에 의해 형성된 '타자'의 의미"를 결정하는 일이 곧 참된 기획이다.[19]

타자의 경험은 의식에 즉각적으로 주어지는 것으로부터 시작한다. 이러한 경험은 단지 타자는 세계 속 다른 대상으로 있다는 사실뿐만 아니라 타자 역시 자신의 유기체를 "심리적으로 관장하는" 대상으로 보인다는 것을 뜻한다. 세계 속에 출현한 타자는 심리-물리적인 대상으로 있다. 사실, 타자는 단순한 물리적 대상이라고 볼 수 없는데, 왜냐하면 자아는 타자를 세계 속에 있는 심리-물리적 대상으로 이해할 뿐만 아니라 "이 세계에 대한 주체"로 바라보기 때문이다. 그러한 점에서 타자는 자아가 경험하는 세계와 동일한 세계를 경험하며, 타자 역시 자아를 세계 속에 있는 타자로 경험한다. 자아와 타자가 동일한 객관적 세계를 경험한다는 것은 세계가 단순히 자아만의 독자적인 구성물이 아니라 오히려 모든 사람의 관점에서 이해될 수 있는 상호주관적인 세계로 있다는 사실을 알린다. 문제는 자아와 타자의 입장이 모두 동시에 유지될 수 있느냐인데, 달리 말해, 어떻게 세계는 자아의 지향적 활동으로부터 산출된 의미를 가지면서도 동시에 "각 개별 주체들의 세계 현상이지만 동시에 모든 경험하는 주체들로부터 벗어난 그 자체로"[20] 있는

---

19 Hua 1, 122/90.
20 Hua 1, 123/91.

상호주관성의 특징을 띠는지가 의문이다. 이는 『성찰』에서는 상호주관성과 관련된 문제에는 두 가지 양상이 있다는 사실을 알린다; 첫 번째는 자아에 맞서 거기에 있는 자로서 타자의 의미가 무엇이냐는 것이다, 즉 "다른 누군가를 경험하는 것에 관한 초월론적 이론"의 양상이다; 두 번째는 첫 번째에 의거하여 "모두를-위해-거기 있음"에서 세계의 "현존-의미"가 무엇이냐는 양상이다.[21] 우리 모두를 위해 현존하는 상호주관적인 세계의 실재성을 이야기하는 두 번째는 우리로 하여금 서로가 경험하는 공동의 문화적 대상들을 능동적으로 구성하는 다른 주체들의 의미를, 즉 타자의 의미가 무엇인지를 살피게 한다.

이처럼 타자가 무엇이며 그런 타자와 함께 경험하며 공유하는 세계가 무엇인지를 알기 위해서는 첫째로 자아가 무엇인지를 이해해야 한다. 이는 자아 자신을 환원해서 살펴야 한다는 뜻이다. 이와 관련해서 후설이 제안하는 설명을 유심히 살펴보도록 하자. 후설에 따르면 자아는 근본적인 토대로서 자아의 의식작용으로부터 "본질 구조가 드러난다. 객관적인 세계를 구성하는 초월론적 자아는 구성 작용을 하는 자아의 한 모습이다."[22] 초월론적인 작용 속에서 자아는 나 자신이 아닌 다른 어떤 대상으로부터 자신의 초월론적 경험을 추출해야 한다. 다른 어떤 대상으로부터 초월론적으로 추출한다는 것은 문화적으로 진술되는 것들, 가령, 오직 자신만의 지평이 아닌 외부의 지평으로 있는 것을, 그러니까 나로부터 벗어난 문화라는 타자를 고려하는 것과 다르지 않다. 현상학적으로 객관적인 것, 즉 모두를 위해 거기에 있

---

21 Hua 1, 124/92.
22 Hua 1, 125/93.

다고 생각되는 모든 것은 나 자신이 아닌 다른 어떤 것으로부터 "확실히 추출되는 것"이다. 물론 자아는 그 자신만의 경험을 가지고 있으며 다른 어떤 것을 위한 근본토대로 있다. "나는 명백하게 [타자가 아니기에] 나로부터 '낯선 것' 혹은 '이질적인 것'을 경험하지 않는다. 실질적인 경험에서 이렇게 나 자신의 것만으로 나는 '객관적 세계'의 의미를 소유할 수 없다; 설령, 객관적 세계라는 의미를 내가 가질 수 있다고 해도 그런 경험을 내가 소유할 수 있다는 게 아니다."[23] 당연하게도 이는 자아가 객관적 세계 경험을 완전히 포기한다는 뜻으로 오해되어서는 안 된다. 오히려 이는 우리 모두에게 "순전한 자연"이라는 자기만의 영역이 있다는 말이다.[24] 살아 있는 유기체는 자기 자신을 생생한 경험의 대상으로 삼을 수 있다. 생동하는 유기체로서 자아는 자기 자신을 지각할 수 있다. 신체를 지닌 자아는 다양한 감각 기관들을 통해 자신을 지각할 수 있다. 이는 생동하는 유기체로서 자아는 자연뿐만 아니라 자기 자신의 몸을 경험한다는 말과 다르지 않다. 자아는 정신-물리적 통일체로서 "수동적이자 능동적인 지향성의 내용에 따르는 다양하면서도 '순수한' 자아-극으로 있다. 자아는 모든 습성들의 극, 그러니까 다양한 양상들의 핵심 축이 되는 자아극(ego-pole)"이다.[25] 자아는 자신을 구성하는 삶을, 세계를 구성하는 지향적인 삶을 더 나아가, 자기 자신뿐만 아니라 타자를

---

23 Hua 1, 127/96.
24 이 말은 후설이 최대한 피하려고 한 유아론을 강조하는 것으로 보일 수 있다는 점에서 조심스럽게 제시되어야 한다. 그럼에도 이는 자아로부터 출현하는 것과 타자로부터 출현하는 것을 구분하는 과정에서 중요한 것이다. 이는 우리가 타자 없이 있을 수 없다는 사실을 인식하도록 돕는데, 왜냐하면 타자는 자연에 대한 우리의 이해를 완성시키기 때문이다. 우리는 후설이 이야기한 "순전한 자연"만으로 남겨질 수 없다.
25 Hua 1, 129/98.

구성하는 삶까지 영위한다. 타자를 구성하는 자아의 삶에는 타자라는 투영된 자아, 즉 다른 자아의 삶이 있다는 뜻이다. 하지만 여전히 타자가 나 자신으로부터 어떻게 구성될 수 있는지, 그리고 자아에 "외재적인" 것으로 있는 타자가 어떻게 구성하는 자아와 관계되며 더 나아가 초월론적 자아와 상관할 수 있는지가 분명하지 않다.

초월론적 자아는 판단중지의 산물이다. 판단중지를 통해 자아는 스스로를 객관성을 구성하는 초월론적 자아로 이해한다. 또한 "**자기 통각을 세간적**(世間的)**으로 두는**(mundanizing self-apperception)"[26] 초월론적 자아는 경험 세계 속에서 자신의 인격적 정체성을 확인한다. 이와 같은 확인은 자아의 정신적인 영역에서 일어난다. 이때 정신적 영역은 자아의 초월론적 모습과 인격적 모습, 절대적 모습의 근원적 토대가 되는 고유한 영역을 뜻한다. 그러니까 초월론적 자아는 정신적 영역에서 드러나는 자아의 한 모습인 것이다. 우리는 이 지점에서 작동하는 두 가지 차원을 확인할 수 있는데, 하나는 "자기 자신만"의 고유한 차원으로서 이 차원에서 자아는 자기자신만의 세간적인 경험을 갖는 구체적인 자아로 있다. 자신만의 고유한 차원에서 자아는 아직 "객관적이지" 않은 자신만의 주관적인 경험을 갖는다. 경험의 구성은 이와 같은 차원으로부터 출발한다. 초월론적 자아로부터 구성되는 모든 "객관적인 것"은 주관적인 자아로부터 드러나는 것이다. 이러한 관점에서 볼 때 초월론적으로 이해된 세계는 모든 사람의 바깥인 거기에 현존하는 객관적 세계만으로 **있지 않다**. 왜냐하면 초월적 세계는 세계를 구성하는 근

---

26 Hua 1, 130/99.

원적 요소로서 주관적 습성들과 감각 자료를 가지기 때문인데, 이는 세계의 초월성이 내재적인 초월성이자, 자아에 대한 초월성이지, 모두의 주관이 배제된 객관적 초재성이 아님을 뜻한다. 하지만 "이러한 '**근원적인 영역**'(근원적인 자기-이해의 영역)**에서** 우리는 지향적 현상의 기초로 발생하는 초월론적인 '객관적 세계'를 주관의 영역에서 환원을 통해 발견한다." [27] 초월론적 객관적 세계는 정신적 영역에서 발견되는 두 번째 차원이다.

자아의 구성으로부터 모든 사람에게 타당하게 구성되는 대상으로 나아가기 위해, 자기-의식으로서 자아의 의식과 스스로를 초재해서 관찰할 수 있는 자기의 의식은 반드시 구별되어야 한다.[28] 만일에 의식이 단순히 자기로부터 구성되는 것으로만 이해된다면, 우리는 분명 다른 누군가와 소통할 수 없는 유아론에 처하게 된다. 하지만 다행히도 우리는 자아의 자기 의식과 자신을 구성하는 자기 의식을 구분할 수 있으며 더 나아가 자아에 초재해 있는 타자의 의식을 생각할 수 있다. 이것이 바로 후설이 5성찰에서 주요하게 다루었던 자아가 갖는 타자의 의식이다.

타자는 자아가 아니다. 직접적으로 자신을 경험할 수 있는 것과는 달리 타자는 직접적으로 온전하게 경험되지 않는다. 나와는 전혀 다른, 매개되는 존재로 경험되는 게 타자이다. 타자는 "간접 현전"(making co-present) 혹은 "부대 현전"(appresentation)으로 경험된다.[29] 이는 대상의 전면과 후면에 대한 비유로 쉽게 설명된다. 내가 집 앞에 서 있다면 집의 전면은 내게 즉각

---

27 Hua 1, 135/104-105.
28 Hua 1, 136/105.
29 Hua 1, 139/109.

적으로 드러나지만, 집의 후면은 전면과 함께 있으나 간접적으로 떠올려질 뿐 곧장 직접적으로 파악되지 않는다. 내가 집의 후면으로 걸어가서 후면을 보게 되면 그때서야 후면은 즉각적으로 이해된다. 하지만 대상을 이해하기 위해 이러한 수고를 굳이 할 필요가 없다. 또 다른 예를 들어 보자 컴퓨터의 구성을 알기 위해 나는 컴퓨터, 키보드, 화면 등을 일일이 직접적으로 살피지 않아도 된다. 이처럼 간접적으로 대상을 파악할 수 있다는 사실은 자아와 구별되는 타자를 이해하는 데서도 적용된다. 만일에 타자가 즉각적으로 온전히 파악된다면, 타자와 자아를 구별할 이유가 없다. 하지만 타자는 즉각적으로 온전하게 파악되지 않는다. 우리는 간접 현전, 혹은 '유비화하는 통각'(analogizing apperception)으로 타자를 이해하는데, 이와 같은 이해는 타자의 신체가 살아 있는 유기체로 이해된다는 사실을 알린다. 자아와는 또 다르게 생동하는 신체를 가진 "살아 있는 유기체"로서 타자의 신체의 의미는 유비를 통해 이해될 수 있다. 왜냐하면 타자의 신체는 자아 자신의 신체와 유사한 것으로 있으며 이를 유비화하는 통각으로 파악하기 때문이다. 자아는 타자의 신체를 나 자신의 신체와 유사한 것으로 이해하며 그에 따라 의식을 가진 신체, 살아 있는 유기체로 타자를 이해한다.[30]

이와 같이 유비를 통해 타자를 이해하는 일은 **"자아**와 **타자**는 언제나 그리고 필연적으로 **원래부터 '짝지어진'**(pairing) 것으로 주어진다는 사실을, 그러니까 자아와 타자는 짝으로서 구성되어 수동적 연합을 통해 의식의 통일

---

30 후설은 비록 초기의 이론을 다듬었음에도 불구하고 재현으로서 감정이입이라는 후설의 초기 이론의 잔여를 여전히 여기에서 드러낸다. 다만, 후설은 자아와 타자의 거리를 분명히 구분하고 있다. 예를 들어 감정이입으로 확인된 타자의 분노는 자아의 분노가 아니다.

체[31] 속에서 직관적으로… 주어진다"는 사실을 알린다. "타자의 객관적 의미는 서로가 서로에게 중첩된 상태로 있다."[32] 이러한 수동적 연합은 생동하는 유기체로서 타자가 "나의 근원적 영역에서 원본적으로 인식작용의 결과가 아닐 뿐만 아니라"[33] "완전하게 현전될 수 없는"[34] 유기체로 있다는 사실을 알린다. 그렇기에 자아는 자신과 거리를 갖는 타자, 생동하는 하나의 자아로 있는 그와 같은 타자를 향한 의미 전환을 해야 한다.

여기에 있는 자아와는 대조되게 **거기**에 있는 타자 역시 생동하는 유기체라는 사실을 상기해야 한다. 그럴 때만이 타자의 관점도 부각될 수 있다. 자아의 신체가 **여기**에 있다는 것은 앞서 이야기한 짝지어진 연합으로서 타자 역시 **거기**에 있다는 사실로 현전된다. 짝을 짓는 과정은 "모든 타자 역시 자신의 신체를, 그러니까 거기에 있는 신체이자 즉각적으로 자신만의 본질을 갖는 것으로 파악되는 신체라는 점을 간접적으로 드러낸다. 나의 본질이 그렇듯, 타자의 본질도 동일하게 있다는 사실이 간접적으로 드러난다. 겉보기에 타자의 본질과 나의 본질은 같아 보인다. '마치 내가 거기에 있는 것처럼, 타자의 신체도 거기에 있다고 생각하는 점에서 본질상 동일하다.'"[35] 자아와 타자의 본질은 동일하다는 생각 속에서 자아 자신은 여기에 있고 타자는 거기에 있다고 이해하며, 타자의 거기에 있음은 마치 자신의 거기에 있음처럼 경험된다. 이는 "나는 제2의 본질을 갖는다는 것이 아니다. 생동하는 (타자에

---

31 Hua 1, 142/112.
32 Hua 1, 142/113.
33 Hua 1, 142/113.
34 Hua 1, 148/119.
35 Hua 1, 152/123.

속하는) 유기적 신체를 부차적으로 자아가 갖고 있지 않다"[36]라는 뜻이다. 부대 현전과 현전은 상호 연관된 것으로서 이러한 상호연관성 속에서 자아는 타자를 이해하는데 그와 같은 간접적 이해 속에서 나는 타자의 본질이 타자 자신이 갖는 참된 본질과 "동일한 의미"[37]를 갖는다고 여긴다. 타자의 부대 현전은 자아로 하여금 타자를 "타당하게 소여된 가능한 양상"으로 이해하게 한다. 자아의 지평은 타자의 관점과의 만남으로 더 크게 확장된다. 객관적인 세계와 관련해서 타자의 관점이 중요한 이유는 객관적 세계가 나 자신만의 세계가 아니라는 사실을, 즉 세계는 나 자신에게만 속한 게 아니라는 사실을 알리기 때문이다. 세계는 상이한 시간 속에서 다양한 관점으로 드러난다. 객관적 세계를 드러내는 데에 있어 타자의 관점이 궁극적으로 필요하다는 말만으로는 충분하지 않다. 이에 따라 후설의 탐구는 "상호주관적 본질"[38]을 수립하기 위한 토대로서 "모나드 공동체"를 이해하는 것으로 확장된다. 세계의 상호주관적인 모든 일반 양상이 수립될 수 있어야 한다는 사실에 입각해 후설은 공동체 탐구로 확장한다. 우리가 공유하는 객관적인 상호주관적인 세계가 있어야 하기 때문이다.

자아는 타자 또한 자신의 자아를 가지고 있으며 동시에 나와 다른 타자로 있다는 사실을 받아들일 때, 그리고 자아 역시 누군가의 타자이면서 동시에 자기만의 고유한 정체성을 갖는다는 사실을 알 때 자아와 타자의 공동체는 더욱 확대된다. 이러한 사실이 알리는 바는 "본질이란 수많은 사람들에게

---

36 Hua 1, 152/123.
37 Hua 1, 152/124.
38 Hua 1, 149/120.

끊임없이 열려 있는 것이며, 공동체 속 모든 주체들은 본질이 얼마나 무한히 열려 있는지를 알 수 없다"[39]는 점이다. 초월론적 상호주관성 속에서 수많은 사람들은 동일한 객관적 세계를 공유하며 함께 살고 있는 구체적인 개별자들이다.

지금까지 논구된 사회 공동체란 "초월론적으로 이해되는"것이다. 사회 공동체는 다양한 차원과 유형으로 있다. 공동체와 관련해서 본 논의가 중요하게 두는 사안은 "더 높은 질서의 인격체"[40]이다. 사회 공동체는 하나의 문화 공동체를 이루고 있다. 하나의 문화 공동체는 다양한 차원의 사회 공동체를 자신의 구성요소로 가지고 있다. 이는 "모든 사람들이 그렇지는 않겠지만, 사람들은 하나의 동일한 세계 속에서 자신들만의 문화적 공동체를 이루며 살아간다. 그에 따라 상대적 혹은 절대적으로 구분되는 공동체 속에서 수동적이면서도 능동적인 삶을 채워가고 있다. 이러한 사실 속에서 구체적인 생활-세계로서 자신들을 둘러싼 상이한 문화를 구성하며 사람들은 살아간다."[41]

하나의 문화 공동체 속에서 자아는 "이질적인 문화 공동체라고 생각되는"[42] 타자 공동체에 직면한다. 개별자처럼 공동체도 다른 공동체와의 상호주관적인 객관적 세계로 무한히 확장하면서 "영점"을 형성한다.[43] 애석하게도 후설은 개별 공동체에 대해 세심하게 다루지 않았다. 후설은 개별 공동

---

39 Hua 1, 158/130.
40 Hua 1, 160/132.
41 Hua 1, 160/133.
42 Hua 1, 161/135.
43 Hua 1, 161/134.

체란 공동체를 구성하는 개별자들로부터 형성된 것이기에 개별자의 윤리 논의가 공동체 논의로 확장될 수 있다고 보았다.

제5 성찰에서 드러난 이와 같은 이해를 고려해 볼 때, 우리는 상호주관성에 대한 후설의 논의가 초기의 순수 정적 분석으로부터 어떻게 좀 더 발전하게 되었는지를 살필 수 있다. 후설이 『성찰』에서 보여준 초월성의 두 단계, 즉 내재적 초월성과 세계에 대한 외재적 초월성을 고려해보면 그러한 변화는 분명하게 드러난다. 내재적 초월성은 세계의 초월성의 토대를 제공하며 축적되는 의미와 습관성을 지니는 구체적인 자아의 잠재성과 현실성을 드러낸다. 이러한 원초적 단계에 대한 이해는 되묻기라는 발생적 탐구로 획득된다. 발생적 탐구는 시간을 거슬러 환문함으로써 드러나는 통일체를 요구한다. 이를 바탕으로 자아는 모두에게 현전하는 세계에 대한 외재적 초월성으로 나아갈 수 있다. 후설은 초월적으로 이해되는 세계에 대한 발생적 탐구가 순수하게 정적으로 이해되는 탐구와 상충하지 않는다고 보았다. "객관적인 세계는 완성된 것이자 이미 거기에 있는 것이고, 지속한다. 게다가 나에게 생생한 객관적인 경험의 자료들일 뿐만 아니라 심지어 내가 경험하지 않았어도 습관적으로 내가 계속해서 받아들이고 있는 것이기도 하다."[44]

이러한 설명은 또한 제5 성찰에서 상호주관성에 대한 후설의 이해가 근본적으로 정적 현상학적 탐구로부터 발생한 발생적 현상학적 탐구로 나아가는 사실을 알린다. 원초적인 초월성의 단계에서 드러나고 경험될 수 있는

---

44 Hua 1, 136/106.

발생적 상호주관성을 더 알기 위해 후설의 다양한 분석들을 두루 살펴봐야 할 이유이기도 하다. 후설이 발생적 탐구로 자신의 사유를 확장시키는 정황은 대체적으로 1921년 이후부터 두드러진다. 더 높은 질서로서 인격체, 역사 등 다양한 주제들을 포함한 기록들은 이 시기부터 등장한다. 이제 우리는 발생적 현상학적 방법이 정교하게 다듬어짐으로써 등장할 수 있었던 후설의 상호주관성을 이해하기 위해 이와 관련된 그의 원고들을 살펴야 한다.

3. 1921년에서 1935년 사이의 논의

1921년에 후설은 처음으로 공동체의 역사성 문제를 이야기한다. 이에 대한 논의는 상호주관성 문제를 발전시키는 초석이자 데카르트적 사고를 극복하며 상호주관성으로 나아가는 기초를 이룬다. 공동체의 역사성 문제와 함께 우리는 습관성, 본능, 더 높은 질서로서 우리에 관하여 이야기할 수 있다. 5성찰은 후설이 이러한 주제들과 관련하여 자신의 사상을 어떻게 발전시켰는지를 선보이고 있는데, 사실 이러한 주제들이 5성찰에서 나타난다고 할지라도 여기에서 기술된 후설의 설명들은 자신의 출간되지 않은 수많은 원고들의 글과는 다르게 구체적이고 간결하게 상세히 서술되지 않았다. 분명한 점은 후설의 후기 사상은 흐르는 살아 있는 현재의 개념과 발생적 현상학을 중심으로 전개된 사유이다.

우리는 앞서 생생하게 흐르는 현재에 대한 논의에서 시간의식의 가장 심층적인 차원에 타자와 자아의 접점이 있음을 이야기했다. 이러한 접점은 타자와 자아의 연관성이 인식적이기보다 원초적인 상태에 의거하고 있음을 드러낸다. 자아와 타자가 근원적으로 연결되었다는 점은 C-원고에서 논의된 것으로서, 특히 상호주관성과 관련하여 논의된 것이다. 본 논의에서는 타자의 정신적 삶을 이해하려는 후설의 시도가 무엇인지를 명확히 밝히는 것보다 오히려 윤리적 주체와 윤리적 공동체를 이해하는 데 있어 발생적 그리고 선반성적 차원에서 상호주관성이 무엇이냐를 해명하는 일에 더 중점을 두기로 한다. 발생적으로 상호주관적인 공동체를 밝히는 일은 윤리적 개별자들을 이해하는 데에도 도움을 준다. 왜냐하면 개별자들은 세대를 거쳐 전승된 윤리적 규범들, 즉 앞선 세대들로부터 형성된 윤리적 전통과 관련되었기 때문이다. 한마디로 발생적 탐구로 한 층 더 발전된 후설의 사유는 상호주관성을 빼놓고 이야기되지 않는다.

흐르는 생생한 현재인 주체성의 가장 심층적 차원에서 자아는 고립된 존재로 있지 않다. 나의 흐르는 생생한 현재란 단순하게 나 자신이라고 부를 수 없다. 만일 내가 "현재 실질적으로 나에 대해 존재하는 모든 것의 원천으로서 구체적인 [살아 있는 흐르는 현재]라고 해도, 나는 타자의 생생하게 흐르는 현재와 대립되는 것으로 있지 않으며, 다른 사람의 흐르는 생생한 현재와 대립되는 나만의 것도 아니다. 실질적인 한 인간만의 것으로 그러니까 육체와 영혼의 현존으로서 나만의 생생한 현재를 갖고 있는 게 아니다."[45]

흐르는 생생한 현재를 시간적으로 환원하는 일은 후설의 감정이입의 분

45 MS, C3, p. 3b. "Wenn ich, mich besinnend, auf meine lebendig strömende Gegenwart in ihrer vollen Konkretion zurückgehe, in der sie der Urboden und Urquell aller für mich jetzt-gegenwärtig aktuellen Seinsgeltungen ist, so ist sie für mich nicht die meine gegenüber derjenigen anderer Menschen, und sie ist nicht die meine als die des körperlich-seelisch seienden, des realen Menschen."

석으로 드러나는 것 이상으로 좀 더 근원적 차원에서 타자와 자아가 함께 있다는 사실을 알린다. 자아는 근본적으로 직접적인 방식으로 타자와 함께 한다. "타자와 나 자신에 대한 세계가 있다는 것에 앞서 나의 가장 근원적 차원에서 타자는 이미 "함께"하고 있다."[46] 생생한 체험은 생생하게 타자와 자아 모두가 겪는 것이다. '타자냐 자아냐' 라는 논의를 펼칠 때 둘은 구별된 다. 체험은 자아에게만 혹은 타자에게만 속하는 게 아니라 둘 모두에게 속 하는 것인데, 왜냐하면 시간 속에서 체험하는 일들이 자아와 타자 모두가 겪는 일이 아니라면, 시간이란 살아 있는 인간의 시간이라고 볼 수 없기 때 문이다. 그러므로 우리 모두가 체험하는 시간을 더 파고드는 발생적 분석으 로 촉발의 과정들을 살펴봐야 한다.

가장 심층적인 시간적 차원에서 자아와 타자가 서로 함께 있다는 사실이 드러나는데, 분명한 것은 자아와 타자는 공동체적으로 있다는 점이다. "〈자 아와 타자의 결합〉은 여전히 공동체적인데 서로 ('합치'되었단 말은 애석하게도 〈시간적인〉 연장으로 연결되는, 예를 들어 연합과 같은 뜻이다) 연장적이지도 시간 적이지도 않은 경우 그리고 자기-동일적인 자아를 지탱하는 흐르는-구성의 시간성의 경우에서도 서로는 공동체적으로 있다. 나 자신과 타자가 함께하 는 공동체란 하나의 자아-극 연합과 관련된다."[47]

46 MS, C17 V, p. 30, 이에 대한 인용은 다음을 참조할 것: James Mensch, *Instersubjectivity and Transcendental Idealism* (Albany: State University of New York Press, 1988), p. 241.
47 MS, C16 VII, p.5, 이에 대한 인용은 헬트(Klaus Held)의 다음의 저서로부터 인용한 것 이다, *Lebendige Gegenwart* (The Hague: Martinus Nijhoff, 1966), p. 157: "Aber es 〈die Einigung von Ich und Anderem〉 ist doch Gemeinschaft (das Wort 'Deckung' weist leider auf Deckung in 〈zeitlicher〉 Extension, auf Assoziation hin), *so wie bei meinem, die strömend-konstituierende Zeitlichkeit tragenden, nicht extensiv-zeitlichen einen und*

심층적 차원에서 타자와 자아의 합치는 상호주관성에 관한 대답이라고 볼 수 있다. 또한 합치는 초월론적 차원에서 자아의 상호주관성이 무엇인지를 충분히 대답할 수 있게 한다. 다만 타자와 자아가 근원에서부터 이미 합치하고 있다는 사실을 더 심층적으로 논의하기에 앞서 자아 그 자체는 단일체로 있다는 점을 배제해서는 안 된다. 자아와 타자가 합치되면서도 자아는 하나의 단일체로 있다는 게 무슨 뜻인지는 자아의 습관성과 수동적 발생을 통해 밝혀진다. 수동적 발생과 습관성은 초월론적 자아와 타자 사이의 연관성을 개관할 수 있게 돕는다.

1) 수동적 발생

초월론적 주체는 수동적이면서도 능동적이다. **수동적 발생**은 후설이 근원적 결합을 특징으로 갖는 구성의 선술어적 영역을 가리키기 위해 사용한 말이다. 수동적 발생에서 수동이라는 말은 순수한 수용을 뜻하며 근원적 결합의 토대가 자아의 작용으로 활성화되는 것이다. 수동적 발생은 후설이 발생적 현상학의 방법을 사용하기 시작한 이후로부터 지속적으로 드러냈던 용어 중 하나이다. 후설의 발생적 현상학의 방법은 의미의 기원을 추적하기 시작하는 과정에서 드러난 것이다.[48] 우리가 알고 있는 판단들은 근본적

---

selben Ich. Gemeinschaft mit sich selbst und Anderen bezieht sich auf Ichpol-Einigung."
48 『성찰』에서 후설은 현상학은 "뒤늦게 연합의 탐구로 가는 길을 찾았다"라고 진술한다(114/80). 나는 베르넷, 케른, 마르바흐에 동의한다. 이들의 공저 Introduction to Husserlian Phenomenology(2002)에 따르면 후설은 발생적 현상학적 방법이 진척될 때 현상학의 탐구가 준비될 수 있다고 본다.

으로 수동적 경험에 의존하고 있다. 수동적 경험은 새로운 의미를 형성하는 데에 기초를 이룬다. 근원적인 수동적 경험은 선술어적인데, 이는 우리에 대한 세계의 현존을 구성할 때 경험하는 것이다. 우리에 대한 세계는 그 자신의 역사를 갖고 있으며, 그 자체로 계속해서 발생하며 발전하는 중이다. 그래서 수동적 발생은 하나의 판단에 앞서 발생한다. 수동적 발생이란 비지향적 감각들을 포함하는 것이지만, 아무렇게나 무작위로 있는 감각이 아니라 여전히 의식의 목적론적 발전에 의존하는 것으로서, 자아의 통일성을 형성하는 데에 영향을 준다.

한편으로 자아의 경험은 수동적이지만은 않고 능동적 기질과도 관련되어 있다. 자아의 모든 경험 속에서 특정한 가치나 입장을 경험하고 판단하는 행위는 지향적 활동이다. 자아는 "동일한" 경험을 계속해서 동일한 방식으로 판단함으로써 자신만의 습관성을 형성한다. 이러한 활동은 개별 자아에만 국한되는 활동이 아니다. 이는 세대를 거쳐 수동적으로 확보되는 경험으로서 심층적 층위로도 형성된다. "우리는 습득성 속에서 특히 통각들과 연관되는 결과로서 수많은 통각의 수동적 발생과 조우한다."[49] 수동적 종합 속에서 우리는 우리에게 영향을 끼치고 습관적 통각의 작용으로 활동하게 하는 "'대상들'의 환경"을 이미 가지고 있다. 달리 말해, 이미 주어진 대상들은 자아의 능동적 작용에 동기를 제공한다.

수동적 발생의 원초적 단계에서 우리는 연합의 두 가지 유형을 구분할 수 있다. 첫 번째 연합은 하나의 통일체를 형성하기 위한 자아의 다양한 경험

---

49 Hua 1, 113/79.

의 순간들의 연합이다. 이는 가령 컴퓨터 화면을 계속해서 가로지르는 마우스 커서의 연속적인 움직임의 연합 혹은 어떤 장면의 전체를 구성하는 활동의 지평 위에 있는 대상들의 연합으로 생각될 수 있다. 이와 같은 연합은 자아의 특정 순간의 경험만을 단독적으로 들춰내는 게 아니다. 오히려 컴퓨터 화면이라는 배경 속에서 커서가 움직이듯, 자아는 타자와 함께 이미 연합한 상황 속에 있다. 통일된 경험을 이루는 경험의 요소들에는 직접적으로 사고되지 않는 배경들도 연합을 이루는 중요한 요소이다. 두 번째 유형의 연합은 앞선 경험들의 연합을 통해 현재의 경험이 의미를 획득한다는 것이다. 자아는 유비적 방식으로 현재의 경험과 앞선 경험을 연관 짓는다. 이러한 연합의 두 번째 유형은 습관의 발전과 관련이 있다. 우리는 "제2의 본성"이라고 불리는 습관적 활동을 심사숙고해서 실천하지 않는다. 이처럼 두 번째 종류의 연합은 첫 번째 연합으로부터 기초 지어진 부차적인 수동성이며 능동적 자아의 발생과 연관되어 있다. 자아는 계속해서 만들어지는 습관성들 속에 있으며, 미래의 습관이 될 수도 혹은 되지 않을 수도 있는 새로운 어떤 것을 행하며 계속해서 습관성을 형성해 간다. 자아가 매번 심사숙고해서 실천하는 게 아닌, 오히려 자동적으로 행하는 습관성은 자아의 역사를 이룬다.

수동적 발생에 대한 논의는 타자와 자아의 근본적인 관계를 이해하는 데에 도움을 준다. 자아의 수동적 발생은 자아가 자신을 둘러싼 다양한 것들을 흡수한다는 사실을 알린다. 이는 자아의 구성작용은 자아 자신만의 자발적 작용으로 행해지는 게 아니라 이미 제한 속에서 실행되는 것이다. 왜냐하면 초월론적 상호주관성과 같이 자아와 타자의 조우를 가능하게 하는 선-개인적인 수동적 소여가 있기 때문이다. 자아와 타자가 초월론적으로 상호주관적이라는 사실은 윤리적 공동체 형성을 이해할 수 있게 만드는 중요한 단서이다. 우리 자신의 세계를 살필 때 타자를 이해하는 일은 필수적인 작업이다. 이러한 이해는 자아와 타자가 어떤 점에서 다른지, 타자는 자아의 세계 구성에서 어떻게 우선되는지를 들여다볼 수 있게 한다. 자아는 세계 속에서 대상의 침전된 의미를 전수받으며 태어난다. 세계의 의미는 대상의 침전된 의미로 이루어지는데, 애초부터 상호주관적인 우리는 이와 같은 침전 속에 있다. 그 속에서 자아는 자신의 습관을 형성하며 살아간다. 이쯤에서 우리는 습관과 침전이라는 두 용어를 좀 더 살펴보기로 하자.

2) 습관성

자아의 수동적 발생으로 형성된 습관성은 자아의 통일성을 이루는 근거이다. 자아가 살아가면서 취하는 반복되는 태도는 자아 자신만의 '기질'을 형성하는 침전물로 있다. 이는 곧 끊임없이 변화하는 상황 속에서도 자아가 자신만의 정체성을 능동적으로 유지하는 방법이다. "순수한 자아의 정체성은 언제나 인식하는 자아로서 나(가령, 순수 자아)가 스스로를 인식하는 동일한 자아라고 파악할 수 있게 할 뿐만 아니라, 나 자신이 순수한 자아이자 동시에 선험적으로 동일한 자아로서 한 입장에서 어떤 결단을 내리는 자로 있다는 점을 뜻한다. 한마디로 자아의 결단을 일관되게 유지하는 자로 있다는 뜻이다."[50] 자아의 이러한 특징은 자아가 소소하게 반응하는 것에서부터 복잡하게 반복하는 태도에 이르는 다양한 활동들에서 드러난다. 이는 자아

---

50 Hua 4, 111-112/118-119.

가 그 자신만의 역사와 삶의 양식을 갖는다는 말과 다르지 않다. 후설은 『이념들 2』를 작성하기 전부터 일찌감치 이와 같은 자아의 특징을 인지하고 있었다. 그는 『이념들 2』에서 "자아란 같은 신념과 생각을 가지고 있는 한 변하지 않는다. 신념을 바꾸는 일이란 자기 자신을 변화시키는 일이다. 하지만 변하거나 변하지 않음을 통틀어 자아는 극으로서 동일하게 자기 동일성으로 있다"[51]라고 밝힌다. 이것이 뜻하는 바는 근원적인 핵심이 있다는 말, 그러니까 언제나 동일한 기원의 축인 자아극이 있다는 말이다. 이러한 축을 중심으로 자아는 자신의 의사, 신념, 입장을 자기 정체성 속에서 형성해 간다. 한편으로 **변하거나 변하지 않음을 통틀어**라는 말은 자아의 의사나 신념, 습관성이 변할 수 있다는 점을 명시한다. 자아는 언제나 자신의 신념과 의사를 평가하고 살핀다.[52] 자아는 "경험의 타당성과 그러한 타당한 경험으로부터 만든 습관성을 통해 일반적이고 예측 가능한 단일한 자신을, 즉 실질적인 자기[삶]의" 통일성을 형성한다. "경험으로 형성된 자신의 모습에 부응하며 지속적으로 자신을 유지함으로써" 형성된 자아가 곧 자아의 통일성이다. 이는 "하나의 사실로서 단일한, 자신의 세계를 갖고 있는 인격자의 통일성이기도 하다."[53] 우리는 한편으로 그와 같은 자아의 통일성이 언제나 자아가 경험하는 세계가 통일되게 있다는 사실을, 즉 지속적인 자아의 습관적 경험은 객관적인 세계의 통일성으로부터 구성된다는 사실을 확인할 수 있다.

---

51 Hua 4, 311/324.
52 이 지점에서 우리는 다음 장에서 논의할 자아의 책임과 관련된 후설의 생각이 변하게 된 중요한 단서를 얻은 셈이다. 이는 후설의 윤리학뿐만 아니라 후설의 쇄신과 비판의 철학의 전반적인 틀을 살피게 하는 주제로도 볼 수 있다.
53 Hua 15, 404.

하지만 주의해야 할 점은 습관성 그 자체는 자아의 작용이 아니라는 사실이다. 물론 작용으로 형성된 게 습관성이기는 하지만, 습관성은 주체성을 이루는 층위라기보다는 오히려 자아의 기질을 이루는 것이다.[54] 자아극이란 습관성이 축적되는 것의 중심축이자 그렇게 쌓여진 습관성들을 연결하는 모나드이다. 예를 들어, 처음으로 거짓말을 해야만 하는 혹은 진실만을 말해야 하는 순간에 처한 사람이 있다고 해 보자. 거짓말을 하거나 진실을 말하는 최초의 행위는 자아로 하여금 거짓말에 대해 다시 생각하게 하거나 혹은 앞으로 거짓말을 말할지 아니면 그렇게 하지 않을지를 돌아보게 하며, 거짓을 말했다면 자신의 다음 행위가 처음에 했던 거짓말과 일치하거나 일치하지 않는지를 검토하게 만든다. 여동생으로부터 사탕 하나를 훔친 여자 아이가 있다고 가정해 보자. 여동생이 이 사실을 알면 언니에게 무척 화를 낼 것이다. 사탕을 훔치면 동생이 화를 낸다는 경험에 비춰볼 때, 언니는 동생에게 사실대로 이야기하는 게 현명하지 않다고 생각하게 된다. 또 다른 사례를 든다면, 동생은 깜짝 생일 파티가 자신을 위해 준비되어 있냐고 언니에게 묻지만 언니는 깜짝 파티를 숨기기 위해 동생에게 그렇지 않다고 거짓말을 한다. 그런 그녀의 행동에 부모는 비밀을 잘 유지했다고 언니를 칭찬한다. 두 경험에 따라 여자 아이는 거짓을 말하는 건 적절한 행동일 수 있

---

54 물론 우리는 『니코마코스 윤리학』에서 언급된 아리스토텔레스의 습관적 기질로서 덕의 개념과 후설의 습관성 개념의 유사성을 발견할 수 있다. 아리스토텔레스의 덕 개념에서 덕스러운 삶이란 습성과 연관된다. 덕스러운 행동으로 우리는 덕이 있는 기질을 개발한다. 아리스토텔레스는 "기질이란 활동에 부응하는 것인데, 그런 점에서 우리의 활동은 특정한 종류에 있음을 확인할 수 있다. 왜냐하면 그와 같은 활동 속 다양한 모습들은 우리의 기질을 반영하고 있기 때문"이라고 주장한다. (Nicomachean Ethics, trans. Martin Ostwald [New York: Macmillan, 1962], p. 34).

다고 생각한다. 하지만 거짓을 말하여 혼나는 경험을 한다면 이러한 경험으로 인해 여자 아이는 거짓말하는 게 올바르지 않은 행동이라고, 혹은 특정한 경우에만 거짓말을 해야 한다고 생각을 바꿀 수 있다.

물론, 습관성을 이와 같은 사례로 설명하는 것은 주체의 삶을 단순하게 보는 것이라고 간주될 수 있다. 도덕적으로 판단하고 이를 실천하는 일이란 이처럼 간단하게 산출되지 않는다. 주체는 자신의 생각과 실천이 어떻게 취해져야 하고 그러한 판단에 무엇이 부족한지를 언제나 정확하게 확인할 수 없다.

자신의 생각이나 신념이 부족하다고 해도 후설은 그러한 사람의 자기 정체성도 부족하게 형성된다고 보지 않는다. 시간성의 가장 근본적 차원에서 정체성이 결여되기란 불가능하다. 흐르는 생생한 현재의 수동성은 애초부터 자아의 자기 통일성을 형성하려는 의지와 함께 작용한다. 하트(James G. Hart)에 따르면 "사람들이 자기 스스로를 다양하게 생각하지만 그럼에도 여전히 자기 보존의 통일성을 욕구할 뿐만 아니라, 다양한 신념 · 체계 · 관습 등은 억압되고, 분리되고, 파편화되어도, 저마다 갖고 있는 의미들은 지속되는 일반 의지의 종합과 연결되어 있다."[55]

어떤 행위에 슬퍼하거나 후회하는 경우도 습관성으로 이야기될 수 있다. 가령 마음의 동요를 겪게 한 어떤 경험은 하나의 성격을 형성하는 원인이 될 수 있다. 우리는 어떤 행동에 대해 '나 답지 못한 행위였어'라고 혹은 '내가 원했던 게 아니야'라고 생각하며 후회하기도 한다. 이는 자기 정체성에

---

55 James Hart, *The Person and the Common Life: Studies in a Husserlian Social Ethics* (Dordrecht: Kluwer, 1992), p. 114.

맞지 않아 후회하는, 즉 자기 성격이 아닌 행동이었음을 알려준다. 우리는 자기 성격과 다른 행동을 하거나 자기 정체성에 부합하지 않는 행동을 취하기도 한다. 게다가 자기 정체성이 확실히 무엇인지를 알 수 없는 상황에서 갈등하기도 한다. 때때로 우리는 우리 자신에 대해 놀라기도 하며, 일관되지 못한 성격을 발견하기도 하며, 심지어 그런 행위에 놀라울 것도 없다고도 생각한다. 그렇기에 자아의 정체성은 바로 지금이라는 상태에 있다. 자아의 정체성이란 자아가 이전에 일찍이 확보했던 자기 정체성을 맹목적으로 고수할 때 형성되는 것도, 자기 정체성을 바꾸면 위험에 빠진다는 두려움으로 형성되는 것도 아니다. 물론 자아는 그동안 형성된 자기 정체성을 고수함으로써 자신의 모습을 만들어간다. 매번 거짓말을 할 것인지 말 것인지에 대한 판단에 직면하는 경험은 사실을 말할 것인지 혹은 거짓을 말할 것인지에 대한 습관성을 쌓아가는 일이다. 자아는 자신만의 진정한 정체성을 가지고 있으면서도 새로운 경험을 통해 새롭게 자기 정체성을 바꿀 것인지, 혹은 자기 정체성과 부합하지 않다고 생각하며 새로운 경험을 거절할지를 선택하고 실천할 수 있다. 한마디로 자아는 자신이 형성해 온 정체성을 유지하면서도 새로운 경험을 수용할 수 있다. 새로운 경험과 함께 새롭게 자신의 정체성을 형성한다고 해도 이를 보존하는 통일된 자아로서 자아는 늘 있다. 그와 같은 동일성은 습관성의 침전과 함께 형성된다.

자아란 습관성의 침전물로 있다. 자아는 자기 관습이나 생각들을 계속해서 바꾸고 새롭게 형성하며, 즉 침전물들을 쌓아가며 "확고한" 자신을 만들어 간다. 침전은 자아의 자기 신념의 수립과 습관성 개념을 이해하는 데 있어 매우 중요하다. 침전은 타자로부터 물려받은 것이기도 한데, 가령, 부모로부터 아이에게 전수되는 습관성이 대표적인 사례이다. 후설은 이와 같은 전수를 1931년 원고에서 다음과 같이 기술하고 있다: "새로운 모나드의 일깨움은 부모의 습관성으로 드러나거나 이미 드러난 것으로 있다. 하지만 새로운 모나드는 새로운 질료를 가지며 부모의 고유한 습관성의 모나드는 그 자체로 (죽은) 습관성으로 남는다. 다시 말해 모든 것은 침전된 전이 속에서 흡수되고 '섞인다.'"[56] 이는 자아의 경험이란 자아 자신만으로부터 발생되는 것이 아니라 세대를 거쳐 전해지는 전통으로부터 발생되는 것이란 의미이다. 경험이 세대를 거쳐 전수된다는 사실은 자아를 앞선 세대와 연결시킬 뿐만 아니라 세대로부터 간직된 전통을 전수받게 한다. 그런 점에서 우리는 공동체의 역사를 공유하는 구성원으로 있다. 역사 공동체는 "(언제나 '우리'에 대해 그리고 '나'에 대해 존재하는 세계로서) 실질적으로 현존하는 것이자 한층 높은 질서를 **보전하는** 통일체로서 공동체화된 인간성의 형태로 구성된다. 한층 높은 질서란 사람들이 새로 태어나고 죽어 감으로써, 사람들의 변화를 통해 만들어지고 보전되는 것이다."[57] 공동체는 어떤 한 개인에 의해 좌우되는 것이 아니라 구성된 저마다의 자기 정체성의 유지 속에서 수립되는 것이다. 그래서 우리는 공동체 속에서 세대를 이어가는 연결고리를 만들며 "과거의 역사나 미래로부터 (공동체의 현 역사에 부합하는지, 어떤 점에서 정치적으로 현 공동체와 부합하는지 혹은 과학적으로나 역사적으로 자신을 둘러싼 세계의 현재 모습인지를 살피며) 현재의 공동체에 적합한 의미를 수립한다. 한편으로

56 MS, C17, p. 84b: "Mit der Erweckung der neuen Monade ist erweckt oder vorerweckt die elterliche Habitualität; aber die neue Monade hat eine neue Hyle und die elterliche ihre eigene Habitualität (als tote); das alles in sedimentierter Überdeckung und sich 'mischend,' verschmolzen."
57 Hua 15, 138-139.

공동체는 역사적으로 잊히게 된 것, 오랜 기간 사장된 것, 그리고 현재의 생생한 것들이 뒤섞인 채 있지만, 이 모든 것들이 표면으로 드러나지 않았다고 해도 공동체는 이를(전통 속에 살아 있는, 그래서 역사적 전통의 또 다른 형태로서) 의식할 수 있다."[58] 그렇기에 우리는 과거에 있던 자아와 생생한 현재의 자아를, 더 나아가 미래의 자아를 연관 지어 생각할 수 있으며 이와 함께 전통에 대해서도 이야기할 수 있다. 간단히 말해, 이미 우리는 하나의 문화를 갖는 세계 속에 태어나며, 수많은 사람들이 죽으면서 남겨둔 유산을 물려받으며 살아간다. 전통은 초월론적 상호주관적 공동체를 위한 연속성을 제공한다.

세계는 어떤 개별주체 단독에 의해 형성되는 게 아니다. 오히려 모든 주체는 역사적이며 세대를 가로지르는 다양한 모나드들이 만든 구성물에 동참하고 있다. 세계는 저마다의 세대로부터 드러나는 역사의 과정으로 형성된다. 앞선 세대로부터 만들어진 과거는 나 자신만의 것이 아니다. 하지만 과거는 나만의 세계를 넘어서 있는 것이자 동시에 나만의 세계를 구성하는 데에 영향을 준다. 흘러가는 생생한 현재에 대한 분석은 역사적 세계 구성의 토대인 초월론적 상호주관성을 이해하게 한다. 나는 세대를 거쳐 나에게 전해진 것을 바탕으로 구성되며 세계에 대한 나의 구성도 그렇게 이루어진다.

후설의 「기하학의 기원」(1936)은 전수된 전통이나 세계가 무엇을 뜻하는지를 사례로써 드러낸다. 「기하학의 기원」에서 후설은 기하학의 전통과 의미의 발생적 탐구를 수행한다. 후설은 이 작업이 최초의 기하학자가 누구인지

---

58 Hua 15, 139.

를 밝히는 게 아니라고 말하는데 왜냐하면 "우리는 이를 알 수 없거나, 기하학을 발생시킨 정신적 근원과 특정한 영역에 대해 모를 수밖에 없기"[59] 때문이다. 이처럼 알 수 없는 상황에도 불구하고 우리는 기하학을 이해하고 있는데, 그와 같은 이해 속에서 기하학을 "정신적 성과물로서 중요한 업적"[60]으로 간주하고 계승한다. 기하학은 우리 모두에게 적용될 수 있는 "초시간적" 객관성을 지닌다. 기하학은 세대와 세대를 거쳐 전해지는 것으로서 오늘날 우리는 과거 갈릴레오가 알던 기하학을 "동일하게" 사용한다.

기하학처럼 언어도 세대를 거쳐 전수된 이념적으로 객관화된 구성물이다. 이와 같은 '이념적 대상'은 "언어처럼 그것을 발명한 사람과 그러한 발명을 따르고 있는 사람들이 서로 아무런 연관성이 없어도, 심지어 이들이 살아 있지 않다고 해도 **지속적으로 존재**"한다.[61] 쓰이고 있는 단어는 이미 그 단어가 가지고 있는 익숙한 의미를 환기시킨다. 우리는 익숙하게 그 단어의 의미를 수동적으로 받아들인다. "모호하게 있던 것들이 의미를 획득하는 방식처럼 다소 분명하지 않았지만, 일단 최초로 하나의 단어로서 사용되고 공유되면 이후 단어의 의미는 **수동적으로** 주어진다."[62] 우리는 그렇게 수동적으로 전수받은 최초의 활동을 재활성화할 수 있다. 가령 전수받은 기하학은 "소위 침전된 것이다. 하지만 사람들은 그러한 기하학을 거듭해서 자명하게 재사용할 수 있다."[63] 그와 같은 재활성화는 하나의 가능성에 따른 것이

---

59 Hua 6, 366/355.
60 Hua 6, 366/355.
61 Hua 6, 371/360.
62 Hua 6, 371/361.
63 Hua 6, 371/361.

지 필연성에 따라 실행되는 것은 아니다. 매 순간 우리는 기하학을 사용할 수 있지만, 사용할 때마다 기하학의 근원적 의미를 이해하기 위해 기하학의 공리들 일체를 파악하고자 재활성화하지 않는다. 우리는 기하학의 "최초의 이념들"을 재현함으로써 의심 없이 기하학을 사용한다. 우리는 기하학의 실체적 타당성과 근원적 의미를 생각하지 않고도 원초적인 기하학의 이념들을 계속해서 재현하며 사용한다. 그런데 후설에게 근원적 의미를 파헤치지 않는 이러한 망각은 유럽의 학문의 위기를 초래한 원인으로 간주된다. 예를 들어, 후설은 단순히 공식을 기계적으로 적용함으로써 특정 수학문제를 해결하는 대수학의 발견을 사례로 든다. 이러한 수학공식의 유용성은 수학문제의 근본적인 원리들을 이해하지 않아도 문제될 것이 없어 보이게 만든다. 우리는 문제의 근원에 관심을 갖기보다, 그러한 문제가 해소되는 과정에만 주의를 기울인다.

기하학의 시초가 무엇인지를 완전하고도 분명하게 밝히기는 어렵다. 물론 이러한 시도를 군이 할 필요는 없다. "오늘날 사용하고 있는 가용한 개념과 명제들은 그 자체로 의미를 지니고 있으며, 처음에는 자명하지 않은 의견임에도 불구하고 우리는 그러한 명제들을 의미를 갖는 명제로서 자명하게 제시하고 의미를 공유할 수 있다."[64] 모든 문화적 사실이 그런 것처럼 기하학과 같은 객관적 이념 역시 역사적 이해와 분리되어 판단될 수 없다. 자명한 명제로 제시되는 과정은 역사적 시초로까지 거슬러 올라가 되물어보는 작업 속에 있다. 이는 우리가 "암묵적으로, 자명하게 받아들이는 학설이

---

64 Hua 6, 379/370.

나 대상의 역사성을 의식한다는 말과 다르지 않다. 이는 공허한 주장이 아니다. 왜냐하면 문화라는 이름으로 주어진 모든 사실은 아주 하찮은 문화든 고매한 문화(가령, 과학, 국가, 교회, 경제기구 등)든 직접적으로 이해되는 경험 사실로서 인간 활동을 통해 구성된 '서로 공유하는 의식'을 갖고 있기 때문이다."[65] 기하학과 같은 학설의 전통을 되물어 가는 과정에서 드러나는 역사란 "의미의 침전이자 얽히고설킨 근원적 토대이며 단독적인 게 아닌 늘 공존하는 생생한 운동이다."[66] 이는 역사주의자들의 입장에 서자는 말이 아니다. 의미는 **오로지** 역사적이라고 주장하는 일은 후설의 입장을 "근본적으로 오해한 것이다." 오히려 역사적 사실들은 "일반적으로 인간의 본질적 구조에 뿌리를 두는 것으로서 인간의 본질 구조는 역사성 일체를 관장하는 목적론적 이성의 역할을 드러낸다."[67] 목적론에 대한 논의는 다음 장에서 더 상세하게 탐구될 것이다. 여기에서 중요한 점은 어떻게 기하학이 후설이 드러내려는 전통의 사례이자 침전의 주제가 될 수 있는가이다. 기하학의 역사는 다른 모든 역사와 마찬가지로, 최초의 의미를 보전하면서도 동시에 의미의 범위를 확장시켜 온 혁신의 역사이다. 기하학을 역사적으로 살피는 일은 기하학의 최초의 발견과 최후의 발견 모두와 연관지어 의미를 명료하게 드러내려는 방식이다. 이는 한편으로 후설이 역사를 해석학적으로 접근하는 방식을 옹호하는 이유이기도 하다.

앞서 우리는 습관성과 수동적 발생에 대한 논의에서 자아가 완벽하게 자

---

65 Hua 6, 379/370.
66 Hua 6, 380/371.
67 Hua 6, 386/378.

기 정체성을 형성하지 않지만, 그럼에도 불구하고 통합된 자기 정체성을 갖고서 지속적으로 자신의 정체성을 만들어간다는 점을 살펴보았다. 또한 앞서 우리는 대상의 의미가 역사적으로 발전하며 세대를 거쳐 암묵적으로 우리에게 전수된다는 점도 확인했다. 이제 우리는 이쯤에서 상호주관성에 대해 더 깊이 살펴보고자 한다. 상호주관성을 더 깊게 살피는 작업은 자아를 구성하며 발전시키는 바탕이 무엇인지를 이해하는 데에 도움을 준다. 자아의 바탕에는 타자에 대한 본능적 이해뿐만 아니라 자아에 선행하는 타자(들)로부터 물려받은 것들이 있다.

지금까지 이야기한 자아 정체성 형성에 대한 설명은 리쾨르(Paul Ricoeur)와 같이 서사를 통한 정체성의 형성을 이야기하는 현대 철학자들의 논의와 유사하다.[68] 서사적 정체성을 이야기하는 연구자들은 정체성이란 자기에 대한 서사적 재현이라고 주장한다.[69] 특히 후설도 시간에 주목했듯, 자아의 정체성에 큰 영향을 주는 시간과 관련해서 리쾨르는 "시간을 들여다보는 일은 서사적 활동만이 응답할 수 있는 완결되지 않은 숙고"라고 주장한다.[70] 리쾨르는 시간과 관련해서 후설의 입장에 반대하는데, 그가 볼 때 후설은 시간 그 자체를 드러내려 했으며 시간이 경험의 내용과 분리될 수 있다고

68 이러한 논의는 리쾨르의 서사 정체성에 관련한 베시(David Vessey)의 주장에 의존하고 있다.
69 이와 관련해서 다음을 참조할 것: Paul Ricoeur, *Oneself as Another*, trans. Kathleen Blamey (Chicago: University of Chicago Press, 1992); Alasdair MacIntyre, *After Virtue* (Notre Dame, IN: University of Notre Dame Press, 1984); and Charles Taylor, *Sources of the Self* (Cambridge: Harvard University Press, 1989).
70 Paul Ricoeur, *Time and Narrative*, vol. 1, trans. Kathleen McLaufhlin and David Pellauer (Chicago: University of Chicago Press, 1985), p. 6.

주장한 자이다.[71] 이와 같은 리쾨르의 이해는 후설의 시간 이해를 후설이 초기에 시도한 탐구만으로 이해하는 처사이다. 후설에게 시간 그 자체는 경험의 내용으로부터 도식적으로 분리되지 않는데, 시간에 관한 후설의 심층적 분석을 리쾨르는 보지 못했다고 할 수 있다.

리쾨르는 후설에 반대하며 경험의 내용과 시간이 분리된다는 사실을 극복하는 서사적 정체성 개념을 제시한다. 사실, 리쾨르의 서사적 정체성은 후설의 상호주관적 특징을 갖고 있다. 하지만 그의 논의는 후설에 대한 정확한 이해를 동반하고 있지 않는 것으로 보이는데, 왜냐하면 리쾨르에 따르면 후설의 시간 이해는 자아의 정체성을 해명할 수 없는 것이기 때문이다. 리쾨르는 후설의 시간 이해는 상호주관성과 동떨어진 것이라고 보았다. 서사 또는 이야기는 나와 타자가 서로 얽혀있는 것이다. 나의 서사는 부분적으로 타자로 인해 만들어지며 나 또한 타자의 서사를 형성하는 데에 일조한다. 모든 정체성은 나에 대한 나 자신의 이야기, 타자의 이야기, 더 나아가 공동체의 이야기로서 필연적으로 타자의 정체성과 뒤섞여 있다. 사실, 리쾨르가 제시하는 상호주관성과 서사적 정체성은 후설의 현상학의 구성적 단계에서 논의되는 것과 다를 바 없다. 상호주관성의 현상학적 초월성의 특징을 리쾨르는 보지 못 한 셈이다. 리쾨르는 『성찰』에서 제시된 상호주관성에 관한 후설의 논의들에 반대하는데, 왜냐하면 리쾨르는 후설의 논증이 "데카르트의 코기토 철학처럼 모든 실재에 대한 구성이 주체의 의식을 통해서

71 Paul Ricoeur, *Time and Narrative*, vol. 3, trans. Kathleen McLaufhlin and David Pellauer (Chicago: University of Chicago Press, 1988), pp. 23, 45.

만 구현되는 것으로" 제시된다고 보았기 때문이다.[72] 이러한 이해에서 리쾨르는 후설과 거리를 둔다. 만일 리쾨르가 후설의 다른 논의들을 주의 깊게 살폈다면, 자신보다 앞서 후설이 이미 수동성으로서 우리가 있다는 사실을, 그리고 그 속에서 타자를 살피는 게 핵심이라고 강조했다는 사실을 발견했을 것이다. 물론, 리쾨르는 자신의 저서, 『한 타자로서 자기』에서 타자에 관한 다양한 측면을 살피면서 상호주관성의 "보다 심층적인" 차원을 이야기한다. 리쾨르는 수동성의 현상학은 타자성을 이해하는 데에 반드시 지나쳐야 할 길이라고 보았다. 리쾨르는 수동성에 대한 분석과 함께 자신의 논의가 후설이 『성찰』에서 선보인 상호주관성과 대립된다고 강조한다. 리쾨르는 후설의 시도가 진정한 타자의 고유성을 수립하지 못한다고 내세운다. 그가 볼 때 후설이 『성찰』에서 제시한 짝짓기나 간접 재현은 타자를 단순히 가정만 할 뿐이다. 하지만 이와 같은 리쾨르의 이해는 후설의 논의에서 세간적인 상호주관성의 구성의 단계만을 들여다 본 것이다. 리쾨르는 흐르는 생생한 현재로서 시간의 가장 심층적 차원에서 논의되는 상호주관성의 구성과 수동성을 심도 있게 살피지 않았다. 리쾨르는 후설에게 자아란 흐르는 현재이며, 그와 같이 흐르는 현재는 결코 구성될 수 없고 오직 과거로만 이해될 뿐, 자아는 흐르는 현재로부터 이미 소외되어 있다는 사실을 놓치고 있다. 자아의 자기 소외는 세간적인 상호주관성의 구성을 이야기하는 것만으로 극복되지 않는다. 오히려 후설에게 자아의 심연의 핵심은 자아극과 함께 공존하는 또 다른 자아에 대한 개방성이다. 서사에 선행하는 초월론적 상호주

---

72 Ricoeur, *Oneself as Another*, p. 322.

관성은 구성으로 이해되는 세간적인 상호주관성에 앞서 있다. 리쾨르가 비판하던 것과는 달리, 후설의 입장은 주체 중심의 철학 전통을 강력하게 비판하고 있다. 후설의 상호주관성은 타자를 구성하는 절대적 주체로부터 출발하는 게 아니다. 오히려 절대적 주체란 흐르는 생생한 현재이기에 선·구성적인 흐르는 현재이다. 그러한 절대적 주체란 절대적 상호주관성이자 동시에 자아와 타자가 함께 있는 것이다.

3) 본능

후설이 "본능"에 관해서 이야기했다는 사실은 후설이 무의식을 거부했다는 사실을 알고 있는 사람들에게 당혹감을 준다.[73] 분명한 것은 후설은 후기 연구에서 상호주관성과 관련하여 본능을 주요하게 다룬다는 점이다. 후설은 본능의 두 가지 유형에 대해 언급한 바 있다. 첫 번째 유형이란 질료적 자료에 대한 타당한 수용과 관련된 것으로, 후설이 "객관화에 대한 근원적인 충동"[74]이라 부른 것이다. 두 번째 유형은 우리가 여기에서 관심 있게 볼 것으로서, 상호주관성에 내재하는 본능이다. 상호주관성에 내재하는 본능은 객관화에 대한 충동보다 "더 깊은" 층위에 있다. 상호주관성의 본능은 연합의 과정으로 형성되는 습관성을 발전시키는 유형으로 특징지어진다. 그

---

73 후설의 철학에는 무의식이 논의된다고 강조하는 연구가들이 있다. 예를 들면, Rudolf Bernet, "The Unconscious Between Representation and Drive: Freud, Husserl, Schopenhauer," in *The Truthful and the Good*, ed. J. Drummond and J. Hart (Dordrecht: Kluwer, 1996), pp. 81-97.

74 MS, C13 I, p. 136.

래서 두 번째 본능의 유형은 첫 번째 본능 즉 객관화의 충동과 연관되지 않을 수 없다. 다시 말해 본능은 객관화의 충동이 **어떤** 방식으로 있는지를 알린다.

앞에서 밝힌 것처럼, 정적 현상학적 탐구에서 후설은 립스의 감정이입에 대해 비판적 입장을 취하는데, 왜냐하면 그의 이론은 본능마저 이신론적으로 이해하기 때문이다. 립스의 감정이입론은 타자의 마음과 영혼이 표현되는 타자의 신체 체험에 초점을 둔다. 타자를 이해하는 자아의 능력은 타자의 마음을 드러내는 신체를 체험하는 데에 있는 것이다. 이와 같은 립스의 주장은 신체에 대한 직접적인 지각적 체험 속에서 타자를 체험하는 것에 중점을 둔다. 이때 신체라 함은 본능적으로 타자의 체험을 해석하는 것으로서, 의식은 직접적으로 체험된 신체와 연관을 맺는다. 다시 말해 체험된 타자의 신체를 통해 타자에 감정이입함으로써 자아는 타자에 대한 감정을 투영할 수 있다. 이와 같은 사실로부터 타자가 출현한다. 립스에게 "의식적 삶이란 타자의 삶 속에 '놓여' 있으며 [이는] 자아는 외부로부터 부여된 것으로 자신의 삶의 요소를 형성하며, 본능적으로 특정한 의식적 경험의 방식으로 이 요소들을 객관화한다." [75] 후설은 립스가 본능에 기반하고 있는 타자의 정신과 신체의 사이의 연관성을 인위적 혹은 임의적으로 본다는 점에서 립스에 반대한다. 물론 후설도 립스처럼 자아의 경험에 기반하는 유비적 구성으로 보기보다는 감정을 투영하는 과정으로서 감정이입을 고찰한다. 그러나 후설이 볼 때 립스는 신체의 표현에 관한 상이한 지향적 의미와 '표현'의

75 Hua 13, 72.

연속적인 다양한 층위들이 필연적으로 구분되어야 한다는 사실을 보지 않았다. 어떤 측면에서 "성격, 기질 등은 걸음걸이, 외적 습관이나 태도 등으로 '표현된다.' 첫 번째로 정신적 활동이나 상황 속에서 드러나는 표현이 있다. (우리는 비겁, 나태, 용기, 두려움, 분노 등을 알며 결단과 의심 등과 같은 신체적 표현 속에서 이들을 '이해한다.')." 하지만 '더 깊은' 또 다른 단계에서, "구체적인 유기적 표현이 있는데, 지각기관의 자유로운 작동으로 지각하는, 가령 응시하는 눈, 이리저리 바라보는 눈, 촉각으로 인한 손동작, 신체가 촉감으로 느끼는 부위 등이 자유롭게 움직임으로써 드러나는 표현이다."[76]

후설은 직접적 혹은 간접적인 다양한 표현의 층위들이 있으며 이러한 층위들은 타자의 성격을 다양한 방식으로 드러낸다고 주장한다. 감정이입에 대한 립스의 논의는 이러한 다양한 층위들을 언급하지 않는다. 표현의 층위와 관련해서 립스는 신체적 표현으로 연결되는 타자와 자아 사이의 복잡한 관계를 제한적으로 본다는 문제를 가지고 있다.

후설에게 본능이란 주체와 세계를 드러내는 지각의 배후에서 근원적으로 기능하는 드러나지 않은 충동이다. 드러나지 않은 충동이라고 해도 본능은 침전된 것의 일부로 드러나며, 본능적 충동은 목적론적인 것으로서 "소명"을 구성한다. 이와 관련된 논의는 다음 장에서 살피기로 한다. 본능은 세계와 마주하며 드러나는 모든 주제들에 선행하는 깨달음의 원인이다. 어떤 점에서 본능은 다시 구성하는 과정으로서 '되질문하기'라는 발생적 과정으로 발견되는 것이다. 본능은 자아의 경험에 대한 현상학적 이해의 토대를

---

76 Hua 13, 76.

마련하는 것이기도 하다.

세계를 드러내려는 충동은 본능의 첫 번째 유형이다. 자아의 모든 구성적 활동에 앞서 대상을 이해하는 판단에는 통각의 배경이 있다. 통각의 배경이란 대상을 규정하도록 돕는 것이다. 질료적 촉발로부터 드러나는 다양한 대상물들을 구성하도록 자아는 추동된다. 본능은 질료적 촉발을 경험의 대상으로 정리한다. 세계를 드러내는 데에 이러한 본능적인 충동이 없다면, 자아는 그 어떤 구별도 하지 않은 질료의 어두운 배경만을 가질 것이다.

타자와 자아 사이에 존재하는 본능적 관계가 있다. 본능적 관계에 의존하는 물려받은 전통의 침전이 곧 본능의 두 번째 종류이다. 세계에 대한 질료적 현전과 같은 방식으로 타자는 본능적으로 자아에 현전한다. 본능은 물려받은 전통의 침전 속에서 타자와의 관계를 드러내는 감정이입에서도 발견된다. "본능적인 원초적 공동체를 형성하는 지향이 있는데, 이러한 본능적인 지향은 공동체를 구성하는 선 배경이 되는 것으로서, 그와 같은 본능적 지향 속에서 다양한 개별자들은 자신의 개별성을 유지하면서도 서로 연합되는 상태로 있다."[77] 이는 다양한 자아들이 능동적으로 상호주관성을 구성하지 않아도 이미 서로 연결되어 있다는 점을, 자아의 자기-판단에 앞서, 다시 말해 능동적 구성에 앞서 기능하는 본능에 의거한 수동적 결합이 있다는 사실을 알린다.[78]

---

77 MS, E III 10, p. 8b: 이는 하트(James Hart)의 다음의 저서, *Person and the Common Life*, pp. 197-198에서 인용한 것이다.
78 후설은 이러한 사실을 성생활과 연관 짓고 있는데, 그에 따르면 타자와의 관계는 성적 충동의 단계에서 이미 자아를 위해 있다. 이와 관련해서 다음을 참조할 것: Edmund Husserl, *Phänomenologische Psychologie. Vorlesungen Sommersemester 1925*, ed.

본능적인 원초적 지향성은 가장 근원적 차원에서 타자와 자아가 결합되어 있음을 알린다. 이때 결합이란 세대를 거치는 과정에서 변화된 전통으로 인해 특정 자아에게는 전수되지 않고 단절되는 결합을 뜻하는 게 아니다. 어떤 사람이 죽는다고 해서 "전수되던 전통을 잃는 게 아니다. 물론 전수되어 오던 것이 깊은 수면상태와 같이 묻힐 수는 있다. 본능은 모나드들의 공동체의 총체성 속에서 기능하지만, 깊이 묻힌 본능은 우리가 주기적으로 잠자다 깨는 것처럼 표면상으로 갑자기 드러나지 않는다. 현실 속의 우리에게 그러하듯 물려받은 것이 모나드의 발전을 낳는다. 이러한 모나드가 인간 공동체의 맥락 속에서 기능할 때도 본능은 발생한다."[79] 가령, 한 아이의 행동, 그 아이만의 독특한 성격조차도 모나드가 이 세계 속에서 남기고 있는 것이다. 죽은 모나드는 자신을 자손을 통해 제한된 방식으로 드러낸다. 한 아이가 갖는 독특한 행동이나 성격, 그리고 부모와 유사한 점들은 아이가 능동적으로 습득한 것이 아니라 가장 심층적인 차원, 자아극의 차원에서 물려받은 것이라고 볼 수도 있다. 이런 식으로 물려받은 것은 쇄신과 비판으로 형성되는 윤리적 신념처럼 가능성의 영역 속에 있다.

초월론적 상호주관성을 확인하는 데에 본능의 역할을 이해하는 것은 중요하다. 본능은 우리로 하여금 구성되지 않고 오히려 선-구성된 상호주관적

Walter Biemel (The Hague: Martinus Nijoff, 1962), p. 514: 이와 관련해서는 자하비(Dan Zahavi)에 의해 다음과 같이 번역된다: "하지만 수동성, 충동이라는 본능적 삶은 이미 상호주관적 연결을 야기시킨다. 그래서 가장 낮은 단계에서 성(性)공동체는 이미 본능의 성적 삶으로 형성되어 있으며 본능이 현실적으로 드러날 때, 상호주관성의 본질도 드러날 것으로 보인다." Dan Zahavi, *Husserl and Transcendental Intersubjectivity*, trans. Elizabeth Behnke (Athens: Ohio University Press, 2001), p. 74.

79 Hua 15, 609-610.

차원의 개념을 살피게 한다. 후설에게 본능은 자아 존재의 가장 근본적 단계에서 타자가 이미 연결되어 있다는 점을 알린다. 이와 같은 논의가 없다면 후설은 자아가 왜 타자와 세계를 구성하는지를 설명할 수 없다. 본능은 그와 같은 작용을 위한 동기를 부여한다. 본능으로부터 부여된 동기는 틀림없이 전의식적, 전-자기 인식적인 것으로 있다. 그렇기에 본능이란 흐르는 생생한 현재의 단계의 자아에서 발견될 수 있는 것이다.

혹자는 지금까지의 논의가 후설의 현상학적 방법을 위반한 것이라고 주장할 수 있다. 왜냐하면 본능이란 반성적 차원에서 의식적으로 자아가 경험할 수 있는 어떤 것이 아니기 때문이다. 본능은 경험하는 주체로부터 설명될 수 있는 경험을 넘어선 것이다. 하지만 후설은 본능에 대한 논의가 매우 중요하며, 현상학자들이 이에 관하여 재구성하며 분석할 것을 주문한다. 이와 같은 재구성의 분석은 필수적인데 왜냐하면 불확실한 질료의 어두운 배경 속에서 의식 주체인 자아가 어떻게 세계를 이해할 수 있는지, 자아는 타자로부터 자신을 어떻게 구별할 수 있는지, 더 나아가 타자는 어떻게 의식 주체로서 자아로 전이될 수 있는지에 관한 논의가 필요하기 때문이다. 자아로 하여금 세계 그 자체를 온전히 경험하게 하는 근본 구조가 무엇인지를 살펴볼 필요가 있다. 이러한 근본 구조는 발생적 현상학을 통해 발견된다. 발생적 분석으로만 설명되는 근본 구조는 타자에 대한 그리고 질료에 대한 본능적 대답과 연관된다.

4) 타자의 우선성

데카르트적 관점에서 출발하여 이로부터 멀리 나아간 후설의 현상학적 운동은 순수한 자아의 기원을 고찰하는 발생적 현상학의 모습으로 드러난다. 순수한 자아의 기원을 추적하는 일이란 의식이야말로 작용의 중심이지만, 이 의식은 타자와 필연적으로 관계되어 있음을 알린다. 이러한 의식이 현상학적 운동으로부터 드러난 의식이다. 상호주관성은 자아의 자기 이해와 수많은 자아들이 선행하고 있는 세계를 이해하도록 돕는다. 상호주관적 이해는 타자를 **요청하며** 자아에 선행하는 타자를 강조한다. 제5 성찰의 분석이 궁극적으로 주체 중심으로 이어진다는 해석을 우리는 수용할 수 없다. 후설이 『이념들 2』에서 서술한 것처럼, "일반적 상식에서 자아-의식이 등장하기 위해 필수적인 게 무엇인가? 명백히도 인간의 의식은 실제로 드러나는 신체, 그리고 상호주관적인 신체, 상호주관적 이해를 요구한다."[80]

타자가 우선한다는 것은 자아에 대립해서 타자가 있다는 것이 아니라 자아와 **함께** 타자가 공동체를 이룬다는 뜻이다. 심층적 차원에서 자아는 타자와 함께 형성하고 있는 공동체로부터 결코 고립되어 있지 않다. 오히려 공동체가 곧 자아라고 볼 수 있다. "원초적 자아는 원초적 자아들의 '무한성'이며, 각각의 자아는 서로가 서로에 의해 의미를 갖는다. 이에 따라 본래적으로 자아는 무한하며 나의 자아 또한 그러한 무한성으로 있다." 이와 같은 의미를 넘어 후설은 타자의 의미는 자아 속에 있다고 하면서도 동시에 타자는 자아와 대등한 자로 있다고 말한다. 타자의 공동체는 "무한한 전체성 속에 있는 자아가 품고 있는 것이며 자아가 저마다 갖는 의미 속에서 항상 존재한다고 볼 수 있는데, 나의 자아 속에도 있는 타자의 공동체는 그런 측면에

---

80 Hua 4, 290/303.

서 나와 대등하게 있다."[81]

자아와 타자가 대등한 관계임에도 불구하고, 우리는 타자를 발생적으로 자아보다 선행한다고 이해하는데, 왜냐하면 타자의 우선성이란 곧 전수받은 전통이자 침전된 습관성이기 때문이다. 침전된 습관성이란 자아 자신의 출생과 죽음에서 확인할 수 있다. 이러한 자아의 모습은 타자의 자리가 자아의 자리보다 앞서 있다는 사실을 **요청**한다. 자기반성의 과정에서 자아는 여전히 자신을 둘러싼, 자신의 과거를 형성하고, 전통을 형성하고 있는 환경세계 안에 있다. 타자의 타당성은 환경세계의 지평에서 구성되며, 자아는 "타자와 한 데 뒤섞이며 타자의 실존을 타당하게 수용하며, 서로 어울려 지내며, 타자는 [나의] 실존적인 근원적 영역과 연결되어 있음을 인정한다." 타자를 구성하는 과정에서 그리고 이들을 알아가는 과정에서 자아는 "이미 날 때부터 타자 역시 죽음과 출생 속에 있는 존재"라는 사실을 경험하며 이들의 의미를 그러한 상황에서 구성한다. 자아 역시 타자의 출생과 죽음을 통해 자신의 출생과 죽음을 이해할 수 있다. 달리 말해, 타자의 탄생과 소멸은 "살아 있는 존재이자 인격적 존재인 나 자신에게도 경험될 수 있는 것이며, 더 나아가 인간 존재가 태어나거나 죽는다는 사실로"[82] 경험되는 것이다.

후설은 세계 구성과 관련하여 자아의 탄생과 죽음에 대한 이해의 중요성을 수많은 원고에 세밀하게 남겼다. 후설은 이와 같은 이해가 세계 구성을 알아가는 데에 "필수적"이라고 주장한다.[83] 왜냐하면 세계 구성은 개별 자아

81 Hua 15, 587-588.
82 Hua 15, 209.
83 Hua 15, 171.

를 넘어서 확장되는 것으로, 개별자들의 출생에 선행하는 것이자 이들의 죽음 이후에도 지속되는 것이기 때문이다. 또한 세계 구성은 현재의 공동체에 선행하며 동시에 계속해서 확장하는 것이다. 역사적으로 확장하는 작용이 곧 구성이라는 점은 결코 부인될 수 없다. 후설은 전통이 전수되는 것과 관련해서 세계 구성을 설명한다. 그에 따르면 우리가 살고 있는 익숙한 세계 속에서 정상적이라고 이해되는 게 세계 구성이다. 세계 구성의 전형적인 결과물이 곧 전통이다. 앞서 습관성에 대한 논의에서 밝힌 것처럼, 자아의 습관성은 자아의 구성과 그러한 구성의 발전으로 드러난 결과이다. 자아의 습관성 이해로부터 확장하여 우리는 공동체의 이해로 나아갈 수 있다. 공동체의 구성은 공동체가 등장하면서부터 앞선 세대로부터 계속해서 전수된 것이다. 후설에 따르면 세계의 의미란 수많은 주체들로부터 구성된 것이다. 세계의 의미는 "전통이라는 하나의 통일된 것으로 드러나는데, 이때 전통이란 개별 구성원들의 출생과 죽음을 넘어서 세계 그 자체로 구성되는 것을 뜻한다."[84] 계속해서 일어나는 출생과 죽음으로부터 축적되는 것을 살필 수 없다면, 후설은 전통의 침전을 이야기할 수 없을 것이다. 모든 주체는 아무것도 없는 무로부터 세계를 구성하지 않는다. 개별 자아는 단순히 자신의 과거 경험만으로 세계를 구성하지 않는다. 달리 말해, 역사가 알려주는 사건들 속에서도 세계를 이해한다. 죽음과 탄생 속에서 만들어진 역사적 전통은 역사적 의미로 형성된 침전물로서 자아는 이러한 침전물 속에서 세계 의

---

84 MS, C 17, p. 85a; 인용된 내용들은 다음의 슈타인복(Anthony Steinbock)의 책에서 번역되었다; *Home and Beyond: Generative Phenomenology After Husserl* [Evanston, IL: North-western University Press, 1995], p. 304.

미를 구성한다.

타자와 자아가 서로 연결되었다는 이해 속에서 후설은 죽음과 출생을 이야기한다. 후설의 논의에서 중요한 점은 타자든 공동체든 이들이 우선적으로 있다는 사실이다. 일부 현상학자들은 이러한 사실을 소홀히 여기거나 주의를 두지 않아 타자 이해의 중요성을 간과한다. 예를 들면, 하이데거는 주체성을 규정하면서 주체의 죽음에만 주목하는데, 그는 현존재를 출생과 관련해서는 거의 규명하지 않는다. 후설의 입장에 조금 더 다가섰다고 평가되는 레비나스는 타자의 우선성에서 죽음의 개념을 논하지만, 그 역시 현상학적으로 주체의 탄생에 주의 깊게 주목하지 않는다. 레비나스는 주체의 출생을 분리에 관해서만 논할 뿐이다. 레비나스는 아렌트가 그랬던 것처럼, 은유적으로 탄생성(natality)의 개념을 새로운 시작으로 논하는데, 출생이든 탄생성이든 출생의 개념을 세대와 관련지어 논하지 않는다. 레비나스는 자아와 타자의 관계로부터 역사적 시간 속에서 근대적인 주체 중심의 철학이 파괴된다는 사실에만 주목하였다.[85] 아렌트는 출생이 자아로 하여금 세상을 혼자서 만들어가는 것이 아니라는 사실을 알린다고 주장했다. 하지만 그녀는 타자와 자아의 관계에 대한 의미를 후설만큼이나 심오하게 파고들지 않았다.[86] 후설에게 은유적인 새로운 시작으로서 주체의 출생에 대한 논의는 쇄신과 비판으로 확장되는데, 이를 이 책의 4장에서 논하기로 한다.

85 Emmanuel Levinas, *Totality and Infinity*, trans. Alphonso Lingis (The Hague: Martinus Nijhoff, 1979), pp. 53-60.

86 Hannah Arendt, *The Human Condition* (Chicago: University of Chicago Press, 1958), pp. 96-97.

후설에게 타자란 "구성상 본질적으로 먼저" 있는 존재이다.[87] 출생에서부터 죽음에 이르는 인격적 개별자는 스스로를 한 사람의 인간으로서 구성될 수 있게 하는 타자를 요청한다. 타자 없이는, 자아는 스스로를 인간으로 구성할 수 없다. 타자 없이 자아를 구성하는 것은 출생도 죽음도 없는 제한된 과거와 미래 속에서 현재의 의식만으로 스스로를 구성하는 일이다. 인간 공동체 속에서 자아는 타자의 우선성을 요구할 수밖에 없는데, 왜냐하면 자아는 자신이 있기 전부터 이미 존재하던 공동체 속 하나의 구성원으로 있을 수밖에 없기 때문이다. 자신을 둘러싼 주위 환경을 구성하는 자아라고 할지라도 그 자아는 이미 공동체화된 자아이며 자신의 주위환경을 벗어나서 구성하는 일은 가능하지 않다. 구성을 한다는 것은 이미 한 공동체의 한 일원으로서 자신을 형성하게 만든 전수 받은 전통 속에 있다는 뜻이다.

후설의 이러한 입장은 자신의 후기 원고들에서 명백하게 드러나고 있다. 특히 후설의 후기 사상에는 상호주관성과 관련된 논의들이 많은데 이는 그가 타자 없이는 자아 자신의 이해가 결코 수립될 수 없음을 인지하고 있었다는 점을 알린다. 후설은 어떻게 자아가 자신을 제한적이지만 그러면서도 통일적으로 이해하는지, 자아의 자기 신념과 맞지 않고 심지어 전혀 이질적인 것들을 어떻게 수용하는지를 많은 시간을 할애하며 연구하였다. 당연히 자아에 대한 후설의 이해는 공동체에 대한 논의로 확장된다. 공동체란 자신과 전혀 다른 공동체와 나란히 존재하는 하나의 통일체이다. 공동체는 부분적으로 다른 것, 혹은 전혀 이질적인 것과 경계를 수립한다. 후설은 친숙한

---

87 Hua 1, 153/124.

공동체는 고향세계라고 불리지만, 이질적인 공동체는 이방세계로 불린다고 말한다. 후설에게 고향세계란 공동체 속에서 정상적이라고 간주되는 형성물의 결과이다. 공동체는 세계 구성을 하면서 자신만의 모습을 형성하는데, 이때 세계 구성은 세계를 바라볼 때 정상적이라고 판단되는 것으로 수립된다. 비슷한 삶의 양식을 공유하고 같은 생활세계를 습득하는 공동체가 곧 고향세계이다. 나에게 익숙한 세계가 곧 고향세계인데, 왜냐하면 나는 고향세계에서 나 자신을 정상적인 존재로 확인하기 때문이다. 고향세계 안에서 나는 세계의 의미를 공유하지만, 내게 익숙하지 않은 이방세계 안에서 나는 고향세계에서 가졌던 세계 의미나 구성을 공유하지 않는다.[88] 그러나 고향세계와 이방세계는 상호 연관성을 띤다. 이들의 관계는 우리를 둘러싼 세계의 환경을 구성하는 데 중요하다. 낯선 이방 공동체와 마주했을 때, "정확히 그러한 마주침으로 친숙한 공동체와 이방 공동체의 관계는 나와 우리를 위한 '우리 자신의 것'으로 구성된다. 이는 우리를 둘러싼 문화 환경세계와 관련된 사람들이 함께함으로써 우리 개별자들을 위해, 우리 자신의 것이자 우리에게 타당한 것이자 협력적인 것으로 있다."[89] 이질적인 것과 마주하면 거기에는 "우리 자신"으로 구성된 고향이 있다. 두 공동체는 친숙한 것과 이질적인 것이라는 범위 속에서 서로 의존한다. 이질적인 것을 고향세계로 완전히 흡수하는 것은 가능하지 않다. 그러한 흡수는 오히려 고향세계를 파괴하는 일이다. 그렇다고 친숙한 공동체가 반드시 내적으로 항상 단일하게

---

88 이와 관련해서는 다음을 참조할 것: Anthony Steinbock, *Home and Beyond*, praticularly part 2, sec. 4, "Generativity as the Matter of Generative Phenomenology."
89 Hua 15, 214.

만 있는 것은 아니다. 공동체는 좀 더 작은 다양한 공동체들로 쪼개질 수 있으며, 한 공동체 속에서 쪼개진 다양한 공동체들은 서로 중첩되면서도 저마다의 특징을 갖는다. 그래서 공동체는 단일하지만 동시에 복수의 형태를 띤다. 예를 들어, 교회 공동체는 정치 공동체와 겹치지만 다른 공동체와 겹치지 않을 수도 있다. 공동체의 경계를 결정하는 요소는 생활세계를 공유하는 것에 있다. 공유된 생활세계는 작은 공동체들을 합하는 과정으로 확장될 수 있다. 큰 공동체로 합쳐지는 작은 공동체들은 흡수되거나 없어지는 게 아니라 자신들만의 특징들을 유지하면서 합쳐진다. 작은 공동체들은 공동체들이라는 복수의 형태를 띠는 더 큰 공동체로 묶여질 수 있다.[90] 이러한 과정에 대해 후설이 강조하는 것은 공동체들이란 친숙한 것과 낯선 것으로 제한되는 것 없이 보편적인 윤리적 인간성이라는 이름으로 연대된다는 사실이다. 이와 관련된 자세한 논의를 우리는 4장에서 다루기로 한다.

타자는 자아에게 필연적 존재이자 자아에 우선하는 것으로 있다. 자아는 근본적으로 타자에 의존한다. 자아의 삶은 "혼자서 아무것도 할 수 없는데, 즉 타자의 삶과 함께할 때 자아의 삶이 있는 것이다. 자아의 삶이란 공동체의 삶이라는 큰 덩어리의 한 조각이자 전체 인간성의 삶으로 향하는 것이다. 나는 타자의 삶과 서로 얽히고설켜 있다는 이해 없이 나의 삶을 도무지

---

90 슈타인복은 그와 같이 묶여지는 일은 타자의 이질성이 결코 이해할 수 없는 성질의 것이기에 가능하지 않다고 주장한다. 나는 후설이 종합 속에서 타자의 이질성이 제거된다고 보지 않았다고 생각한다. 하지만 슈타인복이 잘 지적하듯, 후설은 오히려 이러한 이해할 수 없음을 강조한 것이다. 이질적인 것에 대한 후설의 이해는 동시에 이해할 수 있음으로도 향한다. 한 공동체는 이해할 수 있는 것이면서도 동시에 이해될 수 없는 것인데, 우리는 이를 통해 이질적인 것을 살핀다. 이와 관련해서 다음을 참조할 것: Anthony Steinbock, *Home and Beyond*, esp. chap. 14.

생각할 수 없다."[91] 명백히 자아가 타자에 의존하고 있으며 타자도 자아에 의존한다. 이는 한 공동체를, 더 나아가 더 높은 질서로서 우리를 수립하는 필수조건이다.

5) 공동체

지금까지 우리는 후설에게 자아는 본능적으로 타자들과 함께한다는 사실을, 자아와 타자가 서로 관련 맺을 수밖에 없다는 사실을, 더 나아가 그러한 사실이 세대 간의 경계를 가로질러 발전해 온 공동체로 이어지며 '더 높은 질서로서 우리'라는 공동체로 향한다는 점을 살펴보았다. 더 높은 질서의 공동체는 특정한 개별 자아로 환원되는 게 아니다. 개별자들 저마다 공유하고 있는 활동들, 특정 전통이나 규범이라는 이 모든 것으로부터 출현한 것이다. 후설은 더 높은 공동체로서 우리를 주요하게 다뤘는데, 특히 그는 이 개념을 1930년대부터 수많은 원고 속에서 자아의 삶을 이해하는 중요한 주제로 간주한다: "연속되는 세대, 무한히 계속되는 세대 속에 있는 유한한 나, 출산의 근원적 전통, 개별자들을 출생시키는 것이 개별 존재들을 창조된 개별자로, 개별자들을 일깨우는 공동체화된 전통 속으로 이동시키는 일."[92]

---

91 MS, F I 24, p. 115; 이 인용은 하트(J. Hart)의 책에서 인용한 것이다: *Person and the Common Life*, p. 294.

92 MS, C 17, p. 84b: "Das endliche Ich in der Verkettung seiner Generation, die Generationsunendlichkeit. Die Urtradition der Zeugung. Die Zeugenden ihr individuelles Sein tradierend ins erzeugte Individuum. Tradition in der Vergemeinschaftung der

더 높은 질서로서 우리의 공동체는 단순히 개별자들을 한 데 모아 놓은 것이 아니다. 더 높은 질서로서 우리라는 공동체는 독특한 저마다의 정체성을 가진 다수성으로 구성되면서도 하나의 정체성을 갖는 단일체로 있다. 공동체의 "주체"는 개별 주체로 비유되지만 엄밀하게 볼 때 둘은 다르다. 왜냐하면 한 개인은 공동체처럼 복수의 상태로 있을 수 없기 때문이다. 공동체란 "(공동체적 통일성인) 의식의 통일성으로 결합된 인격자들이 서로 연대된 복수성이다." 그런데 공동체는 또한 "다수성으로만 이해되는 것이 아닌, 다수성들을 기반으로 하는 통합체이기도 하다. 그래서 공동체란 다양한 개별자들의 의식활동들의 기체로서 의식활동을 한다. 공동체의 의식활동이란 그 자체로 더 높은 질서로 구성된 통합체로서 개별 인격자들의 의식활동과의 연관 속에서 실현되는 것이다."[93] 달리 말해, 하나의 공동체는 공동체만의 의식활동을 한다고 이해될 수 있다. 공동체의 의식활동이란 순전히 공동체 구성원으로 있는 개별자들의 의식활동을 모아놓은 것이 아니라 전체로서 개별 공동체의 의식작용이다. 공동체만의 의식활동은 부정될 수 없다.

　가족이나 운동경기 팀, 학문 공동체를 예로 들어 보자. 각각의 공동체는 가족끼리 모이기 위해, 게임에서 승리하기 위해, 가르치기 위해 공동체적 의식활동을 드러낸다. 이러한 활동들은 공동체라는 이름으로 수행된다. 게임에서 이기는 팀, 구성원들이 모두 모인 가족, 학문적 성과를 공유하며 가르치는 학문 공동체. 이러한 공동체들은 저마다의 정체성이 있다. 개별 자아가 그렇듯 공동체 역시 활동의 중심이 되는 자신만의 정체성을 갖고 있다.

　　wachen Individuen."
93　Hua 14, 200-201.

이러한 공동체 개념은 현재 공존하는 공동체에 관한 것이지만, 공동체는 세대를 거쳐 지속될 수도 있다. 달리 말해, 현재의 공동체는 나름의 전통을 가지고 있다. 공동체의 역사적 기원은 개인들의 기원과도 상당히 닮았는데, 개별 구성원들의 기원을 드러내는 일처럼 공동체의 기원도 밝혀질 수 있다. 자아의 기원을 명확하게 드러내는 일은 세계에 대한 이해를 추적하는 과정과도 같다. 이러한 추적으로부터 드러나는 사실은 "나와 함께 하는 사람들, 나로 인해 의미를 갖는 사람들의 존재의 의미를 살필 수 있다는 점이다; 이렇게 함께하는 사람들의 기원이 개시될 때, 공동체 구성원으로 함께하는 동료들의 공동체의 기원도 개시된다."[94]

학문 공동체를 예로 들어 보자. 학문공동체는 가르칠 때든 연구할 때든 같은 공동체에 속한 사람에게 일관된 모습으로 나타난다. 더 높은 질서의 인격체로서 학문공동체는 자신의 구성원들을 넘어서는 어떤 정체성을 갖고 있다. 가르치는 일이든 연구든 이에 힘쓰는 일은 세대를 거치며 전수되어 왔다. 학문공동체는 어느 한 개인에게만 연관된 것이 아니며 한 개인에 의해 소멸될 수 있는 것도 아니다.

모든 개별자들이 세대와 문화를 가로지르는 인간 공동체의 구성원으로 있다는 사실을 이해하면, 더 큰 공동체 속에 개별 인격자들이 종속되었다고 볼 수 있겠지만, 후설은 이와는 반대로 이해한다. 오히려 공동체는 개별 구성원의 책임으로부터 무한하게 만들어지는 것이다. 이와 관련해서는 4장에서 자세하게 논하기로 하자.

---

94 MS, B I 24, p. 25, 이 내용은 다음의 저서에서 인용한 것이다; Bernet, Kern, and Marbach, *Introduction to Husserlian Phenomenology*, p. 203.

현상학의 전통에서 철학하는 대다수 사람들은 후기 글들과 미발간 원고 속의 주체와 상호주관성과 관련된 내용을 오해하거나 곡해하고 있다. 예를 들면, 데리다(Jacques Derrida)는 『목소리와 현상』에서 후설의 주체성은 주체 중심주의이며 후설이 말하는 주체의 정체성에는 그 어떤 흘러가는 생생한 현재의 단계를 담고 있지 않다고 말한다.[95] 더 나아가 데리다는 절대적 주체에 관한 후설의 이해가 "객관과 맞서 있는 **절대적인** 현재이거나 **절대적으로** 현전하는 존재"[96]라고 본다. 이러한 주장을 제시하면서도 데리다는 후설의 후기 작품들이나 원고들에 기록된 내용에 관해서는 심도 있게 다루지 않는다. 후설의 후기 자료들을 살펴볼 때 우리는 데리다의 주장에 의문을 던질 수밖에 없다.[97] 데리다는 현상학적 기획이야말로 비현전의 체험을 방법론적으로 배제하는 철학이라고 주장한다. 『목소리와 현상』에서 데리다는 현상학에서 말하는 의식이란 "살아 있는 자, **체험**하는 자의 자기 현전이다. 그렇게 이해되는 체험은 단순하며 환상 없이 본질만으로 채우는데, 왜냐하

---

95 데리다와 후설에 관한 좀 더 깊은 논의는 저자의 다음 논문을 참조할 것: "The Nonpresence of the Living Present: Husserl's Time Manuscripts," *Southern Journal of Philosophy* 38 (2000): 221-230.

96 Jacques Derrida, *Speech and Phenomena* (Evanston, IL: Northwestern University Press, 1973), p. 84.

97 『후설 철학에서 발생의 문제』라는 데리다의 책에서 언급된 후설에 관한 데리다의 이해를 고려해볼 때, 우리는 데리다가 후설의 C-원고에 관해서 알고 있었다고 판단할 수 있다. 왜냐하면 그는 실질적으로 C-원고를 인용하고 있으며 특히, C6, C7, C12, C13, C17 IV 자료를 활용하고 있기 때문이다. 이와 관련해서는 다음을 참조할 것; Jacques Derrida, *La Problème de la genèse dans la philosophie de Husserl* (Praris: Presses Universitaires de France, 1990), pp. 238-243. 이러한 사정에도 불구하고 데리다는 Tran-Duc-Thao, Jean Cavaillés, Ricoeur, Merleau-Ponty와 같은 연구자들이 이해하는 후설을 고스란히 따르는 것으로 보인다.

면 자기 현전으로서 주체의 체험은 오직 주체와 절대적으로 떨어지지 않는 관계이기 때문이다."[98] 하지만 시간에 관한 후설의 원고들은 가장 근원적 차원으로 현상학적 환원을 하면 흘러가는 살아 있는 현재가 있음을 이야기한다. 이는 "나"라는 토대가 결코 "나"와만 관련을 맺는 게 아니라 "타자"도 함께 관련을 맺고 있음을 알린다. 시간의식의 가장 심층적 차원은 필수불가결하게 상호주관적으로 나와 타자가 얽히고설킨 상태이다. 이는 주체의 감정이입으로 구성된 타자와의 상호주관성을 뜻하는 것이 아니다. 뿐만 아니라 주체의 인식에 의존하는 구성된 상호주관성도 아니다. 오히려 상호주관성은 초월론적 차원으로 이해되는 것이다. 데리다의 관점에서 볼 때, 후설의 타자이해는 타자를 주체의 자기 현전에서 구성된 것으로 보는 것, 그러니까 타자를 주체의 자기 동일화로 현전시킨 이해이다. 하지만 데리다의 이해와는 다르게 후설은 가장 심층적인 근원적 차원에서 자아란 자기-현전으로 있지 않다고 호소한다. 주체성의 가장 깊은 단계는 한마디로 흘러가는 살아 있는 현재이며, 자아는 결코 고립된 상태로 있지 않다. 흐르는 살아 있는 생생한 현재는 사실 규정되기 어려운 것인데, 흐르는 살아 있는 현재가 규정되기 어렵다는 사실에 관해 우리는 앞서 살펴봤다. 자아극의 개념, 습관성, 본능, 수동적 발생, 침전 등과 같은 주제들은 후설이 시간성과 관련하여 발전시킨 개념이다.

데리다는 후설의 시간 논의가 중요하다고 보았을 뿐만 아니라 그의 논의는 기존의 논의와는 다른 역동적인 이야기를 제시한다는 점도 인정한다. 하

98 Derrida, *Speech and Phenomena*, p. 58.

지만 데리다는 후설 자신이 남긴 원고들에서 생생한 체험과 함께 비현전에 주목하여 의식하는 자의 확실성이란 언제나 결핍될 수 있다는 사실을 지적하고 있는 점을 보지 못했다.[99]

근원적인 초월론적 상호주관성은 흘러가는 생생한 현재라는 가장 심층적 시간 차원으로 되물어갈 때 드러난다. 주체의 가장 근원적이고 깊은 단계에서 우리는 자아와 타자 사이의 관계를 알리는 충동들을 발견하는데, 이때 충동은 주체의 가장 근본적 단계에서 상호주관적으로 만나는 것이 타자임을 확인시킨다. 자아의 가장 어두운 핵심은 자아의 구체적인 습관성과 충동에 관한 규정의 어려움으로 있다.[100] 자아는 한편으로 근본부터 타자와 함께 있다는 사실은 자아의 핵심이 곧 상호주관성이라는 사실을 시사한다. 초월론적으로 이미 공존재라는 점은 자아 혹은 타자의 그 어떤 개별성도 지우지 않는다. 자아와 타자는 원초적으로 함께 현전하며 애초부터 상호의존적이다. 앞서 우리는 타자의 우선성을 강조할 수 있었는데, 왜냐하면 수동적 발생과 습관성은 자아에 선행하는 것이자 자아 스스로가 결코 발생시킬 수 없는 역사나 문화와 같은 것들로서 자아는 이들과 함께 살아가기 때문이다.

99 현전과 비현전에 대한 논의에서, 발생적 현상학에 관한 데리다의 이해와 관련된 더 심층적인 논의는 다음을 참조할 것; Françoise Dastur, "Finitude and Repetition in Husserl and Derrida," *Southern Journal of Philosophy* 32 (1994 supplement): pp. 113-130. 이 논문의 전체 내용은 후설에 관한 데리다의 이해에 할당되어 있으며 논문은 후설과 데리다 사이에서 주요하게 다루어지는 주제들을 면밀하게 검토하고 있다.
100 발생적 현상학은 자아의 어두운 핵심을 현상학적으로 파악할 수 없다는 불가능성에 직면한다. 후설은 이를 알고 있었다고 보는, 후설의 불가능성과 데리다의 관계를 탁월하게 논의한 논문으로 다음을 참조할 것; Paul Davies의 Rudolphe Gasché에 대한 응답, "Commentary: Being Faithful to Impossibility," *Southern Journal of Philosophy* 32 (1994 supplement): pp. 19-25.

후설이 이러한 주장을 내세울 때 곤란함을 분명 느꼈을 것이다. 하지만 후설에게 타자는 자아로부터 구성되는 것이 아니라 우리와 이미 근본적으로 함께 있는 것이다. 자아는 타자와 함께 과거의 전통을 이어받으며, 현재를 공유하고 미래를 향한다. 이와 같은 주체 이해는 습관과 이념에 대한 개별자의 자기 책임을 충분히 이야기할 수 있게 한다.

근본적 차원에서 자아는 이미 자아자신에게 이질적인 것을 수반하고 있다. 달리 말해, 자아의 자기 현전 그 자체는 결코 충전적으로 설명될 수 있는 무엇이 아니다. 만일에 자아가 흘러가는 생생한 현재라면, 자아란 "지금으로 취해지는 현재 속에서 산출된 것"이라는 데리다의 주장은 명백히 그릇된 것이다. 오히려 자기 현전으로서 자아의 현전은 지금만이 아니라 지나간 것, 앞으로 도래할 것에 관한 비현전으로 가득하다.

후설의 원고를 살펴본 사람이라면 "침묵의 목소리"나 "눈깜빡거림"으로 드러나는 비-현전의 문제를 후설이 회피했다고 보는 데리다의 주장은 근본부터 잘못되었음을 알 수 있다.[101] 명백히 의미나 주체성에 관한 이해는 지금 현재가 제시하는 시간적 단위 그 이상의 어떤 것에 의존하고 있다. 주체성에 대한 이해는 더 이상 "현재"가 아닌 과거에 의존하며, 더 이상 현재가 될 수 없는 것에 의존하고 있다. 시간성과 주체성의 가장 심층적 차원에 있는 이질적 타자성을 수용함으로써 후설은 데리다가 이해했던 것과는 다르게 자아의 근원적인 비-현전을 강조한다.

지금까지의 논의들은 데리다가 강조했던 것과는 달리 오히려 후설의 현상

---

101 "침묵의 목소리"와 "눈깜빡거림"이라는 말은 데리다의 『목소리와 현상』 4,5,6장에서 반복적으로 사용되는 용어이다.

학적 성취를 고찰하는 계기를 마련한다. 자아 속에 이미 이질적인 것이 있다는 자아의 복잡성을 후설이 강조했다는 사실은 후설 자신의 철학적 기획들 속에서 일관되게 제시되어야 하는 어려움을 갖는다.[102] 하지만 우리는 후설이 제시한 주체의 자기 책임성을 포기하지 않고도 주체의 이질성을 생각할 수 있는 발판을 확보했다. 앞으로 이에 관하여 더 자세하게 논하기로 하자.

4. 결론

확실한 점은 후설의 후기의 미발간 원고들이 초기의 정적 현상학적 방법과는 근본적으로 다른 방식에서 상호주관성을 논한다는 사실이다. 상호주관성에 관한 그의 미발간 원고들은 이를 여실히 보여준다. 발생적 현상학에서 자아는 이미 타자에 의존하고 있으며, 수많은 세대 속의 자기 정체성을 갖는 개별자로 있다. 후설의 상호주관성의 문제는 우리가 이미 초월론적으로 상호주관적이라는 사실로부터 해답을 갖는다. 후설의 후기 원고에서 집중적으로 탐구되고 있는 초월론적 상호주관성은 윤리적 주체와 관련해서 새롭게 살펴봐야 할 게 무엇인지를 드러낸다. 왜냐하면 초월론적 상호주관성의 자아는 기존의 자아 이해를 넘어 자아에 관한 더 풍부하고 폭넓

---

102 데리다의 작품에서 등장하는 다양성과 이질성 그리고 언어에 대한 자세한 논의는 다음을 참조할 것; Len Lawlor, "Distorting Phenomenology: Derrida's Interpretation of Husserl" *Philosophy Today* 42 (1998): 185-193. 그 외에도 다음을 참조할 것; Rudolf Bernet, "On Derrida's 'Introduction' to Husserl's 'Origin of Geometry,'" in *Derrida and Deconstruction*, ed. Hugh Silverman (New York: Routledge, 1989), pp. 139-153.

은 관점으로 이해되기 때문이다. 타자와 본능적으로 결합되어 있다는 사실과 함께, 자아는 그 자체로 이미 습관적 공동체 속에 있으며 세대를 거쳐 전수된 전통 위에서 자신만의 개별성을 유지한다. 자아의 기원을 추적하고 살핌으로써 우리는 자아의 목적이 무엇인지를 통찰할 수 있다. 이러한 이해들은 기존에 소개되었던 후설의 사상과는 전혀 다른 후설의 모습을 드러낸다. 후설의 새로운 모습은 심지어 그가 강조하는 윤리와 관련하여 살펴볼 때 더 놀라운 모습으로 등장한다.

지금까지의 논의로부터 제시된 후설의 모습은 기존의 후설과 전혀 연관되지 않았던 모습이기도 하다. 후설의 발생적 현상학적 방법은 정적 현상학적 방법만으로 충분하게 이해할 수 없었던 것을 이해할 수 있게 한다. 후설은 발생적 현상학적 방법으로 자아의 발생에 관하여, 상호주관성의 발생에 관하여, 그리고 주체들의 공동체의 발생에 관하여 되물어 가며 추적한다. 후설의 되물어 가는 탐구는 시간의 가장 심층적 차원, 흘러가는 생생한 현재에서 자아와 타자가 얽히고설켜 있다는 사실을 알려준다. 이러한 가장 심층적이고 근본적 차원에서 충동들은 타자와 자아의 관계를 알리고 있다. 본능, 충동과 관련된 후설의 논의들은 주체성의 가장 근원적 차원은 이미 상호주관적이라는 사실을 증명한다. 자아가 초월론적으로 공존재라는 사실은 자아와 타자의 개별성을 결코 침해하지 않는다. 자아와 타자는 근본적으로 함께하고 서로 의존하며 더불어 있다. 습관성과 수동적 종합의 논의는 타자의 영향을 받는 자아가 계속해서 달라질 수 있다는 사실을, 그리고 자아의 책임과 관련된 범위가 어디까지인가를 생각하게 한다. 왜냐하면 수동적 종합과 타자의 우선성은 자아와 관련된 문제가 자아 혼자만의 문제가 아니라는 사실을 보여주기 때문이다. 수동적 종합은 자아가 이미 존재하고 있던 문화를 어떤 방식으로 수용하는가를 그리고 자아의 정체성을 형성하는 데 중요한 요소인 습관성이 어떻게 자아와 관련되는지를 보여준다.

자아와 타자의 관계는 공동체와 연관지어 볼 때 새로운 차원을 개시한다. 공동체는 세대를 묶어주는 축적된 전통들로 이루어진 정체성을 갖고 있다. 자아가 타자에 의존하는 것처럼, 공동체 역시 익숙한 고향 공동체와는 전혀 다른 이질적인 타자 공동체에 의존한다. 공동체에 대한 이러한 생각은 보편적 인간성과 관련된 보편적 윤리를 고찰하게 한다.

우리는 이제 막 윤리와 관련해서 논해야 할 자아 그리고 공동체와 관련된 중요한 단서들을 얻은 셈이다. 현상학적 방법과 상호주관성에 대한 후설의 사유는 윤리에 관한 사유로 확장된다. 윤리와 관련된 자세한 논의를 이제 살펴보기로 하자.

제4장

후설의
윤리학에 대한 논의

나는 내가 읽었던 책들의 이론이나 철학에 대한 기억을 없앨 수 없습니다. 하지만 이러한 내용에서 강조되거나 부정되는 것에 동조하기에 앞서 나는 다시 생각해 보거나 소박한 질문들을 자유롭게 던질 수 있습니다.[1]

후설이 1차 세계 대전 기간에 집필한 저작물들에는 유럽 문화의 위기를 생생하게 지적하며 윤리적 위기를 강조하는 내용들이 나타난다. 후설은 위기를 비판적으로 고찰함으로써 윤리학의 개념을 발전시키려고 했다. 1920년에서 30년대에 유럽은 후설이 "유럽의 인간성에 대한 근본적인 삶의 위기"[2]라고 특징지었던 상황에 처했다. 당시 수많은 유럽인들은 자신들의 문화적 가치와 익숙하게 수용해 오던 질서의 붕괴에 허무함을 느끼고 있었다. 이때 철학은 이러한 허무함을 해결할 충분한 방법을 제공하지 못했다. 후설이 볼 때 유럽인들에게는 나치주의가 아니라고 해도 자연주의, 반보편주의, 반인간주의, 반이성주의라는 잘못된 해결책들이 만연해 있었다. 후설은 자

---

1 Czeslaw Milosz, *Visions from San Francisco Bay* (New York: Farrar Straus Giroux, 1982), p. 4.
2 Hua 6, 2.

연과학은 위기에 대응하는 해결책이 되지 못한다고 보았다. 자연과학은 (대상을 잘못 이해하는 사람들로부터) 만들어진 것인데 자연과학의 세계 이해와는 현상학이 전혀 다르다는 사실을 후설은 알리고자 했다. 유럽의 위기에 대한 후설의 논의는 1930년대가 될 때까지 완전하고 구체적인 형식으로 등장하지 않았지만, 후설은 이미 1922년[3] 초에 그와 같은 위기에 대한 논의의 체계를 어느 정도 갖추고 있었다. 후설은 쇄신과 비판으로 윤리적 입장을 펼치는데, 이를 위해 그는 윤리적 주체의 독립성과 함께 전통을 수용하는 철학의 정립이 필요했다. 후설은 이와 같은 필요성을 발생적 현상학적 방법에 따라 탐구를 수행하며 충족시킨다. 발생적 현상학으로의 변화는 초기에 사유했던 형식적 가치론을 넘어 행위와 의지를 더 적절히 설명할 수 있게 했으며, 개별자를 넘어 공동체로 확장되는 윤리 이론을 수립할 수 있게 했다.

앞서 우리는 발생적 현상학을 통해 개별자들의 문화와 세대를 가로질러 모두가 공존하며 협력할 수 있는 방법이 무엇인지를 살펴보았다. 물론 누군가는 개별자들의 조화로운 결합이 반드시 하나의 윤리로 강조될 필요가 없다고 볼 수도 있다. 이와 관련해서 차후에 우리는 조화로운 공동체가 어떻게 수립되고 확장되는지를 살펴볼 것이다. 자기-책임과 비판으로 전통을 쇄신하는 일은 우리로 하여금 개별자의 윤리뿐만 아니라 역사적 공동체의 윤리를 혁신적으로 사유하게 만든다. 발생적 현상학으로의 전환은 세대를 거쳐 이어진 신념이나 관습 또는 윤리적 토대를 없애지 않고도 공동체의 다수성을 보전하는 윤리의 가능성을 알려준다.

3 Hua 27, 95.

이와 같은 가능성을 살피기에 앞서 우리는 후설이 초기에 시도한 정적 현상학적 방법으로 탐구된 윤리에 관한 논의가 어떻게 제한될 수밖에 없는지를 확인할 것이다. 그런 다음 우리는 후설이 발생적 현상학을 통해 어떻게 전기의 윤리학으로부터 후기의 윤리학으로 발전하는지를 살펴볼 것이다. 이와 함께 후기 윤리학의 핵심 주제인 소명, 의지, 윤리적 사랑과 절대적 자기-책임과 관련된 논의가 무엇인지를 들여다 볼 것이다.

1. 전기 윤리학

후설이 초기에 탐구한 윤리학은 1908년에서 1914년에 걸쳐 수행된 강의에서 드러난 것이다. 이는 정언명령을 문제 삼으며 심화시킨 탐구로서 후설은 윤리학에 대한 학문적인 근본토대를 찾고자 했다. 후설은 자신의 사유를 언제나 근본적인 차원에서 출발했는데, 그의 윤리 탐구는 기본적으로 상대주의와 회의주의를 극복하는 데에 있다. 이러한 극복은 윤리가 형식성을 띠면서도 감정과 욕망을 수용할 수 있다는 데에서부터 제시된다. 초기 여러 저작물들에서 제시했던 것처럼, 후설은 이성의 구조와 유비적으로 설명되는 현상학적 가치론을 수립하고자 했다. 형식적 논리학의 구조는 유비적으로 형식 가치론에 적용된다.[4] 형식 가치론은 의지뿐만 아니라 가치 판단에 대한 형식적 법칙이 있다는 것인데, 이는 예를 들면, 감각적 가치 판단보다

4　다음을 참조할 것: Ullrich Melle, "The Development of Husserl's Ethics," *Études Phénoménologiques*, nos. 13-14 (1991): pp. 115-135.

정신적 가치 판단이 더 우선된다는 입장으로서 가치 판단의 형식적 법칙의 가능성을 강조하는 것이다. 형식 논리학처럼, 형식 가치론은 윤리적 판단의 보편적인 형식을 제공한다. 이는 윤리적 판단과 실천의 내용으로부터 원리를 추출할 수 있으며, 윤리적 판단과 윤리적 실천이 일관되게 법칙화 될 수 있다는 사실을 알린다. 이러한 관점은 1914년의 윤리학에 대한 강의에서 잘 드러나는데, 그 강연에서는 만일 우리가 "이성의 종류와 그리고 행위의 종류"와 관련된 논리학과 윤리학이 평행하는 지점을 살펴본다면, 그 지점에서 "논리학이 등장한다는 사실을 알 수 있다고 그리고 단정적이며 한정된 의미의 형식 논리학이 선험적인 형식적 실천학과 유비적으로 평행하게 대응한다"는 사실을 알게 된다고 강조한다. 이러한 관점은 "가치 내용이나 가치 판단과 같은 가치에 대한 선험적인 형식적 학설이 긴밀하게 형식적 실천론과 얽히고설켜 있음을, 즉 형식적 실천론이라는 이념을 드러낸다."[5] 논리학의 법칙에 따라 이성의 판단이 도출될 수 있는 것처럼, 가치 판단도 이성작용에 따라 형식적 가치론의 법칙으로 구별될 수 있다. 실천 역시 법칙에 따라 이성에 입각한 행위로 간주될 수 있다는 뜻이다. 후설은 형식 논리학과의 유비를 통해 상이한 층위에서 가치와 실천을 들여다볼 수 있다고 본다. 가치 판단의 형식적 법칙들은 우리로 하여금 신념과 행위의 일관성을 유지할 수 있게 해준다. 만일 어떤 것이 반드시 행해져야만 하고 그래서 우리가 그것을 좋은 것으로 욕구하지만 그것을 실천하지 않는다면 그렇게 실천하지 않는 태도는 합리적인 태도가 아니다. 사실 이러한 판단은 무조건적으로 참이

5   Hua 28, 3-4.

라고 볼 수 없다. 가치 판단은 논리학처럼 단순히 형식만으로 평가되지 않는다. 논증의 전제와 내용이 참인지 평가되어야 하듯, 윤리학에서도 행위의 옳음은 형식만으로 결정되지 않는다. 형식적 가치론은 반드시 논증이 담고 있는 주장의 참과 거짓 여부를 살필 것이 요구된다. 이는 윤리적 주장의 질료적 내용을 들여다봐야 한다는 말과 다르지 않다.

윤리적 주장의 질료적 내용에 대한 판단은 상황에 따라 평가된다. 물론 후설은 상황에 따른 평가의 중요성을 이야기하지만, 그럼에도 자신의 탐구에서 형식성을 여전히 고수하는데, 이는 그의 탐구가 브렌타노의 영향을 크게 받았다는 점을 시사한다.

1) 브렌타노의 입장

브렌타노는 1876년에서 1894년까지 비엔나에서 실천철학과 윤리학에 대해 강의를 했다. 후설은 학생 신분으로 그의 강의에 참여했는데, 브렌타노는 후설의 윤리학에 대한 초기 철학에 상당한 영향을 끼쳤다. 강의에서 브렌타노는 주관주의로 향하지 않으면서도 주체의 감정과 욕망을 강조할 수 있는 윤리학을 제시하고자 노력했다. 브렌타노는 모든 학문들이 나아가야 할 진보의 길이 곧 윤리학이라고 내세우며 윤리학을 최고의 실천 이론으로 간주했다. 브렌타노는 다음과 같은 입장에서 출발한다. 모든 행위의 올바른 목적은 "달성 가능한 것 중 최고의 것으로 이루어진다."[6] 올바른 목적을

---

6 Franz Brentano, *The Foundation and Construction of Ethics*, trans. E. Schneewind (New York: Humanities, 1973), p. 121.

수립하기 위해 우리는 반드시 내적 지각에 의존해야 하는데, 왜냐하면 내적 지각에 근거를 두는 판단만이 직접적으로 확실하며 즉각적으로 명징하게 실현되기 때문이다. 하지만 좋음에 대한 판단은 내적 지각에만 근거를 두지 않는다. 그리고 가치 판단이 내적 지각의 직접성으로만 구현되지 않는다면, 우리는 가치 판단이 상대적일 수밖에 없다는 사실로 빠질 수 있다. 우리는 어떤 사람이 추구하는 올바름이 실질적으로 악한 것이라고 주장할 수 있는 것이다. 가령, 다른 사람의 물건을 훔쳐 쾌락을 얻는 도둑의 사례가 그렇다. 하지만 브렌타노는 확고하게 우리는 그와 같은 행동이 잘못된 것임을 판단할 수 있다고 주장한다. 브렌타노의 주장은 본능이나 습성으로부터 도출된 쾌락이 있다면, 이보다 더 높은 층위에 속하는 쾌락이 있다는 사실을 강조한다. 그와 같은 쾌락들은 "감정적 활동으로서 감각적 쾌락보다 높은 층위"[7]에 종속된다.[8] 이처럼 가치 판단이 위계질서를 갖는다는 사실은 모든 인간에게 공통된 것이며, 감정의 위계질서에 따르지 않는 사람들을 우리는 비정상적이거나 변태 같은 사람들이라고 생각한다. 브렌타노는 이러한 감정의 위계질서를 어떤 활동이나 대상에 가치를 두는 사랑의 형태로부터 출현하는 것으로 여긴다. 어떤 활동이나 대상이 사랑의 가치 속에서 추구된다면, 그러한 활동이나 대상은 개인에게 단순한 쾌락을 제공하는 것보다 더 우위에 있다. 하지만 더 좋은 감정, 더 좋은 쾌락이 무엇인지를 어떻게 결정할

---

7   Brentano, *The Foundation and Construction of Ethics*, p. 132.
8   [역자주] Melle에 따르면 후설도 가치 판단의 위계질서를 '어느 정도' 긍정한다. 그는 본능적 판단보다 감각적 판단이, 감각적 판단보다 감정적 판단이, 감정적 판단보다 이성적 판단이, 이성적 판단보다 영성적 판단이 더 높은 가치라고 본다. 이와 관련해서는 Melle, "The Development of Husserls Ethics," 참조.

것이며, 그러한 결정이 달성 가능한 것 중에서 최고의 것이라는 사실을 어떻게 확신할 수 있는가의 문제는 여전히 남아 있다.

명백히, "더 좋음"은 양의 문제가 아니다. 우리는 베토벤의 작품들이 적은 수의 악기로도 합주될 수 있다고 해서 바흐의 작품보다 더 좋은 교향곡이라고 판단하지 않는다. 오히려 우리는 베토벤의 교향곡을 바흐보다 더 사랑하기 때문에 베토벤의 교향곡이 더 좋다고 판단할 수는 있다. 이처럼 취향의 사례에서 드러나듯, 윤리의 문제를 논리적 이성과의 유비로 해결하려는 시도는 한계가 있을 수밖에 없다. 브렌타노에게 다른 어떤 것보다 윤리적으로 더 좋은 것을 결정하는 일은 "올바르다고 선호된 경험에 따라 우리가 선호하는 것을 인식하는 행위이다."[9] 브렌타노는 어떻게 더 올바르다는 선호를 결정할 수 있는지를 몇 가지의 범주의 사례를 통해 드러낸다. 브렌타노가 제시하는 범주는 좋음의 양, 좋음의 질, 좋음의 지속, 좋은 것을 달성할 가능성 등인데 브렌타노는 이와 같은 범주들의 비교-판단을 통해 우리가 윤리적인 더 좋음을 선택할 수 있다고 본다. 이러한 모든 기준들은 궁극적으로 선호에 대한 올바름의 이성적 선택과 판단이 우리의 **감정**과 연결되어 있다는 사실을 알린다. 브렌타노의 주장이 긍정적으로 평가되는 측면은 윤리적 결정이 감정을 수반한다는 점을 드러냈다는 데에 있다. 어떤 활동이나 대상에 대한 사랑의 감정이 더 좋음을 판단하는 기초로 있기에 어떤 대상이나 활동에 대한 선호의 판단은 감정을 바탕으로 이루어진다. 더 나아가 브렌타노는 모든 사람들이 감정에 따라 올바름을 인식할 수 있으며, 그러한 인식은

---

9 Brentano, *The Foundation and Construction of Ethics,* p. 134.

보편적으로 이해될 수 있다고 주장한다. 그와 같은 점에서 감정들은 "개념화된 대상들로 정립된다."[10] 가령 나는 어떤 도둑을 경멸하거나 그러지 않을 수 있지만, 일반적으로 도둑질 그 자체는 나쁘다고 판단할 수 있다. 우리는 개념으로 나쁜 행위를 인식하지만 동시에 경험된 행위를 나쁘다고 증오하는 감정도 갖는다. 약탈의 경험은 도둑질이 일반적으로 나쁘다고 혐오하는 인식의 사례가 된다.

다음 논의에서 살펴볼 것은 후설은 브렌타노가 제시한 이와 같은 양상들을 지지한다는 사실이다. 후설도 모든 윤리 이론에서 감정이 수행하는 근본적인 역할을 반드시 살펴야 한다고 보았으며, 또한 확고하게 의욕하는 일과 가치를 판단하는 일에서 윤리적 실천 이성은 이론 이성과 유비를 이룬다고 보았다. 이론 이성의 영역과 유비적으로 이해되는 실천의 법칙들이 있는 것처럼 윤리적으로 가치를 판단하고 의욕하는 영역에서도 이성적인 것과 비이성적인 것을 구별하는 법칙이 존재한다.[11]

2) 정언명령

브렌타노의 입장을 지지하며, 후설은 정언명령으로 수립되는 형식적 가치론을 내세운다: "달성할 수 있는 것 가운데 최선의 것을 행하라(Tue das Beste unter dem Erreichbaren)"[12] 후설의 정언명령은 칸트의 정언명령과는 다

---

10 Brentano, *The Foundation and Construction of Ethics*, p. 135.
11 Melle, "Development of Husserl's Ethics," p. 119.
12 Hua 28, 221.

른 것인데, 왜냐하면 후설의 정언명령은 실천과 관련해서 실질적으로 달성할 수 있는 것을 반드시 고려해야 한다는 상황의 다양성을 용인하기 때문이다. 만일 어떤 상황에서 최상의 것이 달성될 수 없다면, 좋음은 어떻게 실천적으로 좋음이 될 수 있을까? 후설에게 좋음을 실천하는 일은 의욕되는 행위를 실천할 때 성공할 수 있는 가능성을 따지면서 실질적으로 실천될 수 있는 최상의 것을 선택하는 행위이다. 최상의 것을 달성할 수 없는 상황이라면 차선의 것을 실천하는 게 낫다는 말과 다르지 않다. 이러한 전제에 따라, 어떤 상황에서 달성 가능한 최상의 것은 실현 가능한 것으로서 의욕되는 대상이다. 그렇게 의욕되는 것의 실행이 곧 윤리적 행위가 된다. 후설은 의욕하고 실천하는 과정을 살피는 세 가지 단계를 제시한다. 첫째, 우리는 처음에 실천적으로 가능한 특정한 것을 의욕해야 하며, 둘째, 그러한 의욕 속에서 실천적으로 가능한 모든 대안들에 대해서 살피며, 셋째, 우리는 최상의 가치가 있는 하나의 실천 가능성을 선택한다. 좋은 행위는 각각의 실천적 상황에서 출현하는 가장 주목할 만한 최상의 가치를 결정하고 검토하는 과정으로부터 도출된다. 당연하게도 최상의 가치가 무엇인지를 결정하기 위해 그와 같은 과정은 특정한 위계질서들 내에서 가치들이 선택된다는 사실에 입각한다. 후설은 "만일 우리가 객관적이라고 판단한 것을 의욕하기 위해 실현 가능한 선택사항들을 전부 생각한다면, 거기에는 더 낮은 가치가 더 높은 가치에 흡수되는 법칙이 있다"[13]라고 주장한다. 흡수라는 개념은 최상의 가치가 어느 것인지를 결정하고 행하게 만든다. 이에 따라 다른

13 Hua 28, 220.

모든 행위들은 흡수되는데, 이때 흡수되지 않는 것은 최상의 실천적 가치가 된다. 달성 가능한 좋음의 영역들 중에서 최상의 가치를 품고 있는 하나의 좋음이 출현하는데, 그렇게 출현하는 좋음은 절대적인 실천적 가치이자 달성 가능한 상황에서의 최상의 가치이다. 달리 말해, 달성 가능한 선택사항들 중에서 어떤 것은 다른 가치보다 더 높은 가치를 품고 있다. 당연하게도 최상이라고 판단된 것이야말로 절대적인 실천적 가치이다. 후설이 생각하는 질료적 가치들의 위계질서는 "흡수의 법칙"이라고 불리는 원리에 따른다. 최상의 것이라고 볼 수 있는 질료적으로 좋은 것은 "모든 것을 뒤덮는" 좋음으로 구성되는 것이며, 이에 따라 다른 좋음들은 위계적인 질서에 맞춰진다. 가치들의 질료적 차원도 달성할 수 있는 최상의 것을 따르는 형식적 가치론의 원리에 따라 위계질서를 이루고 있다.

후설은 자신의 초기 저작물들에서 가치들의 질서를 조심스럽게 제시한다. 후설은 정신적 가치들은 감각적 가치들보다 더 높은 차원에 있다고 보는데 왜냐하면 정신적 가치들은 감각적 가치들을 흡수할 수 있기 때문이다. 정신적 가치들은 이성적 사랑, 학문이나 예술의 영역 등에서 확인되는 것들이다.[14] 만일 두 가지 정신적 가치들이 비교된다면, 우리는 정신적 가치들에 흡수되는 감각적 가치들로 시선을 돌리면 된다. 예를 들어, "'감각적인' 것으로 설명되는 가치들은 '정신적인' 단계의 가치들 옆에서는 아무것도 아닌 것으로 있는데, 또 다른 최상의 가치가 있지 않다면, 정신적 단계의 가치들은 감각적 가치보다 '높은' 가치들이다. ⋯ 만일 우리가 '유사한 두 개의' 정신적

---

14 Melle, "Development of Husserl's Ethics", p. 122.

가치들을 가지고 있다면, 가치의 중요성은 감각적 가치들과의 연결점의 유무로 판단된다. 이러한 선택에 따라 감각적인 것은 좀 더 높은 가치에 흡수된다."[15] 명백히 다양한 좋음들 중 무엇이 더 좋은지를 판단하는 일은 갈등에 놓일 수밖에 없는데 흡수의 법칙인 후설의 정언명령이라는 형식적 원리를 적용하지 않는다면, 우리는 어느 좋음이 더 좋은 것인지를 결정할 수 없다. 형식적 가치론은 각각의 질료적 좋음에 내재하는 선험적 좋음을 결정하는 것이다.[16]

어떤 경험은 단순히 인식적인 것일 수 있다. 누군가 어떤 것을 인식할 수 있고, 그것을 기억하며, 그것에 대해 단순히 판단할 수 있다. 하지만 어떤 경험은 인식적 경험이기도 하지만 우리에게 감정적으로 영향을 미치는 정서적 경험이기도 하다. 정서적 경험에서 대상의 가치는 우리의 감정이나 느낌으로 주어진다. 감정이나 느낌은 대상의 가치를 드러냄으로써 진실을 알리는 기능을 한다. 대상의 가치를 드러내는 감정이나 느낌은 인식적인 경험에 기초를 두고 있다. 왜냐하면 어떤 대상에 대해 느낌을 갖기 위해서는, 그러니까 그 대상이 좋거나 나쁘다는 느낌 혹은 의욕되거나 의욕되지 않는다는 느낌에 앞서 대상은 반드시 하나의 경험 대상으로 인식되어야만 하기 때

---

15 Hua 28, p. 421.

16 이와 관련하여 드루먼드는 다음과 같이 설명한다: 상이한 질료적 좋음이라는 개념들 사이에 있을 차이들과 관계없이, 우리의 도덕행위는 합리적으로 일관되며 자유롭게 능동적으로 달성되는, 통찰력 있는 사유와 의욕으로부터 기인하는 정언명령으로 명령된 목적을 따르고자 한다: 이러한 좋음 그 자체는 다른 모든 좋음들 속에서 드러난 것이자 다른 좋음들의 주의 깊은 통찰과 같은 것이며, 참된 질료적 좋음과도 같다. ("The 'Spiritual' World: The Personal, the Social, and the Communal," in *Issues in Husserl's Ideas II*, ed. Tom Nenon and Lester Embree [Dordrecht: Kluwer, 1996], p. 250).

문이다. 이는 실천적 가치와는 별개로 판단되는 우리 모두가 경험하는 객관적인 대상이 있다는 사실을 받아들이도록 한다.

추운 날씨에도 밖으로 외출하려고 준비하는 순간을 예로 들어 보자. 나는 어떤 코트를 입을지를 결정하려고 옷장을 유심히 살피고 있다. 나는 다양한 선택사항에 직면한다. 나는 따뜻하게 입을 수 있는 코트 하나를 바라고 있다. 선택사항에 놓여 있는 코트들은 정도에 따라 다양하게 평가될 것이다. 바람막이 코트는 데님 재킷보다는 따뜻하지 않을 것이고, 데님 재킷은 긴 겨울 드레스 코트보다 따뜻하지는 않겠지만, 긴 겨울 드레스 코트는 다운 파카보다는 따뜻하지 않을 것이다. 따뜻함으로 코트들을 평가하는 일은 코트들에 대한 나의 경험에서 비롯된 것이지만 또한 나를 따뜻하게 할 각각의 코트들의 특징에 대한 나의 욕구에서도 비롯된 것이다. 따뜻한 코트에 대한 가치 판단은 코트에 대한 경험과 분리되지 않지만, 코트들에 대한 가치 판단은 명백히 논리적으로도 설명된다. 우리는 바로 이 지점에서 대상에 대한 판단에 감정이 섞여 있어도, 그와 같은 감정이 단순히 내재적인 판단 혹은 주관적인 판단으로만 간주될 수 없다는 사실을 안다. 왜냐하면 하나의 코트는 다른 코트들보다 나를 더 따뜻하게 유지시켜 줄 것이라는 객관적인 이유가 있기 때문이다. 오늘과 같이 추운 날씨에 오리털 파카를 입어야겠다는 결심은 파카가 갖는 좋음을 이해하는 일이다. 이는 그것이 의욕 된다는 차원에서 좋은 것이면서 동시에 나의 욕구를 충족시킬 수 있을 것이라는 차원에서도 좋은 것이다.[17]

17 이와 관련된 구분에 대하여 더 자세한 논의는 다음을 참조할 것; John Drummond, "Moral Objectivity: Husserl's Sentiments of the Understanding," *Husserl Studies* 12 (1995):

이 사례는 윤리에 대한 주제를 다루는 데에 있어 우리가 찾는 객관적인 답을 제시하지 않는 그저 따뜻한 코트에 대한 우리의 욕구를 논한 것이라고 볼 수 있다. 후설이 추구하는 것은 개별적인 욕구의 차원이 아니다. 후설은 개별 욕구와 관계없이 최상의 좋음, 모두가 원하는 그런 좋음을, 객관적이고 보편적인 좋음을 드러내고자 했다. 후설이 궁극적으로 추구하는 것은 선험적인 좋음이다. 이러한 선험적 좋음은 앞서 설명한 형식적 가치론의 내용을 제공한다. 후설은 질료적 선험성에 기인하여 어떤 대상이 그 자체의 대상성을 갖는 필연적 조건이 있다고 말한다. 달리 말해, 질료적 선험성은 대상의 본질을 규정하는 것이다. 후설에 의하면 우리는 다양한 형상들을 생각함으로써 질료적 선험성을 발견할 수 있다. 질료적 선험성의 역할은 다양한 형상들을 하나씩 헐어내게 한다. 헐어내는 작업을 통해 우리는 대상의 본질적인 객관적 가치를 발견할 수 있다. 질료적 선험성이 없다면, 그와 같은 객관적인 가치도 없는 것인데 왜냐하면 객관적 가치가 없다면, 우리는 어떤 대상에 대해서도 수용할 수 있는 객관적 이해를 전혀 가질 수 없기 때문이다. 즉, 우리가 달성 가능한 최상의 것을 고려할 때, 질료적 선험성은 다양한 것들 중에서 가능한 것들을 간추려내는 데에 도움을 준다. 물론 달성할 수 있는 최상의 것은 상황에 따라 우리에게 주어지는 것을 뜻한다. 하지만 이는 상황에 따라 절대적인 질료적 선험성이 늘 달라질 수 있다는 말이 아니다. 왜냐하면 달성할 수 있는 최상의 것은 질료적 선험성과 조화를 이루기 때문이며 그렇게 조화를 이룰 때만이 달성 가능한 최상의 것은 다른 무

pp. 165-83. See also Melle, "Development of Husserl's Ethics," p. 118.

엇보다 더 좋은 것으로 있을 수 있기 때문이다. 예를 들면, 추운 날씨에 외출하기 위해 입어야 할 것을 내가 선택할 때, 선택할 수 있는 항목들 가운데에서 질료적 선험성은 어떤 옷을 선택해야 할지를 돕는다. 이에 따라 여러 선택사항 중 나는 가장 적합한 코트 하나를 선택한다. 게다가 선택된 코트는 다른 코드보다 더 적합하다고 분류된 것인데, 이는 다른 것보다 더 따뜻하다는 사실을 수반한다. 이렇게 하나씩 삭제하면서 우리는 모든 가능한 선택사항들 중 최상의 것을 선택한다.

사실, 정언명령을 통한 윤리적 실천은 후설에게 불충분한 실천론으로 사료된다. 왜냐하면 정언명령은 가치 영역을 벗어나 중립적인 영역에서 판단되기 때문이다. 정언명령에 따른 판단은 특정한 사안과 밀접하게 연관된 개별자들의 다양한 조건들을 보지 못하게 할 뿐만 아니라 그 사안과 아무런 관계가 없는 구경꾼과 같은 입장에 서도록 만든다. 정언명령만을 따른다면, 모든 개별자들은 윤리를 실천할 때 어떤 상황에서든 똑같은 행동만을 할 뿐이다. 그와 같은 이해는 구체적인 다양한 영역에서 사랑으로 윤리를 실천하는 주체의 책임을 충분하게 논할 수 없다. 결국, 후설은 한 개인이 처한 상황이나 관점이 어떻게 주어졌는가를 살피지 않은 채 모든 개별자들이 정언명령에 종속되어야 한다는 주장을 받아들이지 않는다. 왜냐하면 자신의 후기 철학에서 강조하듯, 보편적인 형식적 정언명령은 궁극적으로 자기-소외로 귀결되기 때문이다. 나의 의지와는 상관없이 이미 외적으로 주어진 객관적인 최상의 가치만을 달성하도록 강요받을 수 있다는 뜻이다. 게다가 정언명령은 가치 판단에 있어 감정이나 느낌의 역할을 간과한다는 문제가 있다. 감정이나 느낌에 관한 고려 없이, 가치 영역을 이야기한다는 것은 불가능하다. 브렌타노를 따르면서 후설은 느낌은 특정 상황에서 좋음을 결정하는 데에 중요한 역할을 한다고 주장하지만, 정언명령을 재평가하면서 후설은 정언명령만을 따르는 감정 논의는 윤리를 실천하는 개별자들의 느낌이나 감정의 역할을 제대로 볼 수 없다고 본다.[18] 후설의 윤리에 관한 후기 저작물들은 바로 이러한 문제를 다루고 있다.[19]

이 책의 목적은 후설의 정언명령에 대한 재평가와 윤리학에 대한 후설의 사유의 발전이 초기의 정적 현상학적 방법과 모순되지 않는다는 사실을 밝히는 데 있다. 물론 달성 가능한 최상의 것을 공식처럼 도출하는 후설의 초기 윤리학의 시도는 개별 주체들의 성장이나 환경을 이야기하지 못한다는 한계를 갖고 있다. 정적 현상학을 기초로 두는 후설의 윤리학은 순수 형식적 구조에서 윤리적 판단을 도출한다. 후설은 이러한 형식주의를 포기하지 않지만, 후설은 주체의 발전, 가치들의 고유함과 전통, 다른 세대들과의 교류 가능성, 쇄신, 절대적인 자기 책임성, 더 나아가 공동체의 가치들에 대한 비판의 가능성 등을 주요하게 다루면서 형식적 입장을 보완하는 방안들을 마련한다. 이러한 점은 윤리학에 대한 이해가 보다 복잡하고 다층적이라는

---

18 정언명령은 통상적으로 칸트(I.Kant)를 떠올리게 한다. 후설은 『실천이성비판』에 공식화된 칸트의 정언명령을 감정이나 느낌을 고려하지 않은 개념으로 간주한다. 후설은 감정과 느낌을 동반한 윤리론을 수립하고자 했다. 칸트의 정언명령이 수반하는 보편입법의 순수형식은 개별자의 자유를 보전하는데, 왜냐하면 순수형식도 실천이성을 통해 규정되기 때문이다. 게다가 실천이성을 통한 정언명령만은 법칙에 대한 존경이라는 감정 혹은 도덕 행위를 일으키는 감정을 낳는다. 하지만 후설은 칸트의 이러한 관점이 합리주의의 극단적 형태라고 보았는데, 이러한 형태는 감정이 없는 윤리를, 자가-부도덕함을 이끄는 결과물로 이어진다고 보았다. 이에 대한 자세한 논의는 다음을 참조할 것: Ullrich Melle's introduction to Husserl, Hua 28, xx.
19 MS, F1 24, p. 75a and B I 21, p. 61a. 더 자세한 인용은 다음을 참조할 것: Hua 28, xlvi-xlviii.

사실을, 단순히 정적 현상학적 방법만으로 해명될 수 없다는 사실을 알려준다. 윤리에 대한 고찰은 반드시 발생적 현상학을 필요로 한다.

2. 후기 윤리학[20]

발생적 현상학의 도입과 함께 후설이 주요하게 바라본 초기의 윤리탐구는 변화를 맞이한다. 후설의 발생적 탐구는 주체성을 좀 더 분명하게 밝히면서도 역사성의 이해를 도모하는 것이다. 앞서 살펴봤듯, 후설의 초기 윤리학에서의 핵심은 상황에 따라 수립될 수 있는 객관적 실천 가치의 수립이다. 하지만 점점 발생적 방법으로 윤리를 이해하기 시작하면서 후설은 자아의 발달, 자아의 성격, 윤리적 당위를 결정하고 따르는 인격성의 특징, 의지, 쇄신 등을 윤리철학의 주요 주제로 설정한다. 자기-책임은 오직 경험의 침전물과 물려받은 관습 속에서 표현될 수 있다. 발생적 방법은 후설로 하여금 자아가 어떻게 윤리적인 특징들을 수립하는가를 다시 고민하게 하였는데, 이유는 발생적 방법은 습성들의 발전을, 의미의 침전물을, 수동적 연합을 탐구하게 만들기 때문이다. 발생적 분석으로 후설은 특정한 문화적 전통

---

20 후설의 후기 윤리학을 논하기에 앞서 중요하게 짚어야 할 점은 후설은 살아생전 자신의 윤리학을 완결된 하나의 이론으로 온전하게 수립하지 않았다는 사실이다. 그는 자신의 윤리론을 그 어떤 책으로도 출판하지 않을 만큼 만족하지 않았다. 뿐만 아니라 후설의 윤리학이라는 이름으로 통일된 체계적 이론도 강력하게 제시하지 않았다. 나는 여기에서 불완전한 그의 윤리론을 최대한 드러내고자 할 것이다. 이 장에서 언급되는 그가 남긴 문헌들은 후설의 윤리학의 면모를 드러내는 데에 충분할 것이다. 하지만 그렇다고 나는 그의 논의가 갖는 애매함이나 단점이 있다는 사실을 생략하지 않을 것이다.

이 자아에 끼친 영향을 헤아려야만 했다. 수동적 종합에 대한 분석은 특정한 문화적 전통들이 어떻게 자아로부터 취합되는지를 설명하는 시도로서 철학의 윤리적 역할에 대해, 비판에 대해, 그리고 쇄신의 과정에서 근본적으로 중요한 것이 무엇인가에 대해 논구하게 만든다.

후설의 후기 윤리 이론은 유럽의 1차 대전 이후의 윤리적 위기에 대한 응답으로 부각된 것이다. 그의 후기 윤리이론은 초기에 지지했던 브렌타노의 영향으로부터 점점 벗어났으나 반대로 피히테의 영향을 점점 받은 것이기도 하다.[21] 1914년 초에, 후설은 피히테를 중요하게 다루었는데 같은 시기에 그는 정언명령의 타당성에 의문을 제기하기 시작했다. 결론적으로 후설은 윤리에 대한 초기의 접근방식이 유럽 문화에 대한 비판과 쇄신의 필요성을 심도 있게 다룰 수 없다는 점을 깨닫는다. 후설은 초기 윤리론으로 개별적인 각 경우들에 적용될 만한 좋음을 규명하지 못한다는 사실을 확인하면서 윤리적 개별자들의 다양한 윤리적 태도들을 재탐색한다. 후설은 개별적인 상황에 객관적으로 적용되는 정언명령과는 다른 방식에서 좀 더 일반적으로 사유될 수 있는 윤리적 틀이 무엇인지를 찾는데, 그러한 탐색에서 그는 "절대적 당위"나 "윤리적 사랑"과 같은 개념들을 내세운다. 이러한 개념들은 후설이 1923년에서 24년까지 카이조(Kaizo) 저널에 게재한 논문들에서 선보인 비판과 쇄신의 이념과 관련된다.[22] 비판과 쇄신의 과정에서 윤리적 개별자들이 성장한다는 사실에 주목하는 일은 전통을 이어가는 인간 주체를 탐

---

21 후설에 대한 피히테의 영향에 관한 분석으로 다음을 참조할 것: Melle, "Development of Husserl's Ethics,"
22 Hua 27, 3-124.

구하는 새로운 접근법일 뿐만 아니라 윤리적 주체의 신념과 욕망들은 다양할 수 있다는 사실을 드러내는 일이다. 후설의 깊은 고민은 개별적 인간 주체에만 한정되지 않고 좀 더 높은 질서를 갖는 인격적 공동체에 대한 것으로 확장된다. 자기-책임이 있는 개별 인격자들의 집합체인 공동체는 혼돈의 세계에 새로운 삶을 선사하는 방법으로서 비판과 쇄신의 핵심으로 있다.

이쯤에서 우리는 후설의 후기 윤리학을 면밀하게 검토해 보기로 하자. 우리는 발생적 현상학적 방법이 국가윤리의 논의를 어떻게 가능하게 하는지, 그리고 왜 정적 현상학적 방법은 인간 주체의 양상을 엄밀하게 탐구하는 수단을 제공하지 못하는가를 주의 깊게 살펴보기로 한다.

1) 절대적 당위와 소명

후설의 미발간 원고에 따르면 "(절대적 사랑으로서) 사랑으로부터 출현하는 것이자 자아 그 자체에 뿌리를 두는"[23] 가치가 곧 절대적 당위이다. 절대적 당위는 개인적 당위로서 내가 누구인가를 알게 하는 것으로 고수된다는 점에서 절대적인 것이다. 절대적 당위는 나로 하여금 한 사람으로서 가치 있는 존재로 만든다. 이러한 절대적 당위는 나로 하여금 가능한 최선의 것을 선택하게 하는데 "지금부터 내 삶의 모든 체험의 내용과 함께, 그것은 내 삶의 최고의 가능한 삶, 그러니까 나의 최고의 삶이란 내가 할 수 있는 최고의 삶을 의미한다. … 그러한 당위는 의지와 부합하는 것이며 참으로 이성적인

---

23 MS, B I 21, p. 53b: 이는 다음에서 인용된 것이다; Melle, "Development of Husserl's Ethics," p. 131.

의지이다. 그러한 당위는 의지의 진리이다."[24] 후설에게 있어 최고의 가능한 삶이란 후회가 없는 삶이다. 진정한 자기를 찾고자 스스로를 성찰하면서 얻게 된 인격적 자기 정체성은 끊임없이 쌓아온 확신들의 결과물이다. 물론 그러한 확신들이 언제나 순수하게 이성적인 것이라고 할 수 없다. 특정한 상황에서 자아가 자유롭게 취한 생각들은 하나둘 쌓이면서 축적되어 하나의 습관적 침전물이 된다. 당연히 반복적으로 취한 입장이 없다면, 어떠한 일관된 태도는 있을 수 없고, 그러한 일관된 습관적 입장이 없다면, 일관된 입장을 내세우게 하는 확실함 역시 부재할 수밖에 없다. 하나의 지속되고 축적된 습관적 확신이 없다면, 자기 정체성을 이루는 하나의 구체적 자아가 있다고 볼 수 없다. 이러한 확신이 없다면 자아는 분열된 것, 조각조각 분산된 것으로 있을 뿐이다.

후설은 자신의 초기 윤리학의 형식주의를 포기하지 않는데, 이러한 입장에서 그는 달성할 수 있는 최상의 것을 실천하는 정언명법을 결코 파기하지 않는다. 하지만 절대적 당위로 실현되는 정언명령의 질료적 내용은 각 개인들이 처한 상황마다 다르게 기술될 수밖에 없다. 각 개별자들은 저마다의 입장에서 최상으로 달성할 수 있는 절대적 당위를 실천하기 때문이다. 이에 따라볼 때 개별자들의 정체성 역시 달라질 수 있다. 이러한 점이 곧 정언명령이 어떻게 생활세계 속에서 수립될 수 있는가를 다시 살펴야 하는 이유이다. 모든 것에서 동일하게 적용되는 보편적인 정언명령의 영향력은 상실하

---

24 MS, F I 28, p. 199a: "von nun ab in allen seinen Akten und mit seinem gesamten Erlebnisgehalt so leben, da β es mein bestmögliches Leben sei, mein best mögliches, das hei β t, das bestmögliche, das ich kann. ⋯ Das Sollen ist Korrelat des Wollens, und zwar eines vernünftigen Wollens, das Gesollte ist die Willenswahrheit."

게 된다. 하지만 정언명령은 각 개인들 자신의 개별성을 보전하게 한다. 이는 가치를 결정할 때 개별자 자신의 절대적 당위가 중요한 역할을 한다는 뜻이다. 절대적 당위는 각 개인이 어떤 선택을 해야 할 때 상황에 따라 최고로 달성 가능한 것을 숙고해서 선택할 것을 요구한다.

우리는 어떻게 우리 자신의 절대적 당위를 결정하고, 그런 절대적 당위와 연관 지어 우리의 윤리적 판단을 하나의 습관과 신념으로 발전시키는지를 질문할 수 있다. 후설은 이를 소명과 관련하여 설명한다. 우리는 특정한 가치를, 예를 들면 학문으로서 철학, 경제학 혹은 자녀 양육 등[25] 저마다의 관심으로 실천한다. 우리는 저마다의 직업을, 가정을 가지고 있으며, 사람이나 어떤 대상을 사랑하며 참된 삶을 살고자 자신이 해야 할 일들을 선택하고 준수한다. 저마다 선택한 사랑하는 가치 영역 속에서 자신이 해야 할 일을 소명으로 여기며 실행한다. 그와 같은 사랑을 실천하는 삶 속에서 우리는 자신만의 참된 삶과 그러한 삶의 목적을 발견한다. 우리의 습성들과 신념들을 이러한 목적 속에서 계발시킴으로써 우리는 참된 자기를 실현한다. 이것이 바로 개별 인격자의 목적이다.[26] 후설은 후기 윤리학에서도 초기 윤리학으로부터 제시되었던 정언명령과 목적 개념을 강조하지만, 정언명령은 개별적인 목적과 다양한 개별 가치들 속에서 탐구되어야 하기에, 게다

---

25 이는 후설에 대한 브렌타노의 영향이 지속되었음을 알린다. 후설은 소명이란 사랑의 감정에 의존한다고 주장하는데, 이는 브렌타노가 윤리적 판단은 선호의 감정에 의존한다고 보았던 입장으로부터 연장된 것이다. 그러나 후설은 이러한 사랑이 객관적 가치를 창출한다고 주장하지 않는다. 후설에게 사랑은 객관적 가치라기보다는 개별자의 정체성과 긴밀하게 연관된 것이다.

26 Hua 27, 118.

가 실천적으로 달성 가능한 최고의 것이 다양하게 규정될 수밖에 없기에 이들을 강하게 제시하지 않는다. 후설은 또한 개인적 당위와 공동체의 당위의 관계를 드러내면서 목적의 질료 개념이 복잡한 주제임을 강조한다. 정언명령은 문화와 공동체의 영향에 대한 이해 없이는 보편적 지위를 유지할 수 없다.

시간성에 대한 후설의 사유의 발전은 이러한 입장을 강화시켰다. 흐르는 살아 있는 현재는 개별 자아에 선행하는 침전된 층위들이 자아의 성격이나 습성에 영향을 줄 수 있으며, 그에 따라 자아도 발전한다는 입장에서 자아를 고찰하게 한다. 자아의 윤리적 입장 역시 이러한 습성 아래 취해진다. 자아의 윤리적 삶과 윤리적 신념들을 포함한 자아의 삶 전체는 흘러가는 현재 속에서 실현된다. 흐르는 현재라는 이해가 제시되지 않았다면, 후설은 자신의 후기의 윤리적 입장에서 직접적으로 선보인 자아의 습관성 같은 특징들을 계발시킬 수 없었을 것이다. 자아의 참된 모습은 다양하게 침전된 층위와 습성들을 통해 내세워진다.

우리는 결코 고립된 형식적 자아만으로 참된 자기의 모습을 발견할 수 없다. 우리의 개별적 목적은 타자의 영향을 받을 수밖에 없다. 우리가 이해하는 가치란 아무렇게 소유한 것이 아니라 우리와 연관된 다른 개별자들, 다른 세대들과 함께 전수받은 전통이나 관습, 규범을 갖는 것이다. 그래서 윤리적 규범들은 무시간적인 절대적 보편성을 띠지는 않지만 그렇다고 단지 역사적이거나 주관적으로만 남는 것도 아니다. 윤리적 규범들은 다양한 층위 속에 있지만 오히려 공동체를 결속시켜 주는, 그리고 인간 공동체로부터 출현하는 다양한 가치들을 결합하는 것이다. 이러한 규범들은 "개별자들, 인간 공동체들, 인간성의 보편으로까지 관계를 맺는 것이다. 그래서 각 개별자들 가령, 군인들이나 성직자 등 이들이 행해야 할 일반적인 규정은 부인되지 않는다."[27] 달리 말해 행위란 예를 들면, 군인답게 행동하는 것이든 성직자답게 행동하는 것이든 사람들이 수용하고 있는 가치 영역에서 구현되는 것이다. 군인이 되기 위해서는 군인에게 요구되는 특정한 가치와 행위들을 지켜야 하며, 한 사람의 군인으로서 취해야 할 가치를 진실하게 실천해야 한다.

그렇다고 우리는 이전 세대로부터 전해져 온 가치나 신념의 체계에 갇혀 있기만 해서는 안 된다. 이러한 사실은 우리가 우리 각자의 소명을 스스로 결정한다는 의미이다. 소명은 전통만을 따른다고 해서 발현되는 게 아니다. 물론 전통에 반대하는 것이 소명이라는 말도 아니다. 소명이란 우리 자신의 삶과 정체성을 능동적으로 반성할 때 구현되는 것이다.

애초에 윤리를 실천하는 일이 곧 소명이라고 볼 수 없다. 오히려 우리는 윤리 말고 "직업을 선택하는" 일과 관련해서 소명을 쉽게 떠올릴 수 있다. 하지만 후설은 개별자들의 소명을 윤리와 연관 지어 논한다. 왜냐하면 소명은 한 개인의 전체 삶과 관련될 뿐만 아니라 개인의 정체성을 형성하는 데 기여하기 때문이다. 후설은 소명에 따른 삶을 살고자 결정하는 일은 우리를 참다운 인간으로 만든다고 주장한다. 그러므로 후설에게 소명은 우리가 누구인가를 이해하고 선택하는 개념으로서 넓은 의미로 이해된다. 이에 따라 소명은 단지 우리가 선택한 직업으로만 간주될 수 없다. 후설은 이와 같은 이해로 만족하지 않는다. 사무실로 일하러 가는 단순한 행위 그 이상으로

---

27 Hua 27, 59.

서 자기-정체성과 연관 맺고 있는 게 소명이다. "우리는 가능한 인간의 삶의 (선험적인) 본질적 형태로서 윤리적 삶의 모습이 무엇인지를 발생적으로 탐색한다. 즉 나를 발전으로 이끄는 본질적 근원에서부터 동기를 찾고 이로부터 윤리적 삶의 모습을 추구한다."[28] 참된 인간으로 거듭나는 일이 곧 윤리적 업무라면 소명은 각 개별 주체가 저마다 갖는 절대적 당위이다. 이는 최고의 가능한 삶이 상대적이라고 이해될 수 있지만, 저마다의 주체에게 최상의 것은 절대적으로 요구되는 것이자 절대적인 명령이다. 한마디로 소명은 윤리적 삶을 실현하기 위한 절대적 명령이다.

소명은 인간 존재의 개별 정체성과 관련해서 중요성을 갖지만, 후설은 소명의 중요성이 거기에만 있지 않고 그 이상으로 확장된다고 주장한다. 인간성의 문화가 보존되는 것은 각각의 인간 주체가 자신의 소명을 최선으로 헌신하기 때문이다. 후설은 각자가 저마다의 소명을 지키지 않는다면 "인간에 대한 합리적 학문도, 합리적-정치적 기술에 따르는 사회적, 정치적 활동도 마련되지 못하며 더 나아가 합리적인 인간 공동체도 있을 수 없다"[29]고 내세운다. 분명한 것은 하나의 정치적 행위나 정치 기술이 있기 위해서라면 개별자들이 저마다의 이성에 따라 합리적으로 일관되게 수행하는 정치적 사회적 모습이 반드시 있어야 한다. 후설은 1920년 여름에 집필한 원고에서 다음과 같은 사실을 밝히는데, 그에 따르면 인간의 윤리적 삶은 "법이나 사회의 관습들, 학문적 삶이나 종교 또는 언어를 통해서" 형성된다. 한 공동체의 규범들은 자연스럽게 공동체 속 여러 구성원들의 헌신으로부터 나온 것

---

28 Hua 27, 29.
29 Hua 27, 6.

이며 이러한 규범들은 "새로운 세대 구성원들에게 영향을 끼칠" 보편적으로 수용될 전통의 부분이 된다. 공동체 속 각각의 세대는 이러한 전통을 "자연스럽게 이미 주어진 정신적 환경 세계로서" 체험한다. 그러므로 윤리학은 이러한 전통적 규범들로부터 출현하는 것이다. 그리고 우리는 이러한 규범들을 수동적 연합으로 받아들인다. 이에 따라 우리는 다음을 이해할 수 있는데, "개별자들에 앞서 객관적으로, 의심 없이 소여된 것이 있다. 이러한 게 있다는 사실을 혹자가 일반적으로 알고 있지 않다고 해도 이는 세대를 걸쳐 존재하며, 다양한 구체적인 규제들 속에 있는 것이다. 또한 최종적 토대를 생각하게 만들며, 그러한 토대를 질문하게 하며, 이론적 주제로 다루게 한다."[30]

후설은 암암리에 소명들의 위계적 체계를 설정하고 있다. 모든 개별자들의 소명은 이성적인 보편적 소명과 관련해서 부차적인 소명을 가지고 있다. 이는 인간의 공동체가 철학적으로 고려되는 자기 책임과 연관된 보편적인

---

30 MS, F I 28, p. 37b: Inmitten der allgemeinen Geistesentwicklung der Menschheit, inmitten der Gestaltungen der Sitte, des Rechtes, des wissenschaftlichen Arbeitslebens, der Religion und schlie β lich der allgemeinen Sprache, in der sich zugleich alle anderen geistigen Gebilde widerspiegeln, hat sich auch das ethische Leben der Menschheit entwickelt. Seine Grundvorstellung, seine Normen sind in diesem Zusammenhang natürlich-naiv erwachsen, sind zu Bestandstücken der allgmeinen Tradition geworden, in die jede neue Generation hineinwächst, die sie als ihre natürliche und vorgegebene geistige Umwelt vorfindet. Der Ethik als Wissenschaft geht selbstverständlich also das Ethische in Gestalt solcher traditioneller Lebensnormierung voran. Es steht dem einzelnen als ein Objektives, als ein fraglos Gegebenes da. Und so bleibt es von Generation zu Generation, ohne da β man überhaupt darauf verfällt, über die letzten Rechtsgründe der in den mannigfachen konkreten Regeln ausgesprochenen Forderungen nachzudenken, sie in Frage zu stellen, sie zum theoretischen Thema zu machen.

공동체로 수립될 수 있다는 사실을 시사한다. 보편적인 공동체가 수립될 수 있다는 사실이 바로 비판과 쇄신의 가능성이 출현할 수 있는 이유이다. 우리는 철학의 윤리적 역할을 볼 수 있다. 하지만 "최종적 토대에 관하여 생각하는" 개별자들의 역할을 살펴보기에 앞서 우리는 개별자들 각자의 절대적 당위가 어떻게 하나의 통합된 공동체로 형성되는지를 이해할 필요가 있다. 공동체는 보편적인 윤리적 사랑을 토대로 성립되는데, 보편적인 윤리적 사랑이란 무한하며, 절대적인 보편적 사랑을 뜻한다. 이러한 보편 윤리적 사랑은 인간성을 이루려는 구성원들의 의지가 향해야 할 방향점이다. 그와 같은 의지는 다른 누군가에 의해 빼앗길 수 없는 것으로서 인류 공동체의 구성원으로서 참된 삶을 실현하려는 자로부터, 진정한 인간성을 의욕하는 자로부터 확인되는 것이다. 그런 의지는 곧 절대적인 것이다. "그와 같은 의지는 절대적인 동기이다. 혹은 절대적으로 최선을 다해 사랑하려는 어떤 삶이 있고 그러한 삶이 가능하다면, 나는 그와 같은 삶을 의욕하고 따를 수밖에 없다."[31] 명백하게 보편적 사랑으로 이루어진 공동체에 참여하려는 자아는 그러한 공동체의 일원으로서 공동체의 보편적인 목적에 의존한다. 후설은 그와 같은 인류 공동체가 바로 "보다 높은-질서의 우리"(higher-order we)라고 주장한다.[32]

---

31 MS, E III 4, p. 20, 이 인용은 다음의 저서에서 인용된 것이다; James Hart, *Person and the Common Life: Studies in a Husserlian Social Ethics* (The Hague: Kluwer, 1992), p. 344.
32 흥미롭게도 보편적인 윤리적 사랑을 토대로 둔 더 높은 질서의 인간성에 관한 후설의 이해는 러시아의 동방정교회의 공동체의 이상인, 'sobornost'와 유사하다. 소보르노스트는 1840년에서 50년 사이에 슬라브 민족들에게서 유행했던 것이다. 후설은 아마도 러시아인 친구, 셰스토프(Shestov)나 쉬페트(Shpet)와 서신을 주고받으면서 이러한 생각을 참고했을 것으로 보인다. 이와 관련해서는 다음을 참조할 것; Edmund Husserl,

후설이 철학자들의 공동체라고 부른 이상적인 공동체를 내세운다는 사실은 그의 주장을 불안전하게 만든다고 볼 수 있다. 이러한 주장에 대해 후설이 진지하게 고민했는지 의문을 가질 수 있다. 사실, 후설은 이상적 공동체를 매우 진지하게 고찰했다. 이는 철학적 삶이 무엇인지를 밝히려는 연구 선상에 있는 것이다. 이와 관련해 내세우고 싶은 것은 바로 이성에 입각한 윤리적 실천으로서 쇄신과 비판이다. 이는 철학자의 공동체가 철학을 공부한자, 철학적으로 사유하도록 훈련 받은 자를 구성원으로 둔다는 말이 아니라 능동적으로 쇄신과 비판을 수행하는 자를 구성원으로 둔다는 말이다. 비록 쇄신하고 비판하는 모든 사람들이 그러한 공동체의 구성원이 되는가와 관련해서 후설이 분명하게 제시하지는 않았지만, 확실한 것은 쇄신과 비판이라는 활동은 누구에게나 열려 있다는 점이다. 후설은 특정한 사람만이 비판하고 쇄신하는 일을 제시할 수 있다고 본 것이 아니라 공동체의 구성원이 되기 위해 우리 모두에게 필요한 것은 최소한의 이성적 활동, 다시 말해 이성을 통해 사유하도록 노력해야 한다는 사실이다.

후설은 소명을 철학자의 역할과 연관 지어 설명하지만, 소명의 사례를 이야기하는 데에는 종종 모성애와 관련지어 이야기한다. 그렇다면 도대체 소명이 무엇이란 말인가? 사람들은 어떻게 자신에게 소명이 있다는 것을 알 수 있는가? 소명이란 말을 들어본 적도 없는 사람, 소명이 있는 줄 모르는 사람 혹은 일상 속에서 별 생각 없이 일만하는 사람, 혹은 어떤 일관된 삶의 양식없이 아무렇게 살아가는 사람들에게 무엇을 말할 수 있을까? 후설은 그

Briefwechsel, Teil 6 (Dordrecht: Kluwer, 1994).

와 같은 삶을 살아가는 사람들이 안정적인 정체성을 갖지 못하고 있을 것이라고 언급할 뿐, 이와 관련해서 구체적인 어떤 설명도 내놓지 않는다. 정체성이 결여되었다는 것은 이들이 비윤리적이라는 말일까? 물론 정체성의 결여가 비윤리적인 것은 아니다. 아마도 후설은 정체성이 결여된 일관되지 못한 삶을 살아가는 이들은 윤리적 선택을 고려하지 않은 사람들이라고 말할 것이다. 그렇다고 해도 윤리적으로 의사결정을 하지 않는 이들조차도 전통이나 규범, 관습을 물려받고 있다. 이들은 이렇게 물려받은 전통을 비판하거나 고찰하지 않고 수동적으로 받아들이며 살 수 있다. 중요한 것은 물려받은 전통을 능동적으로 고찰하지 않는 태도는 정체성이 결여된 자들에게서만 볼 수 있는 게 아니라는 점이다. 자기 소명을 아는 사람들도 비판적인 방식으로 전통을 수용하지 않은 모습을 우리는 쉽게 찾을 수 있다. 후설에 따르면 그와 같은 사람들은 자기-책임을 결여한 자들이다.

소명이라는 개념은 또 다른 점에서 볼 때 문제가 있는 것으로 보인다. 소명과 절대적 당위의 관계를 고려해볼 때, 후설의 원고에서 밝힌 소명은 『위기』에서 설명되는 소명과 일치하지 않는 점이 있다. 미발간 원고에서는 개별자들 저마다는 자신만의 정체성을 이루는 특정한 소명이 있다고 밝힌다. 개별자들의 소명은 그들 자신의 절대적 당위이자 가치의 실제로 제시된다. 그와 같은 소명은 자신의 정체성을 형성시킨다는 점에서 모든 사람들이 각자 가지고 있는 것이다. 예를 들면, 정원을 가꾸는 조경사가 하나의 소명으로서 학문 탐구를 선택했다면, 그 사람의 소명은 학문탐구이다. 하지만 『위기』에서 후설은 소명을 선택되기도 하고 놓아버릴 수 있는 것으로 소개한다. 『위기』에서 소명은 세계와 관련해서 우리가 취할 수 있는 많은 태도들 중 하나로 간주된다. 다음의 내용을 참조해 보자. "만일 우리가 우리의 습관적인 관심들 가운데 한 가지를 실현한다면 그리고 그러한 일에 소명의 활동으로 (우리가 하고 있는 일의 성취를 위해) 참여한다면, 우리는 우리의 삶의 또 다른 관심들에 대해, 즉 그러한 관심들이 여전히 존재하며 우리의 정체성을 형성해도 그것들에 대해 판단중지를 해야 할 것으로 보인다."[33] 앞서 언급한 정원사가 학문을 탐구할 때 정원을 가꾸는 일을 판단중지하지만, 정원을 가꿀 때에는 학문을 판단중지하는데, 이는 자기실현이 시간적으로 파편화된다는 사실을 알린다. 어떻게 보면 이 주장은 문제없이 이해되는 것으로 보인다. 확실히 정원사는 출판을 목적으로 글을 쓰고 있을 때 정원을 가꾸는 데에 주목하지 않을 것이다. 혹은 반대로 정원을 가꾸는 일에 힘쓰고 있을 때 그 사람은 대체적으로 글을 쓰려고 노력하지 않을 것이다. 관심의 영역은 그때마다 괄호 쳐질 것이다. 하지만 이러한 설명은 윤리적 차원과 연관 지어 볼 때 문제가 있다. 우리는 학문으로부터 윤리를 구분할 수 있을까? 정원을 가꾸는 일과 학문을 할 때 윤리는 달라질까? 하나의 소명의 절대적 당위는 다른 소명의 절대적 당위를 실현할 때 괄호 쳐질 수 있다는 게 가능할까? 학문을 할 때 품고 있던 소명의 절대적 당위 없이 정원을 가꾸는 게 가능하다고 할 수 있을까? 결코 "그렇지 않다." 앞서 드러난 것처럼, 후설은 다음과 같이 절대적 당위를 설명한다. "모든 나의 활동에서 그리고 나의 전체 경험의 내용과 함께 살아가는 것, 그것이 나의 최고로 가능한 삶, 최고로 가능한, 즉 최상의 내가 할 수 있는 삶이다."[34] 절대적 당위는 조건적인 게 아

---

33 Hua 6, 139/136.

34 MS, F I 28, p. 199b: "von nun ab in allen seinen Akten und mit seinem gesamten Erlebnisgehalt so leben, da β es mein bestmögliches Leben sei, mein bestmögliches, das hei β t, das bestmögliche, das ich kann."

니다. 절대적 당위는 모든 활동들 중에서도 흔들리는 게 아니다. 달리 말해, 한 개별자가 학문을 위해 정원을 가꾸는 일을 괄호 친다고 해도 하나의 소명에 대한 선택으로 수립된 절대적 당위는 괄호 쳐지지 않는다.

하지만 여전히 다양한 소명들에 대한 문제가 남아 있다. 후설이 이야기하는 소명들은 저마다 모두 절대적 당위로 제시되는 것일까? 혹은 어떤 소명은 다른 소명들보다 더 중요한 것일까? 학자가 되려는 엄마의 사례는 어떤가? 엄마와 학자 둘 다 되려는 선택은 윤리 혹은 소명에 대한 후설의 이해와 상관없는 것인가? 만일 우리가 다양한 소명들을 실현하고 있다면 참된 나 자신의 정체성을 수립하는 일은 어떻게 이루어지는가? 학자가 되면서도 엄마가 되는 일은 남성보다 여성에게 더 고민거리가 되는가? 아마도 후설은 어머니가 되는 동일한 방식의 절대적 당위는 아버지가 되는 방식과 동등하다고 보지 않았을 것이다. 후설은 남자란 아버지이자 동시에 철학자가 된다는 점을 당연하게 여겼을 것이다. 후설은 이와 같은 문제들에 대해 해답을 내놓지는 않았다. 후설이 제시할 수 있을 가능한 대답은 아마도 소명이 다양할수록 우리에게 요구되는 희생 역시 많아질 것이라는 사실이다. 물론 당위들은 절대적이기 때문에 절대적 당위들이 서로 갈등을 한다고 해도 어떤 당위가 더 좋은 당위라고 규정되는 기계적 해답은 없다. 그래서 우리는 어떤 당위를 선택함으로써 다른 당위를 희생시킬 수밖에 없다. 그와 같이 당위들이 갈등을 겪을 때, 희생은 반드시 발생하기 마련이다. 예를 들어, 어머니이자 학자인 그녀는 출판을 위해 논문을 작성하고 있는 중이다. 글을 쓰는 중간에 아기가 울기 시작한다고 가정해 보자. 엄마는 그 지점에서 윤리적 선택에 직면한다. 그녀가 자신의 아기를 돌보기로 한 결정이든 글을 쓰기 위해 아기가 그저 울게 내버려 두는 결정이든 어느 선택이든 간에 희생이 개입될 수밖에 없다. 이것이 바로 후설이 인간 실존의 비극적 요소라고 강조했던 점이다. 이와 같은 상황에서는 어떠한 탈출구나 타협점이 없다. 하나의 절대적 당위는 반드시 다른 당위에 의해 희생되기 마련이다. 후설은 모든 인간 존재는 그와 같은 희생을 피할 수 없다고 보았으며 그와 같은 희생들은 모든 인간 존재가 짊어지고 가야 할 비극적인 부담이라고 생각했다.

2) 좀 더 높은 질서의 인격체인 공동체

절대적인 당위에 관한 후설의 이해로부터 제기된 쟁점들이 어떻게 해결되느냐를 살피기 위해 우리는 초월론적 상호주관성과 발생적 분석으로 드러난 자아가 결코 고립된 자아가 아니라는 사실에 집중해야 한다. 자아는 타자로부터 구성된 세계 속에 있으며, 선대로부터 전해져 온 세계 속에서 다른 주체들과 함께 세계를 공유한다. 공동의 가치를 품고 있는 세계는 상호주관적이며 자아는 그러한 세계 속에서 살아간다.

주체는 저마다의 개별적인 절대적 당위를 갖고 있는 공동체 구성원의 한 사람으로서 과거와 현재를 공동체의 다른 구성원들과 공유한다. 각 개별자들은 자신이 속한 공동체의 구성원이면서도 참된 자기를 갖추고자 힘쓰며, 좀 더 높은 질서를 갖는 인격적 공동체의 보존을 위해 노력한다. 좀 더 높은 질서 속의 인격성은 거칠게 볼 때 공동체적 "주체"로서 개별적 주체와 유비적으로 이해될 수 있는 것이다. 하지만 그와 같은 유비가 어느 범위까지 적용될 수 있을지를 결정하기란 어려운 일이다. 후설은 때로는 '개인'과 '좀 더 높은 질서로서 우리' 사이의 강한 유비를 제시하지만, 또 다른 때에는 조심스럽게 그러한 유비적 설명을 피한다. 후설은 수많은 이성적 존재자들의 관계로 구성된 높은 질서의 인격성을 내세운다. 높은 질서의 인격적 공동체는 "인격적인 수많은 사람들로 결합된 주체성이다." 다양한 생각과 소명을 가진 주체들은 "서로를 정신적으로 결속시키는 (나-너-행위들-이행해야 할 일들, 약속들, 사랑하는 사람과의 관계에서 행해야 할 일들 등) 복잡한 "사회적 실천"을 이루며 서로 얽히고설켜 있다."[35]

공동체도 개별자와 비슷한 방식으로 주체로서 의욕하고 생동하며 자신을 실현한다. 사실, 후설은 공동체를 "개별자의 윤리적 삶과 유비로 이해되는 것"[36]이라고 말한다. 하지만 후설은 이 문제를 주의 깊게 다루지는 않았다. 후설은 개별자와 공동체 사이의 엄밀한 유비가 성립된다는 것이 어렵다는 것을 알았으며 또한 불일치할 수도 있다는 점을 인정해야 한다고도 보았다.[37] 개별자와는 다르게 공동체는 일관된 통일된 의지가 있다고 볼 수 없으며 복잡한 당위들과 전통들의 결합체로 있다. 공동체의 정체성이란 개별자들의 정체성처럼 유지되는 것도 아니다. 개별자는 '좀 더 높은-질서로서 우리'의 토대이지만 동시에 개별자는 '좀 더 높은 질서로서 우리'를 요구한다. 좀 더 높은 질서로서 우리라는 공동체는 하나의 인격성이라는 측면에서 의지를 갖기도 하며 통일체로서 활동도 한다. 이러한 점에서 공동체란 공동체만의 절대적 의무를 지니며 그러한 의무는 공동체의 통일성을 보존하기 위해 반드시 고수되어야 하는 것이다. 공동체는 자신의 역사적인 침전물들과

---

35 Hua 27, 22.
36 Hua 27, 22.
37 이러한 불일치에 대한 후설의 인정은 앞선 장에서 인용하여 밝혔다. 후설은 "공동의 관심으로 모인 '주체'로서 연합된 인격체는 한편으로 개별 주체와 유비되지만, 또 다른 한편으로는 그렇지 않다."고 말한다. (Hua 14, 200).

습성들을 갖는다. 그리고 이러한 역사적 침전물과 습성들은 수동적 연합을 통해 개별자들로부터 전수되어 온 것이다. 좀 더 높은 질서라는 인격체는 침전물들과 습성들을 전수하고 만드는 개별자들에 의해 기초 지어진다. 공동체의 구성원인 개별자들은 누구든 자신의 절대적 당위가 다른 사람의 절대적 당위를 강제하거나 배제시킬 수 없다는 측면에서 서로의 관계를 맺는다. 물론 어떤 개별자의 절대적 당위를 다른 사람도 따라주길 요구하는 상황도 있다. 공동체의 절대적 당위는 개별자들의 실천으로 형성되기 때문이다. 후설은 "서로의 관계 속에서" 살아 있는 개별자들을 설명하는데, 그에 따르면 우리의 의지는 타자들과의 관계 속에서 작용하며 "타자의 의지에도 영향을 뻗친다." 그러한 점에서 타자의 활동과 의지도 우리에게 영향을 미친다.[38]

공동체 속에서 개별자가 자기 정체성을 갖는다는 것은 개별자들이 공동체의 전통을 따른다는 말이다. 수동적 연합으로 자아는 사회화를 거치며 공동체의 정체성 속에서 자신의 정체성을 형성한다. 자아의 정체성은 공동체의 정체성에 포함된다. 가령, 유대인이라는 것, 한 대학의 교수로 있다는 것, 미국인으로 있다는 것 등이 그렇다. 공동체의 정체성은 자아의 정체성에 영향을 끼친다. 왜냐하면 개별 인격자의 윤리적 의지란 공동체로부터 고립된 상태에서 실현될 수 없기 때문이다. 공동체란 공동체를 구성하고 있는 개별자들의 목적의 총합 그 이상의 어떤 목적을 지닌다.[39] 공동체는 (좀 더 높은 질서의 인격체로서) 개별자들의 단순한 집합도, 단순히 개별자들 각자의

---

38 MS, F I 24, p. 128, 이 부분의 인용은 하트의 *Person and the Common Life*. 참조.
39 Hua 27, 119.

절대적 당위를 한 데 모아둔 것도 아니다. 오히려 공동체 자신만의 어떤 정체성을 갖고 있으며 그와 같은 공동체의 정체성은 공동체 구성원인 개별자들의 절대적 당위와 갈등하지 않는다. 우리는 "좀 더 높은 질서라는 사회적 개별성의 이념을 생각할 수 있다. 공동체는 자신만의 개별적 이념을 가지고 있다. 참된 인간 공동체의 이념은 참된 인간적 삶의 형태를 이루고 있는 것으로서 이웃에 대한 진정한 사랑을, 진정한 자기를 사랑하는 태도 속에서 모든 개별자들을 아우르는 것이다." 이러한 점은 공동체의 절대적 당위로서 작용한다.[40]

좀 더 높은 질서로서 우리는 공동체 각 구성원들의 "공동의 좋음"뿐만 아니라 공동체 전체를 위한 무언가를 성취하고자 노력한다. 만일 우리들 저마다의 의지가 언제나 상이하다면 공동체는 공동체로서 수립될 수 없을 것이다. 이는 각각의 개별성이 좀 더 높은 질서인 우리 속으로 흡수된다는 말이 아니다. 오히려 절대적 당위란 타자에 대한 자아 자신의 책임과 자신에 대한 타자의 책임이 서로 연관 맺으며 보전된다. 오직 이와 같은 상호성을 통해 공동의 삶과 공동의 좋음이 온전하게 수립될 수 있다. 이와 같은 공동체는 작용의 "종합적 극"이 된다. 종합적 극이란 주체들의 개별 윤리적 삶이

---

40 MS, F I 28, p. 320: "Wir ahnen auch, da β sich infolge davon über allen Einzelindividualitäten in ihrer echten Selbstliebe und ihrer echten Nächstenliebe wölbt die Idee einer sozialen Individualität als einer Individualität höherer Ordnung: oder besser die Menschengemeinschaft hat über sich in ähnlicher Weise eine individuelle Idee wie das einzelne Ich: die individuelle Idee der wahren Menschengemeinschaft und eines wahren Menschheitslebens in Gemeinschaft, die wie für das singuläre Menschenindividuum sein absolutes Sollen ausmacht" 이 인용은 로트(Alois Roth)의 다음의 저서로부터 인용한 것이다; *Edmund Husserls ethische Untersuchungen* (The Hague: Martinus Nijhoff, 1960), p. 119.

뒤섞여 있다는 말이다. "서로가 뒤섞였다 함은 서로가 서로의 곁에서 서로를 마주하면서 살아가는 개별적 삶 그 이상의 무조건적인 좀 더 높은 가치가 있다는 점을 뜻한다."[41]

공동체란 개별자들로부터 기초 지은 것이다. 단순히 전체의 부분으로서 개별자들은 이미 수립된 어떤 구조 속에서 기능하는 존재가 아니다. 보다 높은 질서로서 우리는 각각의 자아들의 다수성으로부터 출현하며, 공동체는 이로부터 기초 지어졌다는 점에서 "부차적인 것"이다. 달리 말해, 우리는 집단의 조화를 추구하는 데에 목적을 두는 구성원들의 상호작용에 의존하고 있다. 사실 우리는 언제나 조화롭지 않을 수도, 변화할 수도 있고, 심지어 해체될 수도 있다. 그래서 후설에게 자기 책임과 이성의 역할의 중요성은 좀 더 높은 질서라는 인격체의 이론의 핵심이라고 볼 수 있다.

하나의 예를 들어 보자. 대학 공동체가 좀 더 높은 질서로서 우리라고 할 때 대학은 절대적 당위를 가진 구성원들 각자의 집합으로 이루어졌지만, 대학은 동시에 개별자들의 집합 그 이상으로서 자신만의 정체성이 있으며, 대학도 대학만의 절대적 당위성을 갖는다. 가령, 한 대학은 대학생들에게 교육을 제공해야 하며, 지역사회의 일부분으로서 기여해야 한다는 절대적 당위를 가지고 있다. 교수든 대학 교직원이든 학생이든 대학 공동체 모든 구성원들은 대학 공동체의 절대적 당위를 이행하고자 노력하며 그러한 점에서 이들 모두는 대학이 하나의 대학으로서 기능하도록 제 역할을 한다. 한편으로 대학은 학생들로 하여금 학생이 되도록, 그리고 교수들로 하여금 가

---

41 MS, F I 24, pp. 132-133, 이 인용은 하트(James Hart)의 다음의 저서로부터 인용한 것이다; *Person and the Common Life*, p. 438. 참조.

르치고 연구하며 각 업무에 있어 자신이 해야 할 일을 수행하는 환경을 제공함으로써, 대학 구성원들이 자신의 절대적 당위를 실현하는 데에 기여한다. 만일 대학이 이러한 환경을 제공하지 않는다면, 대학의 구성원들은 자신들이 이해해야 할 소명을 실천할 수 없을 것이며 결국에는 대학과 관련된 당위를 실현하지 않으려고 할 것이다. 그와 같은 상황에서 대학도 자신의 절대적 당위를 실현하길 그만두게 될 것이다.

하지만 문제는 이러한 상호연결이 문화와 세대를 거쳐 어떻게 발생하느냐이다. 물론 공동체는 가족, 동료들, 시민사회 등 다양한 종류들로 있는데, 후설은 우리가 공유하는 생활세계와 함께하는 다양한 종류의 공동체를 좀 더 높은 질서를 갖는 인격체로 이해하고 있다. 같은 거리를 여행하며, 같은 신문을 읽고, 같은 상점에 가는 사람들은 고향세계(Heimwelt)라고 불리는 친숙한 생활세계를 공유하고 있다. 고향세계의 전통은 세대를 거쳐 이어진 것이며, 개별자들이 사회에 맞춰 살며 형성한 습성들로 만들어진 것이다. 하지만 공동체에는 이질적인 것도 있다. 나는 이웃에 살고 있는 러시아에서 망명한 사람과, 세대가 전혀 다른 나이든 사람, 혹은 전혀 다른 세계관을 지닌 무슬림과도 어울려 지낸다. 분명 우리는 생활세계가 오직 하나의 신념과 전통으로만 형성된 하나의 공동체라고 생각하지 않는다. 생활세계는 각 개별자들의 신념과 전통뿐만 아니라 좀 더 높은 질서들을 지니고 있는데, 좀 더 높은 질서라는 공통적인 것을 공유한다는 열망으로 우리는 공동체를 이해할 수 있다.

비록 우리 모두가 다른 전통과 다른 생각들을 가지고 있지만, 우리가 함께 사는 이 세계를 공유하고 있다는 점을 부인할 수 없다. 우리는 동일한 화폐를 사용하고, 동일하게 빨간불 횡단보도 앞에서 멈추며 동일한 상점에 들

락거린다. 우리는 이러한 세계를 이어받고 있으며, 공동체 구성원으로 만들어주는 공동의 세계에서 함께 어울려 살고 있다.

모든 개별자들 저마다의 절대적 당위는 좀 더 높은 질서라는 이름으로 단순하게 흡수될 수 없는 깊은 신념으로 형성된 목적을 지니고 있다. 그 어떤 것도 우와 열을 나누며 열등한 것은 우월한 것에 종속되어야 한다고 볼 수 없다. 그럼에도 상호성은 공동체에 존재하는 차이들을 인정하면서도 이러한 차이들을 연합할 수 있다는 데에 의미가 있다. 가령, 보스턴 사람들의 공동체를 이루기 위해 우리는 우리 각자의 당위들(예를 들면, 선생으로서의 당위, 랍비로서의 당위, 가게 주인으로서의 당위 등)을 포기할 필요가 없다.

후설은 자신이 생각하는 공동체를 그 어떤 갈등도 없는 이상적인 공동체로 간주하지 않았다. 하지만 후설은 이성에 입각한, 그러니까 윤리적 사랑과 이성적 행위 규칙들에 근거한 보편적인 고향세계는 더 확대될 수 있다고 믿었다. 후설은 이러한 세계를 이성적인 도덕의 목적이라고 보았다. 우리 각자의 호명된 소명은 우리 삶의 좋음이라는 질서를 위해 보편적인 이성 사용으로 형성된다. 이성을 사용함으로써 우리는 우리의 지성의 능력을 온전히 발현할 수 있다.[42]

지금까지 우리는 우선적으로 개별자에서 더 큰 공동체로 확장되는 사안을 좀 더 높은 질서와 관련하여 이야기하였다. 후설의 이와 같은 공동체는 세대에서 다른 세대들로 확장되는 것이다. 더 나아가 좀 더 높은 질서로서 우리는 궁극적으로 인류 공동체로 확장하는 것이면서도 다양한 문화들 중

---

42 Hua 27, 28-34.

에 있는 어떤 하나이기도 하다. 그래서 좀 더 높은 질서는 구성원들이 계승하는 나름의 전통을 가지고 있다. 좀 더 높은 질서는 "본래의 전통을 이어간다. 공동체의 개별자들은 전통에 부합하는 개별자로서 공동체의 구성원으로 살아간다. 전통은 그와 같은 개별자들의 공동체 속에 있다." 전통의 전수는 수동적 연합으로 전승된다. 후설은 이와 같은 수동적 연합을 개별자들의 연합으로 생성된 결과로서 고유한 것과 이질적인 것이 서로 융합된 것이라고 보았다. 수동적 연합은 "전통에 선행하고 있으며 '처음부터 세대에 걸쳐 상속되는 것'이자 친숙한 전통의 유전이다. 모든 연합과 그 결과들은 의미를 전수한다."[43] 이 지점에서 세대에서 세대를 거쳐 전해지는 전통의 구체적인 의미를 발견할 수 있는데, 그 의미란 수동적 연합의 방식으로 모든 개별자들이 절대적 당위를 가지고 있는 역사적 공동체와 연결된다는 사실이다. 가령, 나는 대학에서 나의 동료들과 함께 대학의 절대적 당위를 공유하며 연합된 존재로 있지만, 또한 나는 대학공동체로부터 은퇴한 분 혹은 새롭게 임용된 분들과도 대학의 절대적 당위를 공유하는 자로서 연합된다. 이는 수동적 연합과 침전이라는 개념 때문에 가능한 일이다.

이러한 공동체의 이해는 애초부터 진부하거나 단순하게 보일지도 모른

---

43 MS, C17, p. 84b: "Das endliche Ich in der Verkettung seiner Generation, die Generationsunendlichkeit. Die Urtradition der Zeugung. Die Zeugenden ihr individuelles Sein tradierend ins erzeugte Undividuum. Tradition in der Vergemeinschaftung der wachen Individuen. Was mir eigen ist, prägt sich anderen ein. Deckung der Individuen, assoziative Verschmelzungsprodukte in den Einzelnen und Ineinandertragen des Eigenen und der Fremden. So in der vortraditionellen Tradition. 'Vererbung ursprünglich generative' und Vererbung der gewöhnlichen Tradition, historisch. Alles Assoziation, Deckung ist Sinnübertragung."

다. 이론가들은 전체주의적 경향을 띤다는 이유로 후설이 설명하는 공동체를 거부할 수도 있다. 후설은 공동체가 공동체 구성원들을 지배할 수 있다는 사실을 잘 알고 있었다. 전체주의 공동체는 후설이 강조한 참된 공동체가 결코 아니다. 공동체의 중심의지에 개별자들을 종속시키는 공동체는 "의지에 있어서 제국주의적인 통일체"[44]에 의존하는 공동체이다. 그처럼 의지의 종속은 공동의 목적을 이루고자 다양한 활동으로 노력하는 공동체 구성원들의 자유로운 결단을, 그러한 결단으로 수립된 공동체의 근간을 약화시킨다. 후설은 제국주의 공동체는 사실상 비이성적인 것으로 보았다. 왜냐하면 제국주의는 공동체 구성원들의 각자의 자리에서 자유롭게 취해질 수 있는 참된 이성의 역할을 제거하기 때문이다. 제국주의는 위계적 권력으로 공동체 구성원들을 압제하는 특징이 있다. 공동체란 좀 더 높은 질서로 이해되기 때문에, 반드시 공동체를 구성하는 개별자들의 자유로운 활동으로부터 출현해야 한다. 이는 공동체 구성원은 결코 공동체로 흡수될 수 없다는 사실을 의미하지만 대신에 공동체의 목적은 개별자들에게로 흡수되어야 한다는 점을 뜻한다. 공동체가 개별자들을 지배하는 일에 우리는 저항해야 한다. 이러한 사실은 바로 비판과 쇄신의 과정에서 개별자들의 자기 책임으로 공동체가 유지될 수 있다는 사실, 즉 개별자들의 참된 자기성에 공동체가 의존하고 있다는 사실을 알린다. 쇄신과 비판은 주체로 하여금 공동체의 목표와 공동체를 결속하는 생활세계의 경험과, 공동체의 전통을 비판할 수 있는 힘을 준다.

44 Hua 27, 53.

개별 주체의 비판과 쇄신은 계속해서 추구되어야 할 규율이다. 후설은 공동체를 구성하는 개별자들 모두가 비판과 쇄신의 책임을 온전히 실행할 것이라고 확신하지 않았다. 후설은 비판과 쇄신을 떠맡을 개별자의 모습을 예로 드는데, 그러한 본보기를 보여줄 자가 바로 현상학자라고 생각했다.[45] 후설은 모든 사람이 반드시 현상학적 분석 혹은 초월론적 주체성을 탐구해야 한다고 강조하지 않았다. 하지만 그는 이성적 존재로서 우리 모두는 자신의 소명을 추구한다고 보았다. 그와 같은 추구 속에서 우리는 공동체의 이성적 존립과 공동체의 목적을 희구한다. 이는 공동체가 품고 있는 목적이나 전통을 아무 생각 없이 수용하라는 말이 아니다. 후설에게 있어 공동체란 반-전체주의적, 반-독재적인 것을 뜻한다. 후설은 자신이 생각한 이상적인 공동체가 쉽게 이루어질 수 없다는 점을 잘 알고 있었다. 이와 함께 후설도 세대를 거쳐 전해진 다양한 전통이나 규범들을 수용하는 데 있어 끊임없이 경계해야 한다고 강조한다. 뿐만 아니라 각자의 소명을 이성적 선택으로 만들어야 하며, 이에 따라 자신만의 가치 영역들을 자신이 속한 공동체의 가치에 비판적으로 적용할 수 있도록 도모해야 한다.

후설이 제시하는 공동체가 정말로 받아들여질 수 있는 것일까? 공동체의 절대적 당위가 나의 절대적 당위로 흡수된다는 생각은 다양한 공동체의 정체성에 내가 무엇을 선택해야 하는지를 알리는 일일까? 다른 공동체나 개인

---

45 이러한 생각은 벅클리(Philip Buckley)에서도 강조된 바 있다. 후설은 수학자들이 그러한 모형을 보여주는 사례로도 이해했다. 이와 관련해서 다음을 참조. R. Philip Buckley, "Husserl's Göttingen Years and Genesis of a Theory of Community," in *Reinterpreting the Political*, ed. Lenore Langsdorf and Stephen Watson (Albany: State University of New York Press, 1998), pp. 39-50.

들에 반해 우리의 공동체의 당위가 압도적으로 중요하다는 말일까? 달리 말해, 다른 사람들의 여러 말이 아닌 한 무리의 사람들의 말만을 따른다는 것이 가능한가? 후설은 민족주의의 입장을 끌어내고 있는 것이 아닐까? 만일 다양성으로 이루어지지 않은 공동체가 있다고 해도, 그리고 많은 공동체들이 낯선 것을 마주하는 형태로부터 보호되고 있다고 해도, 우리는 나의 공동체가 한 세대에서 다음 세대에 이르는 완전하게 동일한 전통을 가진 공동체인지를 물어볼 수 있다.

어떤 개인이든 공동체든 이들의 발생적 발전을 깊이 있게 다루는 후설의 분석은 시간적으로나 문화적으로 다른 타자와 자아의 연관성을 고려해 볼 수 있게 한다. 후설의 탐구는 문화적으로나 세대적으로나 그 경계를 가로지르는 공동체의 정체성에 대한 이해를 추구하고 있다. 후설은 발생적 현상학의 방법이라는 발전이 없었다면 그와 같은 탐구를 할 수 없었을 것이다. 왜냐하면 자아의 역사적 발전에 대한 설명은 정적 현상학만으로는 제시될 수 없기 때문인데, 정적 현상학은 더-높은 질서로서 우리라는 형태나 공동체의 절대적 당위를 수용하는 일에 관해서는 충분하게 설명하지 못한다. 이러한 사실은 윤리적 삶에 대한 비판과 쇄신이라는 논의에서 매우 중요하다. 쇄신과 비판은 전승되는 절대적 당위나 전통과 관련해서 각 개별자들이 취할 수밖에 없는 태도이다. 쇄신과 비판은 인격자로서 각자가 우리 모두에 대해 갖는 책임이다. 쇄신과 비판은 어떤 공동체나 어떤 기관들로부터 우리에게 전달되는 것이 아니다. 어떤 기관들이나 공동체의 쇄신과 비판은 오직 개별 구성원들이 자유롭게 비판과 쇄신의 태도를 취할 수 있을 때만이 갖춰질 수 있다. 세대를 거쳐 공동체의 정체성과 전통이 달라지는 이유가 쇄신과 비판에 있다. 이와 관련해서는 좀 더 상세하게 다음 장에서 논할 것이다. 하지만 먼저 우리는 타자의 절대적 당위가 어떻게 자아를 보존하는 노력과 동일한 가치를 지니는지를 살펴봐야 한다. 후설은 이를 보편적인 윤리적 사랑이라는 논의로 다룬다.

3) 윤리적 사랑

보편적인 윤리적 사랑을 이해하지 못한다면, 후설이 말한 좀 더-높은 질서로서 인격성이 무엇인지를 명료하게 이해하기 어렵다. 보편적인 윤리적 사랑이란 각 개별자들의 절대적 당위를 실현시킨 결과이다. 우리가 이 책의 3장에서 살펴본 것처럼, 자아와 타자의 관계는 언제나 부차적인 것 혹은 간접적으로 도출되는 것이 아니다. 한 개인의 소명은 결코 고립된 상황에서 실현될 수 없는 것으로서, 공동체에 참여할 수밖에 없는 것이다. 개인의 소명이 공동체 속에 있다는 말은 자신의 진정성을 이루는 타자의 소명도 동반될 수밖에 없다는 뜻이다. 개인의 소명은 자신의 소명을 실현하기 위해 타자의 소명을 제거해서는 안 된다. 이에 따라 자아든 타자든 모두 자신의 소명이 좀 더 큰 공동체의 소명 속에서 조망된다. 타자의 소명도 중요하다는 사실은 자아와 타자의 소명의 관계가 윤리적 사랑의 형식에서 고찰될 수밖에 없다는 것을 알린다. 이러한 사랑에는 경계가 없으며, 어떤 한 공동체가 다른 공동체보다 더 중요하다는 식의 제한도 없다. 윤리적 사랑의 본질은 보편적인 무한한 사랑이다. 무한한 사랑 속에서 자아와 타자가 어우러진다는 것은 자아가 보편적인 원리를 고수한다는 것이 아니라 특정한 입장 속에 있는 타자의 자리를 마련하고자 실질적으로 노력한다는 뜻이다. 게다가 이러한 활동은 일회적인 태도가 아닌 지속되는 쇄신과 헌신을 요구하는 행위이다. 윤리적 사랑은 공동체 속에서 타자가 자아에게 소중한 가치 있는 존재임을 알린다. "타자가 선한 사람인 점에서 타자는 자아에게 가치가 있는 자인데, 한낱 유용한 가치가 아니라는 점을, 오히려 타자 자체만으로도 가치를 지닌다는 점을 이해해야 한다. 이에 따라 자아는 순수한 관심으로 타자의 윤리적 자기-업무라는 순수한 관심을 갖는다."[46]

타자에 대한 사랑은 타자 자신의 절대적 당위를 온전하게 성취하기를 바라는 사랑과도 같다. 그와 같은 관점에서 자아는 타자의 소망을 자신의 소망처럼 여긴다. 자아는 "당신이 원하는 것이 바로 내가 원하는 것이며, 당신이 갈구하는 것이 곧 내가 갈구하는 것이요, 당신이 하고자 하는 게 내가 하고자 하는 것이기에, 당신이 고통 속에 있을 때 나 역시 고통을 받으며, 내 안에 당신이 있으며 당신의 기쁨 속에 나의 기쁨도 있다"[47]고 주장할 수 있다. 나와 다른 인격자를 사랑하는 일은 인류 전체를 사랑하는 일과 다르지 않다. 후설의 보편적인 윤리적 사랑은 인류에 대한 텅 빈 형식적인 사랑이 아니라 나를 나이게 만드는 것이자, 나에게 있어서 나의 절대적 당위를 실현하는 일이며, 더 나아가 인류 전체 공동체에서도 반드시 나를 위한 그리고 인류 공동체를 위한 절대적 당위이다. 그런 사랑은 타자를 향한 구체적인 사랑이다.[48] 이러한 보편적 사랑은 한 개별 자아로부터 강제로 추출된 사랑

---

46 Hua 27, 46.

47 MS, F I 24, p. 69b: "Was du wünschst, wünsche ich, was du erstrebst, ist auch von mir erstrebt, was du willst, will auch ich, in deinem Leiden leide ich und du in meinem, in deiner Freude habe ich meine Freude usw."

48 후설은 "내가 '문제를 극복하려는' 개별 인간을 사랑하는 것처럼 그리고 나는 타자를 사랑하면서 선의 관념을 사랑하는 것처럼, 타자 속의 타자의 선을 사랑하며 그것에 이르려고 노력한다"라고 기술한다(MS, E III 4, 이에 대한 인용은 하트의 *Person and the*

이 아니라 개별 자아가 자유롭게 내어준 것으로서 완전히 이타적이라고 할 수는 없지만, 그렇다고 완전히 이기적인 사랑이라고도 할 수 없는 것이다.

학자들 사이에서는 가령, 벅클리(Philip Buckley)와 같은 사람은 후설의 사랑의 공동체에 대한 이해는 타자의 차이성을 없애고 통일성에 대한 열망만 강렬하게 드러내는 것이라고 본다. 벅클리는 후설의 공동체는 공동체 내에서 다름을 용인하지 않는 배타성에 의존할 수밖에 없다고 피력한다. 이와 같은 다름이 없다면, 공동체도 없으며 오직 순수한 동일성만 있을 뿐이다: "공동체 속에서, 통합에 대한 유비적 열망은 극적인 결과를 초래할 것이 분명하다. 차이를 상상하기 힘든 통일성만이 강조되면 타자와 함께 머무는 (혹은 후설이 '서로-서로 속의 존재'라고 강하게 표현한 것처럼) 일반성만이 남을 수밖에 없다."[49] 이와 같은 벅클리의 해석은 좀 더 높은 질서로서 우리라는 공동체의 복잡성을 잘못 이해한 것이다. 앞서 살펴봤듯, 보편적인 윤리적 사랑은 타자의 소명과 함께 도모될 수밖에 없는 것이다. 타자의 중요성을 진지하게 고민하는 것은 타자를 동일성으로 흡수해 버리는 목적을 지향하는 것이 아니다. 타자의 자기 정체성을 구성하는 데에 타자의 이질성은 매우 중요한 요소이다. 내가 나로서 존립하는 것은 나의 절대적 당위가 곧 타자의 절대적 당위와 다르기 때문이다. 마찬가지로 내가 속한 공동체는 다른 공동체와 다른 방식으로 있는 공동체일 수밖에 없다. 모든 공동체는 다

Common Life, 344 참조).

49 벅클리의 다음의 논문을 참조 할 것, "Husserl's Notion of Authentic Community," American Catholic Philosophical Quarterly 66 (1992): 226. 벅클리의 다음의 논문도 참조할 것, Husserl, Heidegger and the Crisis of Philosophical Responsibility (Dordrecht: Kluwer, 1992).

른 공동체들과 다르다는 사실에 의존한다. 동일하게 절대적 당위는 공동체 속 차이를 없애지 않는다. 쇄신과 비판의 과정들은 이질적인 것, 즉 타자의 공동체와 마주할 수밖에 없음을 간과하지 않는 일이다. 왜냐하면 타자를 마주한다는 것은 우리 자신의 공동체에 대해 비판적으로 볼 수 있는 계기를 주기 때문이다. 후설은 분명하게 각 개별자들의 절대적 당위는 자신들의 희생이 요구되는 갈등 속에 놓일 수밖에 없는 것이라고 설명한다. 개별자들을 넘어 공동체도 갈등과 희생을 피할 수 없다. 공동체는 타자를 동일자에 포섭시키지 않고 오히려 다름을 인지하고 타자를 사랑하게 만든다.

오히려 우리는 '그와 같은 공동체가 어떻게 가능한가?'라고 물어야 한다. 후설은 보편적인 윤리적 사랑의 공동체는 공동체 구성원들의 진정한 자기실현을 가능하게 한다고 주장한다. 그와 같은 공동체는 당연히 다양성을 존중하는 공동체이며, 그와 같은 공동체 내에서 어떠한 구성원도 공동체의 소명을 실현한다는 명목으로 소외되지 않는다. 이와 같은 사실은 공동체를 제한되게, 축소되게 하는 것이 아니라 오히려 공동체를 확장하고 번영하게 만드는 가능성을 제공한다.

이와 같은 사랑의 공동체 이념은 아무래도 이상적인 것으로 보일 수 있다. 확실한 건 모든 자아가 다른 모든 사람들을 사랑할 것이라고 말하는 것이 쉬운 일이 아니라는 점이다. 그러나 발생적 현상학적 분석은 이와 같은 이해를 받아들일 수 있게 한다. 발생적 현상학은 가장 근본적인 차원에서 자아가 애초부터 흐르는 살아 있는 현재로서 상호주관적으로 있음을 알려준다. 좀 더 높은 질서로서 우리는 이와 같은 상호주관성으로부터 "부차적인 차원"으로 등장한 것이며, 공동체의 상호작용의 토대를 이루고 있다. 가장 근원적인 차원에서 주체와 타자는 이미 연결되어 있기 때문에, 윤리적 사랑의 공동체는 개별자의 구성 작용에만 의존하는 공동체가 아니다. 자아와 타자가 좀 더 근원적으로 연결되어 있음을 알리는 시간의식의 가장 근본적 층위에는 상호주관성이 기초 지어져 있다. 시간의 가장 심층적 차원에서 이처럼 자아와 타자가 연결된다는 사실은 구성적 층위에서 보지 못한 타자에 대한 사랑의 개념을 들여다보게 한다. 심층적 층위에 있는 타자를 향한 보편적 의지가 있을 수밖에 없다. 후설이 말하고자 한 바는 좀 더 깊은 차원에서 타자를 향한 열림이 좀 더 높은 단계로 느껴질 수밖에 없다는 사실로 이어진다. 후설이 말하는 사랑이란 이성적인 사랑인데, 여기서 말하는 이성적이란 이해타산적인 이성을 의미하는 것이 아니다. 이성적이란 자신의 목표인 후회 없는 삶, 자신의 소명의 실현과 자기책임에서 알게 되는 타자의 소중함을 아는 것, 그와 같은 타자를 향해 개방하는 것을 뜻한다.

4) 목적론

후설의 목적론 개념은 주체와 공동체 모두에 적용되는 것이다. 하지만 앞서 살펴봤듯, 공동체의 목적론은 단순히 공동체 내의 개별 구성원들 각자의 목적의 총합이 아니다. 공동체의 목적은 "모든 개별 단자들을 포섭하는 것이며 근원 영역에서는 제한이 없는 것이지만 철저하게 반성되는 것"이다."[50] "철저하게 반성되는 것"이라 함은 개별자들의 목적들 속에서 공동체의 목적

---

50 MS, E III 5, 영문인용은 비멜(Mary Biemel)의 논문으로부터 인용한 것이다, "Universal Teleology," in *Husserl: Shorter Works*, ed. P. McCormick and F. A. Elliston (Notre Dame, IN: University of Notre Dame Press, 1981), p. 337.

이 반성된다는 말과 다르지 않다. 우리는 앞서 본 사례를 숙고해 봄으로써 이를 이해할 수 있다. 한 대학에 재직 중인 교수의 개별 목적은 반드시 대학 공동체 전체의 목적을 살필 수밖에 없다.

후설이 말하는 목적론은 달성 가능한 목적에 관한 것이 아니다. 오히려 목적은 구성의 과정에서 항상 추구되는 것이며, 인간성은 언제나 과정 속에 있지 결코 완성된 형태로 있지 않다.[51] 목적은 바로 "무한하게 증진하는 과정"[52]이다. 세계의 궁극적인 의미란 무한한 목적일 뿐만 아니라 무한한 토대를 갖는 것이다. 세계의 지평들은 완성된 의미들을 오히려 미완성으로 만든다. 세계의 의미는 퇴행하는 방식으로 있는 다양한 경험들에도 언제나 열려 있다. 우리는 이미 오랜 세월에 걸쳐 축적된 의미를 가진 세계 속에 있으며, 우리의 활동은 이미 지평으로 주어져 있는 상태인데, 우리는 이와 같은 발생적 관점으로 세계를 이해한다. 계속해서 축적되는 의미의 침전물은 세계의 의미를 더 채우지만 결코 완결되는 의미를 갖지 않는다. 후설은 목적이 직접적으로 공동체와 개별 구성원의 소명과 연결된 것처럼, 인간 주체의 본능과도 밀접하게 연결되어 있다고 말한다. 그렇다면 도대체 구체적으로 개인 혹은 공동체의 목적이 무엇이란 말인가? 절대적 당위는 이상적인 목적을 성취하기 위한 핵심적인 요소이다. 절대적인 것은 나뿐만 아니라 타자

---

51 이는 이성적으로 지향된 과정으로서 무한의 이념이라는 목적을 향한 운동을 강조한 후설의 목적론이 칸트의 목적론과 일치하는 지점이다. 후설과 칸트는 무한한 이념을 결코 우리에게 처한 저주라고 보지 않았다. 무한의 이념을 향한 운동은 결코 성취할 수 없는 절망적인 열망이 아니다. 오히려 우리를 생기 있게 이끌어주는 원동력이다. 전체성과 공개성 속 이념으로 우리를 이끄는 이 원동력이 윤리적 목적이요, 인간성의 공동체로서 개별 구성원 각자를 위한 규제적 기능이다.

52 Biemel, "Universal Teleology," p. 335.

에게도 적용되는 것이다. 자아가 자신의 정체성을 지키려는 일은 똑같이 타자가 타자 자신의 정체성을 형성하는 일을 반영하며 그 역도 마찬가지이다. 이러한 상황은 좀 더 높은 질서의 정체성을 보존하게 한다. 각자 자기 자신의 정체성을 보존함으로써 서로는 좀 더 높은 질서로서 우리를 형성하는데, 이와 같은 노력은 자신뿐만 아니라 타자의 정체성을 형성하는 일에 기여하는 일이다. 각자는 좀 더 높은 질서를 만드는 데 힘쓰며 그러한 노력을 통해 높은 질서에 참여하며 편입된다. 좀 더 높은 질서로서 목적은 자아나 타자에게 동일한 목적이지만 각자는 다른 관점에서 이 목적을 실현한다. 각자의 목적은 좀 더 높은 질서의 목적 속에서 서로가 함께 만들어 가는 것이다. 이에 따라 우리는 다음의 사항을 확인할 수 있는데, 그것은 후설의 목적론은 언제나 상호주관적인 요소를 포함하고 있다는 사실이다. 만일 타자가 자신의 정체성과 목적을 형성하는 데에 방해를 받는다면, 좀 더 높은 질서의 목적 또한 방해를 받는 것이며, 나의 목적 또한 방해를 받는 것이다. 공동체의 목적이든 개인의 목적이든 타자의 목적이든 이 모든 목적들은 서로 복잡하게 얽혀 있다.[53] 후설은 인간성의 발전과 관련된 목적론에 관하여 기술한 바 있다. 후설에 따르면 공동체의 목적은 개별 자아가 자유로운 활동으로 자신의 정체성과 목적을 형성하는 일을 결코 훼방하지 않는다. 보편적인 우리에 참여하는 일에서 개별 자아의 자유는 매우 중요하다. 개별자의 목적은 공동체의 목적과 상호연관적일 수밖에 없으며 개별자의 목적은 개별자 자신의 자유와 밀접하게 연결되는 것으로 "나는 오직 우리 속의 있으며 '우리'란

---

53 이상적인 더 높은 질서로서 우리가 어떻게 신과도 연관될 수 있는지에 관한 내용은 다음을 참조할 것, Hart, *Person and the Common Life*. 또한 Hua 25, 610. 참조할 것.

필연적으로 무한한 공동의 상대성 속에 있다." 개별자와 공동체가 상호연관적이라는 사실에서 '우리'는 언제나 "진정으로 현존하는 세계로, 모든 사람을 위한 참된 정체성으로 있다. 무한히 확장하는 '우리'라는 세계는 구성적으로 기대할 수 있는 세계이자 실현하고자 하는 이상적인 세계이다. 그와 같은 세계는 현실적으로 실재하지는 않겠지만 우리 자유의 무한한 목적으로 있다."[54] 무한한 목적이 현실적으로 실재하지 않는다는 말은 어떤 의미인가? 이는 목적이란 결코 완성될 수 없다는 의미이다. 하지만 우리라는 공동체는 구성되는 것이며, 경험적, 사실적 차원에서 "구체적으로 현존하는 세계로 연관 맺는 것"이다.[55] 구체적으로 현존하는 세계는 보편적인 의지로 추동되는 보편적인 우리를 위하여 상호주관적으로 현존하는 세계이다.

그럼에도 우리는 정확히 이와 같은 세계가 무엇인지를 여전히 궁금해 할수 있다. 도대체 보편적인 의지란 무엇이란 말인가? 후설의 이와 같은 생각은 그리스인들로부터 시작되어 침전된 전통을 배경으로 삼고 있다. 우리는 "진정한 철학을 만들어 가는 일"[56]로부터 촉발된 목적론을 품고 있다. 우리가 목적론을 품고 있다는 것은 이어서 다루게 될 쇄신과 비판의 과정과 직접적으로 연결된다. 우리가 전통을 가졌다는 것은 그와 같은 전통을 새롭

---

54 MS, C2, p. 23a: "Aber das Ich ist nur im Wir, und notwendig wird das 'Wir' in unendlicher Relativität und in gemeinschaftlicher, in der Weite der Wir-Bildung fortschreitender Vergemeinschaftung zu einem allpersonalen Wir, das echtes Wir sein will. Ein bloβ es Korrelat ist aber die wahrhaft seiende, wahrhaft und für immer und für jedermann identische Welt. Seiende Welt in Unendlichkeit ist konstruktive Antizipation und voreilig idealisiert. Sie ist nicht wirklich, sie ist nur unendliches Telos unserer Freiheit."
55 MS, C2, p. 23a.
56 Hua 6, 71/70.

게 계승하는 데에 책임이 있다는 뜻이다. "우리는 이와 같은 인간성을 가로지르는 의지의 방향을 함께 품은 자요 상속자들이다; 즉 우리는 그리스인들이 최초로 세웠던 것을 변화시키고 재정비함으로써 최초의 수립된 것을 계속해서 이어간다. 바로 거기에 **목적론적인 시작점**이 놓여 있으며 그 자체가 유럽적 정신의 진정한 탄생이다."[57]

이 책의 2장에서 이미 언급한 것처럼, 목적론은 직접적으로 후설의 내적 시간의식에 관한 후기 이해와 연관되는 것이다. 후설의 후기 사상에서 시간은 지금의 시점에 연속되는 계열도, 단위들이 확대되는 것도 아니라 오히려 흘러가는 생생한 현재이기 때문에, 시간은 기원과 목적을 계속해서 흘러가는 현재 속으로 결속시키기는 하나의 통일체로 진행하는 것이다. 한마디로 시간은 이성의 목적의 무한성을 드러낸다. 우리는 흘러가는 생생한 현재에 관한 후설의 이해를, 그러니까 시간의 심연의 층위를 고려해야 한다. 후설은 과거, 현재, 그리고 미래로 파편화되는 시간을 거부한다. 시간이란 파지, 예지, 그리고 현재의 시점이라는 형식적 구조만으로 이해되는 게 아니다. 시간은 구분되거나 파편화되지 않는 생생한 현재로 있다. 시간이란 윤리의 시간으로, 과학의 시간으로, 학문 일반에 관한 그 어떤 시간으로 구획되지 않는다. 오히려 흘러가는 통일체로서 시간은 윤리를 위한 시간이자 과학을 위한 시간이면서도 학문일반을 위한 시간이다. 우리는 바로 이 지점에서 윤리가 시간의식, 목적론, 그리고 발생적 탐구라는 새로운 이해 속에서 이해될 수 있다. 시간을 구분 지을 때, 우리 자신을 그렇게 파편화할 때, 우

57 Hua 6, 72/71.

리는 인간성에 대한 생동하는 통일체를 내세울 수 없다. 이는 후설이 강조하는 공동체의 경우에서도 동일하다.

후설에 따르면, 목적론은 윤리적인 영역에만 한정해서 이야기되는 것이 아니다. 윤리적인 삶이 합리적인 과학적 삶의 모습으로 살아가는 것이라면 목적은 과학에서나 윤리에서나 동일한 역할을 한다. 이 말은 더 좋은 지식의 획득과 개선을 위해 과학이 체계적으로 노력하는 것처럼, 윤리학도 좋음이라는 이념을 향해 체계적으로 노력한다는 뜻이다. 또한 과학처럼, 윤리학은 오직 좋음이라는 지평을 더 확대하기 위해 혹은 더 가깝게 좋음으로 다가가기 위해 지속적으로 탐구되는 것이다. 후설에게 목적론은 무한히 추구되어야 할 과업이다. 이 사실이 바로 유럽의 '학문의 위기'가 곧 유럽의 '인간성의 위기'라고 불리는 이유이다. 후설에게 과학과 윤리학은 분리될 수도 분리될 필요도 없는 것이다. 과학의 영역만이 합리적이라고 보는 일은 더 큰 위기를 초래할 수 있다. 무한히 추구되어야 한다는 말은 절대적인 목적의 무한한 발전의 과정이 제시된다는 말과 같다. 그러한 과정은 현상학의 방법과 밀접하게 연관되는데, 이때 현상학이란 "보편적인 절대적 목적을 밝힐 수 있는 것이다. 절대적 목적이란 (목적의 영역이라는) 절대적 목적으로서 조화로움의 영역을 뜻하는데 이러한 영역과 연관된 인간의 목적론적 이념을 필연적으로 일깨우는 것이다."[58] 절대적인 목적론은 객관적으로 실재

---

58 "목적의 영역"이라는 말은 『도덕형이상학의 정초』에서 드러난 칸트의 목적의 왕국이라는 이념을 참조한 것이다. 칸트의 목적의 영역은 그 스스로가 목적인 인간들의 공동체이다. 그런 공동체는 타자 역시 목적존재라는 사실을 알고 있는 이성존재자들의 연합체이다. 공동체의 객관적 법칙은 이에 기초하여 수립될 수 있다. 각각의 이성적 존재자는 그와 같은 법칙의 주체이자 입법자로 이해될 수 있다. 후설은 이에 동의하는데, 인류의 공

하는 것이지만 이미 현존하는 어떤 완성된 상태로 제시되는 것이 아니며 또한 "귀납적으로 도출되는 필연적인 구조적 형태로서 세계 속에 이미 현존하는 어떤 것으로 분류될 수 있는 것이 아니다."[59] 후설은 목적을 이미 존재하는 완성된 것으로 이해하지 않았다. 게다가 목적이 필연적인 구조가 아니라는 그의 주장은 목적이 계속해서 발전하는 가운데에서 또 다른 방식으로 제시될 수 있다는 점을 뜻한다. 이와 같은 방식으로 사유한다는 것은 후설의 사유가 정적으로 탐구하는 데에 머무는 게 아니라 발생적 방법을 요구하고 있다는 것을 말한다. 발생적 현상학이란 인간성은 발전 속에 있다는 사실을 알린다. 인간성의 목적을 해명하는 일은 되물어 가는 작업을 요구한다. 우리는 반드시 목적론의 출발점으로부터 침전된 것들을 살펴야 하고 공동체 속에서 그와 같은 목적을 갱신해야 한다. 또한 우리는 반드시 현재의 모습을 위해 그와 같은 전통을 개선하고자 침전된 전통을 비판하는 과정에 참여해야 한다.

동체는 각 개별자의 목적이며 언제나 무한한 지평으로 간주되는 것이다. 그와 같은 공동체는 규제적 이념으로 현실에 영향을 끼친다.

59 MS, C17, p. 82b: "Die Phänomenologie mag enthüllen eine universale, absolute Teleologie, zu der das notwendige Erwachen der teleologischen Idee des Menschen in seiner Bewuβtseinsbezogenheit auf ein Reich absoluter teleologischer Einstimmigkeit (Reich der Zwecke) 〈gehört〉. Aber die absolute Teleologie ist nicht ein Zug der vorgegebenen Welt als solcher, ist nie etwas 'schon Seiendes' und im schon Seienden der Weltlichkeit vorgezeichnete, abhebbare, als Form induktiver Zukunft notwendige Strukturform."

5) 쇄신과 비판

나는 4장의 시작에서 후설의 후기 윤리학이 전쟁 이후 위기상황에 대한 응답으로 제시되었다고 설명했다. 황폐해진 사회를 재건하려는 후설의 노력은 쇄신과 비판을 통한 윤리 공동체 수립으로 드러난다. 인격성의 목적을 향하고 있는 좀 더 높은 질서로서 공동체 속의 각 개별자들의 자유로운 자기실현이 서로 공존한다는 말은 단일한 하나의 통일된 목적을 향한 투쟁들이 있음을 시사한다. 후설은 공동체의 목적을 이루려는 투쟁의 과정에 관심을 두었다. 여기서 그와 같은 목적을 향한 투쟁이란 새로운 세대를 위해 전통에다 새로운 삶을 대입하며 비판적인 방식으로 전통을 수용하는 일이다. 후설은 1923년에서 24년 사이에 『카이조』라는 학술지에다 쇄신과 비판의 과정으로서 그와 같은 투쟁을 설명했다. 학술지에서 제시한 후설의 쇄신과 비판이라는 개념은 공동체의 윤리적 삶과 조화를 이루면서 개별자들의 윤리적 삶을 실현하는 방법에 관한 후설의 더 원숙한 분석을 선보이게 했다.

『카이조』에 게재한 논문에서 후설은 침전된 신념과 우리에게 전승된 믿음에 관하여 의문을 제기하는 비판적 태도를 강조한다. 우리는 전통으로부터 완전히 벗어난 입장에서 비판적 태도를 취하지는 않는다. 사실, 우리는 전통 속에서 비판적 입장을 취해야만 한다. 그와 같은 방식에서 우리는 무책임한 방식이 아닌 책임 있는 방식으로 전통에 대한 쇄신을 대비한다. 실상 후설은 『위기』에서 전통을 벗어난 입장을 취한다는 것이 불가능하다고 주장한다. 그 어떤 입장도 인간성의 목적이나 전통과 관련 있는 선-반성적

판단으로부터 자유로울 수 없다.[60]

우리의 부모나 선조로부터 물려받은 규범들을 비판적으로 취함으로써, 우리는 우리 세대에 맞춰 규범을 갱신한다. 게다가 이러한 규범들을 비판적으로 검토하면서 우리는 우리 자신의 문화를 위한 규범을 위해 과거의 규범을 거부할 수도 있다. 쇄신의 작업은 "생생하게 다시 만드는 일로서, 규범의 감추어진 역사적 의미 속에서 이미 우리에게 주어진 침전된 개념적 체계들이 비-역사적인 결과물로서 우리에게 영향을 끼치고 있음을 드러내는 일이다."[61] 우리는 저마다 가진 신념이나 침전된 습성들을 쇄신하고 비판하지만, 그러한 쇄신과 비판의 과정이 상호주관적으로 있다는 사실을 반드시 이해하고 있어야 한다. 재차 강조한다면 『위기』에서 후설은 이러한 쇄신과 비판이 "사상가들을 연쇄적으로 일깨우는 것이며 이들의 사유에 사회적인 상호 연관성과 공동체가 무엇인지를 환기시킬 뿐만 아니라 공동체를 생생하게 현존하는 것으로 바꿔준다. 더 나아가 **전체적 통일체**에 기초하여 형성된 것으로서 **책임 있는 비판**을 실행하는데, 그러한 비판이란 현존하는 철학자에 의존하는 사적 의견이라기보다는 역사와 인격적 이해에 열려 있는 비판으로서 강압적인 실행을 지양하는 것이다."[62] 이는 전통을 수동적으로 수용하는 입장으로부터 자유로운 쇄신과 책임 있는 비판을 개시하는 방향으로 우리를 움직이게 한다.

후설은 사회적 전통과 습성들의 기원을 있는 그대로 드러낼 때 전통과 습

---

60 Hua 6, 73/72.
61 Hua 6, 73/71.
62 Hua 6, 73/71-72.

성들을 제대로 비판할 수 있으며 그에 따라 우리가 속한 사회에 꼭 필요한 쇄신을 생각할 수 있다고 주장한다. 비판의 과정은 윤리적 삶과 직접적으로 연관된 인간적인 삶과 결코 분리되지 않는다. 후설은 윤리적 신념에 대해 비판적으로 재고할 방법을 마련하고 있는데, 그의 방법은 엄격한 윤리적 구조를 제시한 것이 아니다. 우리뿐만 아니라 다른 공동체 속에서도 우리가 겪을 생생한 전통과 신념들을 비판적으로 살피는 것이 원리이다. 좀 더 높은 질서로서 우리에 참여하는 모든 개별자들은 좀 더 큰 공동체에 대한 책임을 갖는다. 공동체에 대한 책임은 각 개별자들의 자유를 잃어버리게 만들지 않는다. 한 공동체와 다른 공동체의 만남은 앞서 살펴봤듯, 좀 더 높은 질서의 윤리적 우리라는 발전에 기여하는 근본적인 사태이다. 각 개별자들의 절대적 당위를 보전하면서도 다수성을 동반하는 필연적 단일체의 공동체가 곧 후설이 강조하는 공동체이다.

쇄신이란 개별자들과 공동체가 갖춰야 할 윤리적 태도이다. 쇄신의 과정은 우리가 물려받은 신념을, 인격적으로 발전시키며 지속해 온 믿음과 전통들을 비판하는 과정 속에 있다. 이러한 비판의 과정을 통해서만이 우리는 전수받은 신념들을 우리 자신에게 맞는 형태로 취할 수 있다. 우리는 물려받은 신념들을 우리 자신에게뿐만 아니라 우리 공동체에 맞는 신념들로 갱신할 수 있다. 비판의 과정 속에서 우리는 수동적으로 물려받은 것을 검토하며, 우리의 자유로운 활동 속에서 물려받은 것들을 취합한다. 우리가 향후 따르며, 공유하고 물려받을 전통으로부터 우리는 서로를 연결하는 상호주관적 공동체를 발견한다. 하지만 안타깝게도 우리는 우리의 전통에 대해 언제나 비판적으로 숙고하지 않는다. 후설에게 강조되는 것은 습성들로 발전될 수 있는 모든 것에 쇄신과 비판을 감행하는 일이다. 이는 우리 자신의

입장을 계속해서 살피며 자신의 삶을 끊임없이 성찰하려는 의지와 다르지 않다.[63]

쇄신과 비판의 논의는 발생적 현상학의 방법이 매우 중요하다는 사실을 드러낸다. 정적 현상학으로는 앞선 세대들로부터 침전된 가치나 전통을 취한다는 사실을 해명하기가 어렵다. 가치와 관련된 역사적 다양성을 논하는 데에 정적 현상학은 적합하지 않다. 만일 자아에 대한 기원의 문제나 전수된 역사를 논의할 수 없었다면, 후설의 현상학은 정적 현상학에만 머무른 철학으로 남았을 것이다. 윤리에 대한 발생적 접근은 윤리적 총체로서 공동체에 대한 이해를, 즉 개인과 개인들의 복수성을 보전하는 공동체의 상호관계를 생각해 볼 수 있게 한다.

철학자들에게 비판과 쇄신은 중요한 임무이다. 후설은 인류에 대한 철학자의 근본적인 책임을 강조하는데, 그에 따르면 철학자는 **"인류의 공무원"**이다. "참된 인류를 위한 책임"을 갖도록 사람들에게 영감을 불어 넣는 자가 곧 철학자이며, 이러한 자로서의 인격적 책임을 가질 때 철학자는 인류의 공무원으로 존립한다. 참된 인류란 **"목적**(telos)을 향해 있으며 그와 같은 목적을 실현할 수 있는 자들을 뜻하는데, **만일 그렇다면** 철학을 통해, 즉 **우리**를 통해, 목적은 실현된다. **만일** 우리가 이 모든 사태를 엄숙하게 대하는 철학자"[64]라면 말이다. 이와 같은 철학자의 특별한 역할은 윤리적 삶에 대한 성찰과 소명으로 자아의 정체성이 형성된다는 사실을 보여주며, 또한 흐르는 생생한 현재의 차원에서 타자와 자아가 연결되었다는 사실도 보여준다.

---

63 Hua 27, 64.
64 Hua 6, 15/17.

소명이란 단지 한 사람만의 자기 일을 뜻하는 것이 아니다. 소명은 그 사람이 누구인지를 말해준다. 철학자의 소명은 타자가 누구인지를 사려하며 더 나아가 인류란 누구인지의 문제로 확장한다. 만일 우리의 소명이 단지 우리의 삶의 일부만을 충족하는 것이라면, 우리의 정체성은 위기에 처할 수밖에 없다. 같은 의미에서 현대 세계가 직면한 위기란 점점 더 전문화라는 이름으로 철학이 파편화되고 철학으로부터 학문들이 분리되는 사태라고 볼 수 있다. 특히 철학은 이와 같은 분리에 저항할 필요가 있다. 철학자의 소명은 제한된 특정한 영역으로만 한정되는 것이 아니다. 철학의 영역은 한층 더 광범위한데, 왜냐하면 철학은 공동체의 구성원이 직면하는 모든 삶의 양상을 다루기 때문이다.

『위기』에서 후설은 철학이란 유럽의 인간성과 함께 위기에 처해 있다고 밝힌다. 후설은 위기란 근원에 대한 망각으로부터 기인하는 것이라고 보았는데, 근원이란 자명하게 소여된 가치나 규범들을 뜻한다. 철학자들도 자명하게 주어진 것을 망각하고 있는데, 철학자들은 전통을 이어가는 자들로서 근원을 망각한 일에 대한 책임을 면할 수 없다. 이에 따라 요구되는 것은 학문의 근원을 발생적으로 추적하고 이로부터 수용되어 온 것을 판단중지 하는 쇄신의 작업이다. 이는 그동안 전통으로 축적되어 왔던 침전물을 잘 알기 위해 의미의 층들을 더 들여다보는 일이다. 그렇다면 쇄신된 학문, 쇄신된 철학자가 달성하게 될 것은 무엇일까? 쇄신을 통해 인간성은 어떻게 달라질 수 있는가?

결코 간과되어서는 안 될 것이 있다면, 발생적 방법을 추구하면서도 우리 모두는 절대적 책임성을 가진 자로서 '좀 더 높은 질서로서 우리' 속에 있다는 사실이다. 쇄신은 개별적 층위에서 일어나는 것이다. 앞서 설명했듯, 좀 더 높은 질서로서 우리는 개별자들의 단순한 합으로 이해되는 것이 아닌 개별자들이 서로 협력하여 만든 공동체이다. 그래서 쇄신의 과정에서 공동체의 쇄신은 개별자들의 쇄신에 의존한다. 이는 개별 구성원의 자기-책임이 공동체의 자기 책임의 근간이라는 말과 다르지 않다. 공동체는 공동체 구성원들과 결코 분리되어 기능할 수 없다. 공동체의 그 어떤 구성원도 적절한 쇄신과 비판 없이 우리에게 요구되는 전통을 고스란히 수용해야 한다고 확신할 수 없다. 쇄신과 비판이 잘 수행되는 공동체는 보편 윤리적 사랑에 입각한 공동체로 발전할 수 있다. 왜냐하면 개별자의 목표는 타자의 목표와 함께 공존하는 조화로운 공동체를 지향하기 때문이다.

후설은 이와 같은 지향 속에서 현상학은 핵심적인 역할을 한다고 주장한다. 후설은 철학자의 소명이기도 한 철학의 목적은 그리스인들의 사유에서 발견된 학문적 이성성(rationality)으로부터 나온다고 주장한다. 발생적 현상학적 방법을 활용함으로써, 현상학자는 철학 속에서 학문의 통일성을 회복하기 위한 학문의 기원들을 이성적으로 되물을 수 있다. 그리스인들은 학문 이전의 이성성과 학문적 이성성이 상호 의존적이라고 보았다. 엄밀한 학문으로서 현상학에 토대를 둘 때 인간의 경험과 인간의 실존에 대한 가장 심층적인 질문이 대답될 수 있다. 학문을 이해하고 위기를 극복하는 데에 도움을 주는 특별한 통찰이 곧 현상학인 것이다. 인간의 역사와 주체성 속에서 학문의 기원을 현상학은 탐구한다. 현상학은 다른 학문들을 위한 기준을 마련하는 학문이다. 현상학자들은 이성적 존재를 위한 노력 속에서 삶의 모범을 생생하게 보여주는 자들이다. 그런데 이성적 존재라는 것이 정확이 무슨 말인가? 후설에게 이성 존재란 자신이 선택한 소명이나 삶의 활동들이 무엇인지를 이성으로 심려하고 애쓰는 자를 뜻한다. 이는 절대적인 자기 책임에서 자신의 이성을 사용함으로써 자신의 선택의 정당성을 부여할 수 있다는 뜻이다. 하지만 현상학에서 말하는 이성은 자연 과학의 특징이라고 할 수 있는 정밀성의 유형만을 뜻하는 게 아니다.[65] 현상학은 과학적 정밀성을 종종 환원주의라고 비판한다. 현상학의 핵심은 인간에 관한 물음들에 질적인 접근을 제시할 수 있다는 데에 있다. 자신만의 "규제적 이념들"을 갖는 학문은 "마치 그 자체로 진리와 객관적 존재를 구현하는 절대적 규범이라고"고 우리를 현혹해선 안 된다.[66]

위기를 극복하는 또 다른 측면은 전통에 대한 비판이다. 후설은 우리가 습관성을 비판하며 성장한다고 주장한다. 앞서 습관성에 대한 논의에서 언급했듯, 습관성이란 개별자들에게 수동적인 것이자, 침전된 방식으로 있는 것이다. 가령 나는 커피에다가 크림을 넣어서 마신다. 이는 매일 아침마다 생각해서 행동한 결과가 아닌 그냥 습관에 따른 행동이다. 후설은 관심을 두고 계발하려 했던 습관이 있는데 이는 비판의 습관이다. 이러한 비판의 습관은 의지적 노력에 따라 유지된다. 위기를 극복하기 위해서라면 의지에 따른 노력이 요구된다. 우리가 속한 세계가 처한 현실을 엄밀하게 보기 위해 쇄신의 노력이 지속적으로 요구되는데, 왜냐하면 우리는 익숙한 일상에 그저 적응하며 살아가려는 경향성이 있기 때문이다.[67]

후설의 방법론은 이러한 위기를 극복할 과정이 어떻게 나아가야 할지를

---

65 좀 더 다양한 이성의 종류에 대한 후설의 설명은 다음을 참조할 것. R. Philip Buckley, "Husserl's Rational 'Liebesgemeinschaft,'" *Research in Phenomenology* 26 (1996): pp. 116-129.

66 Hua 17, 245-46/278.

67 Buckley, *Husserl, Heidegger, and the Crisis of Philosophical Responsibility*, p. 136 ff.

알리고 있다. 사유의 기원을 되물어 감으로써 문제를 제기하는 발생적 분석은 생활세계와 관련된 망각된 생각과 목표들을 드러내는 데에 도움을 준다. 발생적 현상학은 물려받은 전통의 의미와 그러한 의미와 관련된 개별자들의 의식의 복잡한 관계에 주목한다. 발생적 현상학적 탐구 방법은 후설의 윤리적 삶을 이해하는 데 아주 중요한 쇄신과 비판 그리고 자기-책임을 포함하고 있다. 학문적 탐구, 현상학 그리고 윤리적 삶은 필연적으로 서로 얽혀 있다. 이와 같은 이해는 위기를 극복하는 방향을 제시한다. 주의해야 할 점은 후설의 정적 현상학은 발생적 현상학으로 대체된 것으로만 이해한다면 위기는 쉽게 극복되지 않는다는 사실이다. 후설은 현상학적 운동의 침전된 부분으로서 정적 현상학을 저변에 둔 채 자신의 방법론을 펼친다. 정적 현상학이야 말로 후설로 하여금 상대주의라는 소용돌이 속으로 들어가지 않게 한다. 정적 현상학은 습관성과 침전물 속에 있는 의식의 자리를 보존하며 쇄신과 비판으로 창조의 길을 열어가게 한다.

하지만 혹자는 발생적 현상학적 방법이야말로 역사주의의 입장을, 역사적 상대주의의 입장과 다를 바 없다고 비판할 수 있다. 역사주의는 역사적 진리가 상대적으로 이해될 수 있다고 보는 관점주의와 같은 것이다. 각 시대마다 드러난 다양한 진리에 실용적으로 접근하려는 시도가 역사적 상대주의이다. 후설은 역사적 상대주의의 위험성을 너무나도 잘 알고 있었다. 심지어 후설의 초기 저술인 『엄밀학』(1911)에서 밝힌 것처럼, 그는 극단적 이성주의나 역사주의 사이에서 험난한 길을 걸어야 할 필요성을 인지하고 있었다. 『엄밀학』에서 후설은 딜타이(Wilhelm Dilthey)를 역사주의자라고 비판하는데, 왜냐하면 딜타이의 태도는 "개념들을 종합하여 세계를 일관되며 설득력 있게 이해해 온 철학의 보편타당한 믿음의 체계를 단순히 흐트려 놓은 게 아니라 더 철저하게 파괴하기 때문이다."[68] 역사주의는 절대적 타당성을 상실케 만든다. 역사주의자들에게 타당한 것은 "타당한 것으로 간주되는" "심적인 (spiritual)" 구성 외 다른 것이 아니다.[69] 심적인 것을 넘어 객관적으로 보증받지 못한 타당성은 더 이상 그 어떤 의미를 갖지 못한다. 상대주의자들에 대한 후설의 반박은 『엄밀학』에서 드러나는데, 만일 역사주의자들이 모든 것에 있어 절대적인 타당성을 논박할 수 있다면, 이는 자신들의 논박을 근거 지을 수 있는 무언가가 있다는 사실을 의미한다. 달리 말해 역사주의자들은 자신들이 가지려고 하지 않았던 보편적인 절대적 타당성에 입각해서 자신들의 논의를 펼치고 있는 것이다. 이는 후설이 밝히고자 한 객관적인 타당한 토대가 있다는 이야기와 다르지 않다. 후설이 제시한 것처럼, "만일 객관적으로 타당한 어떤 철학적 비판이 제기될 수 있다면, 거기에는 또한 객관적으로 타당하다고 근거를 지을 수 있는 어떤 영역이 존재한다."[70]

앞서 인용된 내용은 역사주의의 위험과 관련된 후설의 인식을 드러낸다. 혹자는 '역사주의적 태도야말로 후설의 후기 발생적 사상에 적용된 태도가 아닌가?'라고 의문을 제기할 수 있다. 후설의 후기 사상의 글에서, 그러니까 「기하학의 기원」에서 우리는 역사주의와 관련된 후설의 입장을 확인할 수 있다. 명백히 후설은 역사주의자가 아니다. '되물어 가기'라는 발생적 탐구는 분명 의미가 역사적 발전과 전통에 필연적으로 연관된 것이지만, "발생

---

68 Edmund Husserl, "Philosophy as a Rigorous Science," trans. Q. Lauer, in *Husserl; Shorter Works*, ed. P. McCormick and F.A. Elliston (Notre Dame, IN: University of Notre Dame Press, 1981), p. 188.

69 Husserl, "Philosophy as a Rigorous Science," p. 187.

70 Husserl, "Philosophy as a Rigorous Science," p. 187.

적 탐구는 모든 역사적 사실들을 넘어서 확장하는 분명하게 검증되는 자명성과 엄밀한 무조건성을 드러내고자 하는 것이다."[71] 후설에게 역사의 선험성은 참되게 검증되는 자명한 선험성을 뜻한다. 모든 역사적 탐구는 "보편적인 탐구의 지평으로서 역사(Geschichte)를 전제한다." 역사 그 자체의 지평은 "단정되는 사실들을 수립하고 탐색하기를 지향하는 것으로 상정된다."[72]

후설의 정적, 발생적 현상학에 대한 상호보충적 이해는 앞서 살펴본 사례를 통해 잘 드러난다. 정적 현상학은 현 세계에 대한 인식을 "알 수 없는 현실태들에 대한 끊임없이 열려 있는 지평으로 둘러싸인 것"[73]으로 이해하게 한다. 그래서 정적 분석의 출발점은 "필증적으로 변하지 않는 것에 대해 우리의 시선을 직접적으로 자유롭게 두는"[74] 데에 있다. 우리는 계속해서 "언제든지 자명한 **기원**을 드러낼 수 있으며 생생히 흘러가는 지평에 내재된 끊임없는 본질로서 일의적 언어를 형성할 수 있다."[75] 비록 정적 현상학이 단일한 관점을 내세운다고 해도 정적 현상학 그 자체는 관점주의가 아니다. 대상이나 세계에 대한 관점을 내세운다고 해도, 이는 우리의 인식 자체가 관점적이다는 사실을 뜻하는 게 아니다. 하나의 관점은 하나의 사건을 이해하는 방식이며, 역사적 관점주의자들도 이와 같은 하나의 과점을 내세우지만 이는 정적 현상학과는 다르다.

만일 후설이 발생적 현상학을 위해 정적 현상학을 포기했다면, 후설은 분

---

71 Hua 6, 382/373.
72 Hua 6, 382/373.
73 Hua 6, 383/375.
74 Hua 6, 383/375.
75 Hua 6, 383/375.

명 역사적 상대주의라는 위험에 처했을 것이다. 하지만 후설은 정적 현상학을 보충하기 위해, 발생적 현상학을 요구했다는 점에서 상대주의로 빠질 위험에서 벗어날 수 있었다. 후설이 목적론적 관점을 추구한다는 사실도 후설이 상대주의자가 아니라는 사실을 알린다. 후설이 강조하는 목적은 진리를 추구하는 우리의 무한한 노력을 이끌어내는 이상을 뜻한다. 다만 그와 같은 목적은 결코 완결되거나 성취될 수 있는 성질의 것이 아니다.

모든 시대를 통틀어 상대적이지 않은 경험의 근본적인 구조들에 접근하는 현상학이 바로 정적 현상학이다. 이러한 구조들은 의미의 역사성을 탐구하는 출발점을 제공하지만 그 자체는 역사적으로 조건 지어진 것이 아니다. 정적 현상학에 대한 발생적 현상학의 보충은 의미가 역사적으로 조건 지어져 있다는 점을 확인시키지만, 그렇다고 해서 정적 분석으로 설명되는 구조를 완전히 파괴하는 것은 아니다.

후설을 상대주의자라고 비판하는 사람들은 후설이 이야기하는 다양한 공동체들은 다양한 진리를 가질 수밖에 없으며, 이들 각각의 공동체는 저마다 정상이라고 간주하는 것을 기초로 하고 있다는 사실을 내세운다. 한 공동체에게 진리이자 정상적인 것은 다른 공동체에서는 틀린 것, 잘못된 것이될 수 있다. 후설은 다양한 공동체의 생활세계들 사이의 차이를 상대주의적으로 수용하지 않는다. 오히려 후설은 어떤 생활세계에서 타당한 것이 다른 생활세계에서 타당하지 않다고 해서 그러한 타당성이 한 경우에서만 참이고 다른 경우에서는 거짓이 된다는 것을 주장하지 않는다. 오히려 한 경우에서만 타당한 것은 다른 경우에서는 직접적이든 간접적이든 생활세계의 요소로 있지 않기 때문이라고 주장한다. 후설은 우리가 다른 생활세계를 가진 어떤 사람에게 새로운 생활세계를 소개한다면, 소개 받은 사람은 생활세계가 다르기에 같은 사물을 전혀 다르게 이해할 수 있다. 그러니까 같은 "대상"을 동일한 의미로 보지 않을 것이다. 새로운 생활세계로 초대된 자는 어떤 대상을 전혀 지향하지도, 파악하려하지도 않을 수 있다. 우리는 단순한 대상을 설명하는 데에서도 새로운 생활세계에 진입한 사람과 참·거짓을 논증하는 일에 어려움에 처할 수 있다. 사실, 다른 사람이 하나의 대상을 경험하는 방식은 대상에 관한 나의 이해를 넓힌다고 볼 수 있는데, 대상에 대한 동일한 경험이라고는 볼 수 없다고 해도 타자의 경험은 나 자신의 경험과 갈등하지 않고 오히려 지평을 확장시킨다. 대상에 대한 타자의 경험은 애초부터 우리가 주목하지 않던 대상에 관한 또 다른 측면을 알리는 것이기에, 타자의 경험을 그저 잘못된 것으로만 간주할 수 없다. 이와 같은 입장에서 후설은 상대주의로부터 벗어날 수 있었으나 자신의 입장을 단정적으로 한정하는 방식으로도 내세울 수 없었다. 후설은 공동체가 일반적으로 갖는 경험의 개방성을 열어놓을 수 있었지만, 동시에 저마다의 문화적 세계 의미를 보존할 수도 있었다.[76]

6) 자기-책임

쇄신과 비판은 자기-책임을 자각하게 한다. 우리는 이미 전통 속에서 찾은 어떤 문제에 대한 중요한 해법들을 무시할 수 없으며, 우리는 자신만의 완벽하게 독립된 특별한 삶이 있다고도 주장할 수 없다. 왜냐하면 우리는

---

76 Hua 15, 146, 166-167.

이미 특정한 공동체 안에서 태어나고 자랐기 때문이다. 그래서 우리는 각자의 자리에서 자신과 관련된 책임을 지니며 산다. 왜냐하면 우리는 우리를 둘러싼 문화를 수용하거나, 거부하는 합리적 존재이기 때문이다. 후설은 『카이조』세 번째 논문에서 이와 관련된 많은 논의를 펼쳤다. "사람, 그러니까 이성의 능력으로 의식 활동을 하는 사람은 자신을 알며 이에 따라 자신의 행위의 올바름과 그릇됨을 알고 이에 책임을 지며 모든 자신의 행동에서 예측되는 실질적 영향에 따라 가치 판단하거나 인식한다."[77] 인용된 내용은 우리 각자의 소명이 각자의 행위의 옳음과 그름을 판단하게 하는 기초를 제공하며 모든 선택에 대한 책임이 무엇인지를 알게 한다는 말이다. 이에 더 나아가 우리는 저마다의 소명을 넘어서는 목적 속에서 우리 스스로를 발견한다. 그와 같은 목적은 우리가 추구하는 이상적인 자기의 모습으로 그려진 것이다. 책임이란 개별자들에게만 한정되는 것이 아니다. 책임은 우리 일상의 활동 속에서 옳고 그름을 아는 것 그 이상을 의미하는데, 왜냐하면 책임은 모든 개별자들의 더 큰 목적의 부분으로 있는 타자에 대한 책임을 뜻하기 때문이다. 그와 같은 더 큰 목적이란 각자의 개별 자아가 속해 있는 좀 더 높은 질서로서 인격체의 목적이다. 이 말은 공동체의 올바름이 곧 내가 생각하는 올바름으로 있다는 뜻이다. 그래서 "나는 나 자신을 선한 것으로 바라야 하며 동시에 선한 사람들의 공동체로서 전체 공동체를 바라야 하며 내가 할 수 있는 한 나는 나의 목표와 의지의 선한 실천적 고리를 반드시 선택해야 한다."[78] 이것이야말로 인류애와 연결된 것이며 인간으로 산다는 것은

77 Hua 27, 32.
78 Hua 27, 46.

"'참된' 인류애의 구성원이 되고자 의욕하는 것"이다. 공동체의 선이란 그렇기에 내가 책임질 수 있는 어떤 것에 참여하는 일로부터 출현한다. 자기-책임은 자기에 대한 책임이자 자기를 위한 책임이며 그 자체로 타자에 대한 책임이다. 인류애의 선함이란 우리 모두에게 가장 좋음으로 있는 것이다.

쇄신과 비판에 대한 앞선 분석에서 확인한 것처럼 우리의 자기 책임은 전통과 가치나 규범의 침전물에 대한 이성적 책임이다. 우리는 비판적으로 전통을 취하며 인류애라는 목적에 기여할 책임이 있다. 이는 이성에 따른 자기 성찰을 의미한다. "우리는 계속해서 살아 있는 원천으로부터 생생한 진리를 갱신하며, 이러한 원천은 우리의 절대적인 삶을 이루고 있다. 그와 같은 삶으로 나아가고자 자기-검열로부터 자기-책임에 이르는 영혼의 활동에 따라 우리는 진리를 늘 갱신한다." 우리는 생활세계라는 지평 속에서 이와 같은 진리를 지니고 있다. 이러한 지평이란 "결코 시야에 가려지거나 간과되는 것이 아닌 체계적으로 해명되는 것이다."[79]

계속해서 우리는 어떤 특정한 문화나 세대 또는 학문의 공동체가 아닌 복잡한 단일체로서 공동체와 개별자들에 대해 살펴보았다. 이에 따라 우리는 자기-책임이나 쇄신과 비판이 개별자 자신의 절대적 당위를 보존하면서도 동시에 삶의 더 큰 영역에 대한 책임으로 실현되는 것임을 이해할 수 있다. 만일 누군가가 학자가 되기로 결심한다면 사랑의 영역은 학자가 되는 것이 그 자신의 절대적 당위이다. 학자들의 공동체에 참여함으로써 그 사람은 학문 공동체의 전통을 따를 것이며 조야한 방식보다는 책임 있는 행동으로 학

---

[79] Hua 17, 247/279.

문 공동체에 참여할 것이다. 이는 학자가 되기로 한 사람이 캠퍼스를 떠나 있을 때에도 집에서 자신의 남편(부인)이나 부모에게도 혹은 돌봐야 할 사람에게도 언제나 학자가 되어야 한다는 말이 아니다. 학자가 되기로 한 사람은 학자로서의 자신의 소명을 뒤로 둬야 할 때도 있다. 개별자들이 취해야 할 역할과 관련해서 후설은 엄마로서, 학자로서, 부인으로서, 이 모든 역할이 한 사람으로부터 나올 수 있다고 보았다. 과학자이면서도 교회예배에 참여하는 사람이 될 수 있다. 이와 같은 다양한 역할들의 통일이 없다면, 우리는 공동체나 인간성의 위기를 발견하게 된다고 후설은 이야기한다. "철학적 학문 수행은 그 자체로 윤리 실천의 연장이며 동시에 필연적으로 개별자들의 윤리 실천의 수단이 된다."[80] 그래서 후설은 강조하길 철학이라는 학문은 결코 윤리를 빗겨서 논의될 수 없다. 우리 자신의 자기 책임이란 통합된 자기를 윤리적으로 의식하며 지속시키는 것이다. 자기 책임의 삶은 모든 철학에 만연하는 삶이다.

7) 희생

우리는 이 절에서 자기 책임의 윤리가 사회적 영역에서 어떻게 실천될 수 있는지를 주목하고자 한다. 명백히 누군가의 좋음은 다른 누군가의 좋음과 갈등을 일으킬 수 있는데, 그러한 사례들은 손쉽게 찾아볼 수 있다. 후설은 그와 같은 갈등을 어떻게 이해하고 있을까?

---

80 MS, F I 29, p.6a; 이 인용은 멜레 (U.Melle)의 다음 논문에서 인용한 것이다. "Development of Husserl's Ethics" p. 132.

개별자의 좋음과 관련해서 후설은 자신의 초기의 입장과는 다르게, 자신이 선택할 수 있는 좋음에는 위계가 있지 않다고 본다. 특히 한 사람의 소명과 관련된 좋음은 자신에게 절대적 좋음이지만 이는 언제나 갈등 속에서 희생이 요구되는 상황 속에 있다. 모든 개별자의 당위는 절대적 당위이지만, 이것이 다른 모든 사람들이 따라야 할 하나의 절대적 당위는 아니다. 절대적 당위란 주관적인 절대적 당위를 뜻한다. 주관적인 절대적 당위에서 절대적 가치는 위계적으로 질서 지어지지 않는다. 왜냐하면 그 가치는 주관적으로 절대적이기 때문이다. 모든 개인들은 하나 이상의 절대적인 가치들 속에서 갈등을 경험한다. 왜냐하면 이러한 가치들은 결코 더 낫고 덜 낫다는 식으로 판단될 수 없을 뿐만 아니라 저마다의 모든 가치가 절대적이기 때문이다. 이러한 사정에서 절대적 가치들은 갈등 속에 놓여 있을 수밖에 없다. 개인은 다양한 절대적 가치 속에서 언제나 어떤 것을 택해야 할지에 대한 곤란한 경험을 갖기 마련이다. 이러한 갈등에서 주체는 필연적으로 하나의 절대적 가치를 위해 다른 하나의 절대적 가치를 희생시킬 수밖에 없다. 왜냐하면 주체는 두 가치 모두를 동시에 실현할 수 없기 때문이다. "한 사람의 가치는 보편적일 수 없는데, 이는 큰 가치가 실현될 때 좀 더 낮은 가치를 흡수할 수 있다고 암묵적으로 간주될 수 있겠으나 한 사람의 소중한 가치는 다른 가치에 흡수되는 것이 아니라 오직 희생되는 것으로 보아야 한다."[81]

왜냐하면 절대적 가치는 절대적 당위와 연관된 것으로서 우리는 개인의 절대적 가치가 저마다의 인격적 소명과 연관된다는 사실을 알기 때문이다.

---

81 MS, E III 9, p. 33a; 이 논문은 멜레(U. Melle)의 다음의 논문에서 인용한 것이다. "Development of Husserl's Ethics," p. 132.

소명이란 사랑의 영역에서 드러나는 것으로서 사랑의 영역은 또 다른 사랑의 영역과 갈등을 빚을 수밖에 없는 것이다. 후설이 자주 사용하는 엄마의 자식에 대한 사랑의 예를 고려해 보자. 엄마에게 자녀는 절대적인 가치이다. 하지만 수발을 필요로 하는 연로한 부모가 곁에 있다면 어떨까? 아이의 엄마는 동시에 자신의 아이를 돌보거나 부모를 돌봐야 할 상황에 놓일 수 있다. 이러한 두 가지 당위에 직면하면서 엄마는 내적인 갈등을 겪을 수밖에 없다. 그와 같은 상황에서 가치의 질서는 위계적으로 정해지지 않는다. 후설은 아이에 대한 책임은 연로한 부모에 대한 책임보다 더 중요하다든가 혹은 덜 중요하다고 이야기하지 않는다. 오히려 두 가치 모두 엄마에게 주관적인 절대적 가치이다. 엄마는 선택을 해야만 하는데, 이때 선택은 당연하게도 선택하지 않은 절대적 당위를 희생시킨다. 아이에 대한 책임을 우선하든 혹은 연로한 부모에 대한 책임을 우선하든 그녀는 하나의 절대적 당위를 선택함으로써 선택하지 못한 다른 절대적 당위를 실천하지 못하게 된다. 그렇다고 그녀의 선택이 반드시 절대적으로 올바른 필연적 선택이라고 간주될 수 없다. 물론 그녀는 두 가지 모두를 실행하려고 노력할 것이지만, 이는 두 가지 절대적 당위 모두를 희생시킬 결과로 이어질 수 있다. 또한 그녀는 언젠가는 하나의 가치를 선택해야만 하는 상황에 직면할 수도 있다. 이러한 상황은 예상을 벗어나 있는 것으로서 모든 개인이 불가피하게 겪을 갈등이다.[82]

절대적 당위에 대한 자아의 이와 같은 문제는 전적으로 이성적 판단만으

---

82 이러한 종류의 갈등을 해결하기 위한 공동체의 책임이 무엇인지를 생각해 볼 수 있는데, 내가 아는 한 후설은 이와 관련하여 논의한 것이 없다.

로 해결되지 않는다. 희생은 가치 영역에 대한 절대적 사랑으로 이루어진다. 희생은 어떤 것이 맞는지 혹은 틀린지와 같은 이성적 판단에 따라 결정되는 것이 아니다. 이 점이야말로 이성적 정언명령을 강조했던 초기 윤리학으로부터 후설이 어떻게 달라졌는가를 보여준다. 후설이 남긴 원고에는 다음과 같은 생각이 기술되어 있다. "윤리적 삶에서 이성은 궁극적으로 비이성적 **사실**을 파악하고, 분류하고, 판단하며 자신의 삶 속에서 절대적 당위의 타당성을 끌어내어 이를 일관되게 실행하려는 의지를 낳는다."[83]

후설은 '달성할 수 있는 것 가운데 최상의 것을 행하라'와 같은 정언명령으로 대변되는 초기의 형식주의적 윤리를 깨부수거나 포기하지 않았다. 오히려 정언명령은 모든 개별자들의 서로 다른 절대적 당위를 이루는 질료적 내용으로 이해된다. 각 개별자들은, 자신만의 절대적 당위에 따라 달성 가능한 최상의 것을 수행할 것인데, 만일 그렇지 않다면 개별자들의 정체성은 흔들리게 될 것이다. 이 사실이 곧 정언명령이 생활세계에서 고려되어야 할 이유이다. 정언명령은 모든 사항에서 획일적으로 적용되는 보편적인 영향력을 나타내는 것이 아니다. 오히려 각 개인들이 자신들만의 정체성을 보전하려는 실천 가운데 정언명령은 실현된다. 이는 가치를 결정하는 일에 절대적 당위가 어떻게 작동되는지를 알려주는 중요한 사안이다. 절대적 당위는 보편적이지 않지만, 각각의 상황에서 개인이 저마다 달성할 수 있는 최상의 것으로 결정되는 것이다. 예를 들어, 고등학생 아들 혹은 딸이 학예회 때 선보일 밴드 연주를 듣는 일과 보스톤 심포니 오케스트라의 연주를 듣는 일을

---

83 Melle, "Development of Husserl's Ethics, p. 134.

가정해보자. 부모로서 자신의 절대적 당위는 자녀의 학예회 연주에 참여하는 일이다. 이러한 판단에는 무엇이 절대적 당위인가에 관한 객관적인 기준은 없지만 좋은 행위로 간주된 절대적 당위로서 하나의 판단과 선택은 또 다른 판단과 선택을 희생시킨다는 사실이 있다.

당연하게도 후설은 윤리적 공동체에 대한 현상학적 이해를 추구한 유일한 철학자가 아니다. 수많은 2, 3세대 현상학자들은 후설의 현상학으로 공동체주의 윤리를 제시했지만, 흥미롭게도 이들 대부분은 후설의 정적 현상학만으로 자신들의 연구를 발전시키거나, 후설의 현상학에서 윤리의 논의는 더 이상 발전될 것이 없다고 보는 경향을 띤다. 예를 들면, 후설에게 명백히 빚지고 있는 철학자 레비나스(E. Levinas)는 제일 철학으로서 윤리학을 내세우는데, 그는 후설의 현상학을 잘 알고 있었지만 그가 보여준 후설의 이해는 후설의 초기 입장만으로 한정되어 있다. 물론 레비나스는 후설의 생생한 현재와 같은 개념을 언급하지만, 그의 이해는 후설의 자아가 근본적으로 익명의 타자를 바탕으로 한다는 사실을 몰랐던 것으로 보인다. 이러한 사정에서 레비나스는 후설의 의식철학은 타자를 이해할 수 없다고 보았던 것이다.

현상학적 윤리학으로서 레비나스의 이론은 타자에 대한 자아의 책임성에 초점을 맞춘다. 『전체성과 무한』 그리고 『시간과 타자』에서 밝히는 레비나스의 윤리학은 타자의 얼굴과 호소를 가려 버리는 자아의 향유만 넘치는 세계를 반대한다. 하지만 후설도 타자를 강조하는데, 레비나스의 이해와는 다르게 그는 흘러가는 생생한 현재 속에서 자아는 타자와 동시적으로 있다고 본다. 레비나스에게 타자는 자아에 선행하는 것이지만, 후설에게 타자는 선행하면서도 동시적으로 있다. 타자의 경험은 지향성으로도 자아의 인식으로도 파악될 수 없는 무한의 경험이다. 레비나스에게 주체성이란 타자와의 관계에서 고려되는 것인데, 타자란 결코 의식의 구성적 작용으로 완벽하게 이해되는 대상이 아니다. 레비나스는 후설이 타자를 주체의 의식 활동의 구성적 산물로 이해했다고 보았다.

「언어와 근접성」이라는 레비나스의 논문에 따르면 후설의 "수동적 종합"이라는 개념이 필연적으로 주체의 시간성에서 요구되는 것이라면, 주체는 결코 완전하게 지향적일 수 없다. 왜냐하면 지향성은 능동적 활동이지, 수동적 활동이 아니기 때문이다.[84] 레비나스는 초월론적 상호주관성을 발전시킨 후설의 발생적 현상학을 이해하고 있는 듯 보이지만, 발생적 현상학을 후설 사상과 연관이 없는 것으로 여겨 버린다. 레비나스는 상호주관성에 관한 후설의 설명이 윤리학으로 수립 될 수 없다고 보았는데, 왜냐하면 후설의 이해는 타자를 동일자로 환원시키는 주체 중심의 의식철학으로 간주되기 때문이다.

레비나스의 타자 이해는 감각적으로 출현하는 타자와의 관계로부터 출발한다. 육화된 주체라는 이념을 가장 먼저 발전시킨 메를로-퐁티(Merleau-Ponty)에 의거하여, 레비나스는 감각은 타자에 대한 무한한 명령에 응답한다는 주제를 드러내기 위해 타자와 주체의 만남에서 감각적 만남을 이야기한다. 레비나스에게 자아와 타자의 감각적 만남은 지향적 작용으로 맺어지는 것이 아니라 윤리적 관계로 맺어진다. 윤리적 관계는 곧 책임의 관계이다. 자아는 근본적으로 이와 같은 책임의 관계 속에 있다. 책임의 실천은 자

---

84 Emmanuel Levinas, "Language and Proximity," in *Collected Philosophical Papers*, trans. Alphonso Lingis (Dordrecht: Kluwer, 1987).

아를 드러낸다. 레비나스에 따르면 자아의 주체성은 타자에 응답함으로써 구성되는 것이다.[85]

하지만 레비나스가 이해했던 것과는 달리 후설에게도 주체의 지향성으로 등장하는 것만큼이나 감각을 통한 타자의 출현이 강조된다. 후설의 발생적 현상학은 타자가 감각적으로 드러나는 사실을 밝히는데, 레비나스는 후설의 이와 같은 설명을 놓쳤던 것으로 보인다. 앞서 이 책의 3장에서 언급한 것처럼, 타자는 흘러가는 생생한 현재의 층위에서 자아에 본능적으로 현전한다. 이는 자아의 지향성으로 이해되는 타자와 구별되는 원초적으로 현존하는 타자가 있음을 알린다.

간단한 여담을 덧붙인다면, 후설과 레비나스 사이에는 알려진 바와는 다르게 유사한 점이 상당히 있다. 상호주관성에 대한 후설의 이해를 거부했던 레비나스의 반론은 오히려 후설의 초월론적 상호주관성을 제대로 이해하지 못했던 반론이다. 레비나스는 후설의 상호주관성을 구성주의에서 이해하고 있다. 그럼에도 불구하고 레비나스가 제기하는 윤리는 현상학으로부터 많은 점에서 진일보한 것이다. 그의 윤리는 후설이 시도만 했던 **공동체**의 윤리를 해명하는 수준으로 끝나지 않는다. 레비나스는 후설의 상호주관성 개념을 계승하며 발전시키지 않았지만, 상당히 후설의 개념과 일치하는 모습을 보이는데, 왜냐하면 그의 논의는 후설의 초월론적 상호주관성과 상당히 유사하기 때문이다. 후설의 개념은 결코 구성의 차원에 있지 않다. 심지어 후설 윤리가 좀 더 '더 높은 질서로서 공동체'와 관련되었다고 해도 공

---

85 Kelly Oliver, "The Gestation of the Other in Phenomenology," *Epoche* 3(1995): pp. 79-116.

동체주의가 아니다. 왜냐하면 그가 강조하는 공동체가 초월론적 상호주관성을 근간으로 하기 때문인데, 그런 점에서 그의 공동체론은 타자와의 관계를 굳이 길게 설명할 필요가 없었다.

이러한 사실은 레비나스의 이해와는 달리 후설은 타자를 동일자로 환원시키지 않았다는 점을 알린다. 후설은 흘러가는 생생한 현재의 익명성으로 타자를 이해하며, 자아는 이미 초월론적으로 상호주관적이라고 본다. 그는 자아가 근원적이거나 첫 번째가 아니라 오히려 선 술어적 단계 속 가장 근본적인 차원에서 타자가 먼저라고 간주한다. 타자는 자아와 함께 구성하는 것이라는 후설과의 유사성을 레비나스의 이해로부터 발견할 수 있다. 후설이 강조한 바와 같이 타자는 자아보다 우선되는 것이다.

이쯤에서 공동체를 탐구한 또 다른 2세대 현상학자를 살펴보자. 한나 아렌트(Hannah Arendt)는 현상학적 공동체주의 윤리에 대한 많은 이야기를 남겼는데, 그녀의 공동체주의 윤리는 후설의 이론과의 관계에서 간단하게라도 살펴봐야 할 가치가 있다.[86] 아렌트는 넓은 관점에서 볼 때 현상학과 관련된 연구물로 볼 수 있는 『인간의 조건』을 내놓았다. 이 책에서 그녀는 공적 영역의 등장을 위해 상호주관성이 필연적으로 요구된다고 본다. 그녀의 후기 연구물 『정신의 삶』에서 그녀는 "지구의 법칙으로서 복수성"(Plurality as the law of the earth)[87]을 내세운다. 그녀는 상호성을 확보하면서도 동시에

---

86 왜냐하면 아렌트의 설명은 후설의 논의와 많은 점에서 비교될 수 있기 때문인데 이와 관련해서 다음을 참조할 것; Margaret Betz Hull, "A Progression of Thought and the Primacy of Interaction," *Journal of the British Society for Phenomenology* 30 (1999): pp. 207-28.

87 Hannah Arendt, *The Life of Mind-Thinking* (New York: Harcourt Brace Jovanovich, 1971), p. 19.

저마다의 개별성이 보장되어야 한다고 주장한다. 그녀에 따르면 주체는 필연적으로 타자와 연관될 수밖에 없다. 그녀는 정치적인 것을 주체의 존재론적 요소로 이해한다. 이는 『정신의 삶』에서 분명하게 드러나는데, 그녀는 유아론이야말로 철학을 괴롭혀 온 함정이기에 이로부터 탈피할 것을 주문한다. 비록 아렌트는 표면적으로 후설의 철학을 반대한다고 밝히지는 않았지만, 그녀의 심중에는 후설도 유아론자로 있을 것이다.

후설도 주체를 세계로부터 고립된 존재로 간주했다고 본 아렌트는 자신만의 주체 이해를 드러내는데, 그녀에게 주체란 언제나 타자와 세계와 친밀하게 얽히고설켜 있는 존재이다. 아렌트는 인간의 노동(labor), 작업(work), 행위(action)라는 활동의 세 가지 형태를 구분하면서 행위야말로 가장 인간적인 활동이라고 여긴다. 그 이유는 행위는 필연적으로 상호주관적이기 때문이다. 행위는 다른 사람이나 다른 공동체가 필요한 여러 말과 행동과 연관되어 있다. 한편으로 작업은 작업실이나 연구실에서 혼자 수행할 수 있는 활동이며, 개별성에 대한 고려가 없어도 실행된다. 물론 작업은 행위의 일종이기도 하다.[88] 하지만 작업과는 달리 행위는 인간의 관계망 속에서 수행된다.[89] 당연하게도 아렌트에게 사유의 활동도 행위이다. 행위는 정치적인 공공의 영역에서 드러나는 것이다. 아렌트는 공공의 정치적 영역이란 상호주관적인 영역이지만 각각의 구성원들이 저마다의 개별성을 유지하는 영역이기도 하다. 공공의 영역은 필연성에 따른 "타당한 행동"이나 개별성을 전혀 고려하지 않는, 순응만 하는 사회적 영역과 대립되는 것이다. 관계망

---

88 Hannah Arendt, *The Human Condition* (Chicago: University of Chicago Press, 1958), p. 97.
89 Arendt, *The Human Condition*, p. 182.

과 공공의 영역을 구성하는 행위는 나 자신을 형성하는 데에 중요한 역할을 한다. 주체에게 가장 중요한 것은 온전히 상호주관적인, 그래서 가장 인간적이라고 할 수 있는 공공의 영역에 참여하는 것이다.

이와 같은 사실은 아렌트가 후설의 사유를 어느 정도 의존하고 있다는 사실을, 그러니까 주체는 근본적으로 상호주관적이라는 후설의 제5 성찰의 사유를 따른다는 점을 알린다. 물론 그녀는 이를 공식적으로 밝히지는 않았다. 하지만 그녀는 주체의 본질이 상호주관적이라는 입장을 내세우지만 개별 자아가 어떻게 상호주관적인지를 엄밀하게 현상학적으로 밝히지 못했다. 아렌트는 자아는 상호주관적이라고 보았지만, 그녀가 강조하는 상호주관성은 공공의 영역의 세간적(mundane) 차원에서 이해되는 상호주관성이다. 후설도 자아의 핵심에 상호주관성을 이야기하지만 후설에게 상호주관성은 세간적 차원을 넘어 초월론적인 것이다. 후설에게 자아는 결코 고립된 것이 아닌 이미 초월적으로 상호주관적으로 있다. 아렌트는 자신의 입장이 후설을 넘어선 것으로 간주했겠지만, 사실 그녀가 내세우는 상호주관성은 후설이 강조한 이론에 바탕을 둔 것이라고 볼 수 있다. 공동체적 혹은 정치적 영역에 대한 그녀의 설명은 자아가 이미 언제나 공동체적이라는 후설의 입장과 다르지 않다. 이러한 사실은 '좀 더 높은 질서로서 우리'는 자아와 분리된 채 자아를 넘어서 있는 공동체에 자아가 참여한다는 것이 아니라 본질적으로 자아의 정체성이 곧 공동체의 정체성을 형성한다는 사실로 이어진다.

레비나스와는 다르게 후설이 아렌트와 공유할 수 있는 지점이 있다면 그것은 윤리적 자아를 실현하는 일이, 혹은 주체의 탁월성을 드러내는 가능성이 오직 공공의 영역에서 일어날 수 있다는 점이다. 하지만 아렌트에게 공공의 영역이 타자와 명백히 구별되는 개별자 자신의 개별성을 창조하는 영역이라면, 후설에게 공공의 영역은 개별자의 소명이 타자의 소명과 분리되지 않은 채 인류 전체를 위한 소명, 절대적 자기-책임이라는 철학적 소명으로 형성되는 영역이다.

아렌트와 후설이 공유할 수 있는 또 다른 지점은 『인간의 조건』에서 선보였던 '탄생성'(natality)이라는 혁신적인 개념에 있다.[90] 탄생성은 노동, 작업 그리고 행위의 특징인데, 왜냐하면 노동, 작업, 행위, 이 모두는 인간의 경험에서 지속적으로 새로움을 탄생시키고 유지하기 때문이다. 이 중에서 행위는 탄생성과 가장 밀접한 연관을 갖는데, 왜냐하면 공공의 영역에서 새롭게 등장하는 사람들은 자신들의 행위를 통해 새로운 어떤 것을 시작할 수 있기 때문이다. 정치적 영역에서 이들은 자신의 주장과 요구를 새롭게 제시할 수 있다. 아렌트에게 세상 속의 행위란 새로운 탄생의 가능성이다. 나는 아렌트의 탄생성 개념이 후설의 쇄신과 비판에 관한 윤리적 책임과 어느 정도 일치한다고 생각한다. 인간 공동체의 구성원으로서 자기-책임을 갖는 주체는 비판을 통해 새로움을 세상에 선사할 수 있다.

공동체 개념과 관련해서 후설 사유의 장점과 단점을 드러내는 두 현대 프랑스 철학자, 장-뤽 낭시(Jean-Luc Nancy)와 모리스 블랑쇼(Maurice Blanchot)도 참고해 보자. 블랑쇼는 동일자들의 관계로 구성되지 않는 공동체와 이질적인 것을 연결하는 선택사항들을 이야기한다. 그는 "공동체"라고 부르기 힘든 비대칭적인 관계가 있을 수밖에 없다고, 혹은 공동체는 언제나 공동체의 부재를 지향할 수밖에 없다고 주장한다.[91] 블랑쇼와 낭시는 자신들

---

90 Arendt, *The Human Condition*, pp. 177-78.
91 베르나스코니(Robert Bernasconi)는 특히 블랑쇼(Maurice Blanchot)의 다음의 인용을

의 저서에서 "좀 더 높은 질서로서 우리"를 거론하지만 이들은 이를 초개별
성과 같은 것으로 오해하고 있다. 가령, 낭시는 『무위의 공동체』에서 다음
과 같이 기술하는데, "만일에 공동체가 타자의 죽음으로 드러난다면, 그 이
유는 죽음은 곧 내가 아닌 것들의 죽음이고, 참된 나의 공동체는 그런 죽음
에 있기 때문이다. 공동체란 하나의 **큰 자아**로 혹은 더 높은 **우리**로 **개별 자
아들**을 결합시키는 연합체가 아니다."[92] 낭시는 더 높은 우리를 하나의 크게
쓰인 자아로 간주하는데, 물론 그는 직접적으로 후설의 개념을 언급하지 않
지만 그의 입장은 후설을 배경으로 둔다고 볼 수 있다. 낭시는 공동체란 하
나의 기획물이나 결과물이 아니라고 말한다. 그에게 공동체란 구성원들의
출생과 죽음으로 얽히고설킨 불가능한 것이다. 낭시는 "공동체란 유한한 것
의 현현인데, 유한한 존재는 탄생과 죽음이라는 파악할 수 없는 초과를 가
진 자이다. 그런데 오직 공동체만이 나의 삶이라는 불가능성을 출생으로,
나의 죽음을 가로지르는 불가능성을 사망으로 드러낸다."[93] 낭시는 앞서 언
급했던 블랑쇼가 제시한 두 선택 사항(①공동체는 공동체로 보기 힘든 비대칭적
관계로 있는 것, ②공동체는 언제나 부재하는 것) 중 두 번째를 택한다고 볼 수 있
다. 공동체란 공동체가 아닌 것으로서 공동체(공동체 없는 공동체)이다. 낭시
는 존재와 대상과의 단절은 오히려 존재에 대한 대상과의 필연적 관계를 드
러낸다고 보았다. 이는 낭시로 하여금 존재는 공동체로 있음을 주장하게 하

주목한다: "On Deconstructing Nostalgia for Community within the West: The Debate
between Nancy and Blanchot," *Research in Phenomenology* 23 (1993): 3-21.
92 Jean-Luc Nancy, *The Inoperative Community* (Mineapolis: University of Minnesota Press,
1991), p. 15.
93 Nancy, *The Inoperative Community*, p. 15.

는 이유이다. 공동체는 대상처럼 파악되는 게 아니지만 존재하는 것으로서 탐구되어야 한다.[94]

블랑쇼 역시 공동체를 결합으로 이해하는 입장을 비판한다. 그는 자신의 저서 『밝힐 수 없는 공동체』에서 "공동체는 어떤 연합과 융합의 흐름으로, 다시 말해 열광의 흐름으로 제시되는 것처럼 보일 수 있다. 열광에 따라 구성원들은 어떤 단일성(초개인성) 가운데 하나로 묶일 수 있다. 그러나 블랑쇼는 단일성이라는 것은 내재성에 갇힌 고유한 단독의 개체라는 생각과 마찬가지로 반대의 견해에 부딪히게 될 것이다"라고 밝힌다.[95] 낭시처럼 블랑쇼도 공동체의 기초를 탄생과 죽음으로 연결 짓고 있다. "최초와 최후의 사건을 논하지 않고선 공동체란 있을 수 없는데, 이러한 사건이란 모든 사람들이 (탄생하고 죽는다는) 것을 공통적으로 갖는다는 것이다."[96] 블랑쇼도 레비나스 사상에 확실히 빚진 것으로 보이는데, 그에 따르면 공동체는 사랑하는 사람들과 관련해서 생각할 수 있는 것이다. 사랑하는 사람들은 "서로를 단순한 관계로 더 나아가 한 사람이 일방적으로 원하는 방식으로 관계를 맺지 않는다."[97] 사랑이란 각자의 독자성을 용인하는 것이다. 사랑하는 사람들은 서로가 서로에 대한 개별성을 포용하며 자신에 대해서도, 타자에 대해서도 분리된다. 블랑쇼는 "사랑하는 사람들은 마치 죽음이 그들 속에, 그들 사이에 있는 것처럼 영원히 분리되어 있을까? 분리되지도 구분되지도 않는,

---

94 Nancy, *The Inoperative Community*, p. 6.
95 Maurice Blanchot, *The Unavowable Community* (Barrytown, NY: Station Hill Press, 1988), pp. 6-7.
96 Blanchot, *The Unavowable Community*, p. 9.
97 Blanchot, *The Unavowable Community*, p. 43.

접근 불가능한 무한한 관계 속에 있을까?"[98]라고 질문하는데, 사랑하는 사람들의 공동체를 이야기하면서 블랑쇼는 자신이 제기한 물음 중 첫 번째를 택한다. 사랑의 개별자들이 영원히 분리되어 있다는 사실은 현전되지 않는 공동체를 토대로 둔 희생과 연관 맺는 비대칭성을 띠는 것이다. 사랑하는 사람들은 영원히 분리되어 있으며, 이러한 자들에게 공동체란 현전으로 이해되는 것이 아니다. 공동체는 "사랑하는 사람들에게 고독을 전달함으로써" 공동체를 깨트리고 희생시킨다. 이때 고독은 "사랑하는 사람들을 보호하지 않고 공동체로 묶지도 않으며 오히려 소멸시키고 흩어 버린다."[99] 이와 같은 타자와 공동체를 위한 희생은 늘 완성되지 않은 상태로 있다. 그래서 희생하는 사람들은 늘 고독하다.

희생이라는 언제나 불충분한 사태를 해결하기 위해 후설이 그랬던 것처럼, 우리는 공동체가 늘 타자와 함께하는 것임을 상기해야 한다. 왜냐하면 주체는 자신의 탄생과 죽음을 스스로 구성하지 못하기 때문이다. 태어나면서부터 죽을 때까지 자기 자신은 한 사람의 인간 존재로서 자기 정체성을 형성하기 위해 타자와 함께하는 공동체를 벗어날 수 없다. 우리는 타자 없이 자기 자신을 스스로 구성할 수 없다. 자아는 제한된 시간 속에서 현재를 구성하는 의식으로 자신을 구성할 수 있을 뿐이다. 자신을 둘러싼 세계를 구성하는 자아는 이미 자아에 앞서 형성된 공동체 속의 자아이다. 한 공동체의 구성원으로서 태어난 자아는 물려받은 전통과 규범을 벗어난 채 자신을 둘러싼 세계를 이해할 수 없다. 자아에게 전수된 공동체의 유산은 자아

98 Blanchot, *The Unavowable Community*, p. 43.
99 Blanchot, *The Unavowable Community*, p. 15.

와 관련해서 타자가 어디에 있는지를 알려준다.

후설에게 중요한 것은 자아가 이미 본능적으로 타자와 함께한다는 것이다. 이미 타자와 자아가 본능적으로 결합되었다는 점은 공동체를 이루는 초석이자 공동체의 한 세대를 다음 세대와 이어주는 것이며, 더 높은 질서로서 우리라는 공동체로 있게 하는 근거가 된다.

낭시와 블랑쇼는 이미 자아와 타자가 본능적으로 결합되어 있다는 후설의 관점으로부터 이해되는 공동체를 거부한다. 왜냐하면 이들은 후설의 관점을 나와 타자가 이미 내재적으로 융합되었다는 점에서 타자를 동일성으로 환원시키는 시도로 보기 때문이다. 낭시의 관점에서 볼 때, 이는 개별성을 제거하는 이해이며, 블랑쇼의 입장에서 볼 때, 후설의 입장은 타자의 우선성을 이해하지 못한 처사이다. 이쯤에서 우리는 후설이 강조하는 내재성(타자와 자아가 이미 결합되어 있다는)의 공동체가 무엇인지를 주의 깊게 살펴야 한다.

후설의 공동체 이해를 살피기에 앞서 우리는 낭시가 언급한 "철저한 타자성에 대한 거부"[100]가 무엇인지를 확인해야 한다. 이는 낭시가 철저히 타자성만을 강조한 공동체를 이야기 한 것이 아니라는 사실을 드러낸다. 베르나스코니는 이와 같은 낭시의 언급은 그가 타자의 우선성을 제거했던 전통적 존재론으로 다시 회귀하는 모습, 즉 타자와의 비대칭적 관계로부터 선회한 증거라고 주장한다.[101] 융합의 관계로부터 탐색되는 공동체 이해를 벗어나

---

100 다음을 참조할 것, Bernasconi, "On Deconstructing Nostalgia for Community within the West," pp. 3-21.

101 Bernasconi, "On Desconstucting Nostalgia for Community within the West", pp.3-21.

고자 했음에도 불구하고, 낭시는 이질성만을 강조하는 태도로부터 비껴서서 융합으로서 공동체 존재론을 다시 내비치고 있다. 더 나아가 낭시는 타자와의 대면은 부차적인 것이자 구성되는 것이라고 말한다.[102] 이러한 관점을 고수함으로써 낭시는 타자와 자아가 이미 결합되어 있다는 내재성의 공동체로부터 벗어날 수 없었던 것으로 보인다.

내재성의 공동체가 타자를 동일자로 환원하는 이해에 기초해 있다는 비판은 후설에게도 제기된다. 그런 만큼 우리는 후설의 사유가 이러한 비판으로부터 벗어날 수 있는 길이 무엇인지를 살펴봐야 한다. 후설의 입장은 블랑쇼가 제시한 두 선택 사항(①공동체는 공동체로 보기 힘든 비대칭적 관계로 있는 것, ② 공동체는 언제나 부재하는 것) 중의 어느 것으로 이해될 수 있을까? 나는 오히려 후설의 입장은 블랑쇼와 낭시의 입장을 모두 취한다고 보는데, 왜냐하면 후설은 공동체의 부재 속에서도 공동체의 존립을 내세우는 동시에 타자와의 관계에서 윤리적인 비대칭적 관계를 주장하기 때문이다. 달리 말해, 후설은 융합이 불가능하다고 보면서도 동시에 개별 주체의 본질이 이미 상호주관적이라고 이해한다. 다만 후설에게 상호주관성 속 타자는 결코 동일자로 환원될 수 없으며 주체에 비대칭적으로 우선한다.

후설에게 자아의 참된 자기 모습은 타자의 참된 모습을 포함한다. 다시 말해 자아란 타자와 함께할 수밖에 없는 공동체 속에 서로 얽히고설킨 존재이다. 그렇다고 이는 각각의 개별자들이 좀 더 높은 질서로서 우리 속으로 흡수된다는 의미가 아니다. 개별자들은 타자에 대한 자신의 책임과 관련된 절

---

102 Nancy, *Inoperative Community*, p. 105.

대적 의무를 체험한다. 비록 자아와 타자 중 어느 것이 더 근원적인 것인지에 관한 의문이 제기될 수 있지만, 후설의 이와 같은 이해는 낭시의 입장과 다르지 않다. 나는 타자를 우선시하는 입장과 자아를 우선시하는 입장 모두를 취할 수 있다고 본다. 왜냐하면 우리는 타자와 원초적 관계를 맺고 있기에 타자와의 일상적인 관계가 윤리적이도록 노력하기 때문이다. 타자에 대한 원초적 관계는 주체의 본능적인 원초적 지향성으로 설명된다. 본능적 원초적 지향성은 세계 속의 실질적으로 현존하는 타자를, 즉 우리 앞에 이미 존재하는 타자와 함께 살아갈 수밖에 없는 사실을 알린다. 가장 심층적인 근원적 단계에서 우리는 각자의 개별성을 위협하지 않는 자아와 타자의 결합을 발견할 수 있다. 후설에게 타자란 "구성상 본질적으로 첫 번째"[103]이다.

후설의 이와 같은 이해는 여전히 블랑쇼와 낭시가 문제 삼았던 내재성의 공동체와 같은 것이라고 간주될 수 있다. 그러나 오히려 낭시야말로 내재성의 공동체를 환기시킴으로써 자신의 공동체 이해가 전체주의와 연관된다고 볼 수 있는데, 베르나스코니에 따르면 낭시의 이해는 그 어떤 배제도 수용하지 않는 존재론적 공동체를 제안하기 때문에 배제를 없애고 있지만, 여전히 전체주의적 양상을 띤다. 하지만 후설의 사유는 두 가지 선상에서 그와 같은 전체주의를 피하고 있다. 왜냐하면 첫째, 후설은 이질적인 것에 맞서 자신만의 독립적 정체성을 갖는 좀 더 높은 질서로서 우리를 제시하기 때문이다. 후설이 강조하는 좀 더-높은 질서로서 우리는 나와 다른 모든 타자가 공동체라는 하나의 공통 존재로 흡수된 공동체가 아니다.

---

103 Hua 1, 153/124.

둘째, 좀 더 높은 질서로서 우리라는 후설의 공동체는 전체주의로 향할 수 없는데, 왜냐하면 각 개별 주체들은 자신의 사유에 대한 책임 속에 있기 때문이다. 주체의 책임은 필연적으로 전체주의에 맞서는 쇄신과 비판으로 이루어진다. 후설이 『위기』에서 표현한 것처럼 쇄신과 비판은 "사상가들을 연쇄적으로 일깨우는 것이며 이들의 사유를 사회적인 상호 연관성과 공동체가 무엇인지를 환기시킬 뿐만 아니라 우리에게 공동체를 생생하게 현존하는 것으로 바꿔준다. 더 나아가 전체적 통일체에 기초하여 형성된 것으로서 **책임 있는 비판**을 실행하는데, 그러한 비판이란 현존하는 철학자에 의존하는 사적 의견이라기보다 역사와 인격적 이해에 열려 있는 비판으로서 강압적인 실행을 지양하는 것이다."[104]

생활세계의 구성에서 타자는 필연적, 근원적이기에 주체는 결코 타자와 분리해서 이야기될 수 없다. 이는 비판의 가능성은 늘 열려 있다는 말이다. 우리는 혼자만의 독자적인 세계를 구성할 수 없다. 다시 말해, 생활세계는 언제나 상호주관적이며 주체는 철저히 생활세계 속에서 한 사람으로서의 주체로 있기 위해 타자에 의존할 수밖에 없다. 더 나아가, 주체는 자신도 여러 타자들 중의 하나일 뿐이라고 이해할 때 스스로를 절대화하지 않는다. 타자의 관점이 제기될 수 있다는 가능성이 열려 있을 때만이 비판의 가능성도 열린다.

후설은 타자를 동일자로 환원하는 전체주의적 인간 이해로부터 벗어날 수 있다고 보았다. 후설에 의하면 철학이야말로 낭시가 존재의 개별성이라

---

104 Hua 6, 73/71-72.

고 여겼던 것과 관련해서 중요한 역할을 한다. 하지만 후설의 이해는 낭시가 공동체주의로 회귀하는 것과 같은 우를 범한다고 볼 수도 있다. 왜냐하면 후설은 참된 인간 존재란 목적을 향하는 존재라고 생각했기 때문이다. 후설이 지향한 목적은 보편적인 윤리적 사랑의 공동체이다. 하지만 분명한 점은 후설이 그와 같은 목적이 달성가능하다고 생각하지 않았다는 사실이다. 목적은 하나의 이념으로서 무한한 과정의 형식이다. 비판은 이와 같은 무한한 작업으로서 불가능한 공동체를 제시하는 불가능성으로 있다.

자아와 타자의 관계는 간접적이거나 부차적인 것이 아니다. 타자의 이질성은 자아의 자기 정체성을 직접적으로 형성하는 필수적 요소이다. 여러 다른 공동체들이 함께 있는 것처럼 자아의 절대적 의무는 타자의 절대적 의무와 다를 수밖에 없다. 자아는 타자와 다르게 있다. 모든 공동체는 다른 공동체와 다르다는 사실에 의존한다. 하지만 그 어떤 공동체라고 해도 공동의 절대적 의무가 공동체 구성원들의 개별성을 없애지 않는다. 비판과 쇄신의 과정이 이질적인 공동체와 늘 직면하는 과정이라는 점을 우리는 간과할 수 없다. 왜냐하면 이와 같은 이질적인 타자와 대면하는 일에서 우리는 우리 자신의 공동체가 안고 있는 문제들에 접근할 기회를 얻기 때문이다. 진정한 공동체는 결코 구체적으로 완결된 상태로 있지 않다. 왜냐하면 공동체는 끊임없는 비판과 변화의 상태 속에서 지속되기 때문이다. 공동체는 비판에 대한 책임을 지는 상태, 항상 개방된 상태로서 타자에게 늘 빚지고 있다.

지금까지의 간략한 설명은 블랑쇼의 딜레마(공동체 없는 공동체)로 설명될 수 있는데, 이와 같은 진퇴양난 속에서 우리는 자리를 잡아야 한다. 후설의 제안은 불가능한 공동체의 가능성을 수용하자는 것이다. 불가능한 공동체란 무한한 비판이, 즉 공동체를 형성하는 무한한 작업이 열려 있다는 말과 다르지 않다. 획일적인 통일만을 지향하는 전체주의에 맞서 우리는 늘 비판과 쇄신을 수행해야 한다. 비판은 이질성을 수용하는 또 다른 방식이다. 비판이란 언제나 자기 자신에게 물음을 던지는 타자를 향한 개방성으로 있다.

3. 결론

후설의 초기 윤리 이론을 통해 우리는 후설의 후기 윤리학에서 중요하게 내세우는 바가 무엇인지를 더 자세히 알 수 있다. 정적 현상학적 방법은 의식 활동에 주목하는데, 왜냐하면 가치 판단은 의식작용과 의식대상이라는 구조 속에서 일어나는 의식 활동으로 드러나는 것이기 때문이다. 정적 현상학적 방법의 강조점은 지각의 변하지 않는 대상의 내용을 내재적으로 체험하는 데에 있다. 윤리적 선택에서도 변하지 않는 보편적인 객관성을 획득하려는 시도가 정적 현상학적 방법이다. 후설은 정적 현상학적 방법을 발생적 현상학적 방법으로 보충하는데, 이를 통해 후설은 질료와 형식이라는 단순한 도식을 뛰어넘을 수 있게 된다. 후설은 질료적 선험성으로서 정언명령이라는 형식만을 이야기하지 않는다. 오히려 후설은 의미의 침전과 생활세계를 이루고 있는 습관성을 가지고 윤리를 탐색한다. 자아의 발생적 발전 과정을 살핌으로써 후설은 자아를 구성하고 있는 문화나 전통과 같은 수동적 종합이나 선술어적 구성을 탐구할 수 있었다. 후설의 이와 같은 탐구에서 가장 중요한 것은 쇄신과 비판이야말로 윤리적 삶을 이루는 핵심이라는 사실이다. 감정과 이성을 지닌 존재로서 우리 인간은 가치의 영역을 외면하지 않는다. 후설은 개별자들의 감정과 느낌을 고려하는 윤리 이론뿐만 아니라 보편적인 윤리적 사랑이라는 목적론적 개념에 토대를 두는 공동체의 윤리 이론을, 이에 더해 그러한 공동체 속에서도 다수성을 용인하는 윤리론을 구축할 수 있었다. 이 외에도 후설은 우리 사회를 형성하는 데 필수적인 쇄신과 전통이나 관습들을 비판적으로 바라보는 태도를 강조함으로써 사회를 구축하는 생생한 과정을 드러냈다. 만일에 우리 자신의 기원과 물려받은 전통에 관하여 이야기할 수 없다면, 우리는 우리가 처한 일들에 관하여 비판적으로 살필 수 없을 것이다. 윤리에 대한 발생적 이해는 전체주의와 같이 하나의 윤리만을 강조하는 공동체가 아닌 다양성을 유지하면서도 개별자들의 개별성도 보전하는 공동체를 생각하게 한다. 좀 더 높은 질서로서 우리에 참여하는 각 개별 구성원들은 더 큰 전체에 책임을 지는 존재이지만, 그러한 책임은 개별 구성원들로 하여금 자신들의 자유를 포기하게 만들지 않는다. 각각의 개인들은 공동체 내에서 조화롭게 자신들의 절대적 당위를 실천할 수 있는데, 후설은 이 점이 곧 다양성의 통일체로서 공동체라고 제안한다. 이러한 공동체는 정적 현상학적 방법만으로 이야기될 수 없다. 후설 스스로도 인정했듯, 이와 같은 공동체는 발생적 현상학을 요구한다. 이는 "정적으로 이해되는 것이 아니라 역동적이면서도 발생적으로 이해되는 것이다." 이와 같은 역동성은 참된 인간성과 엄밀한 학문을 이루는 핵심요소이자 생성의 과정이 중요하다는 사실을 알린다. 발생적 현상학적 방법은 "다양하게 성장한 가치들과 그렇게 성장한 가치의 고양이라는 지평 속에서 참된 인간성을 드러내는 역동적 생성의 자리를 제공한다."[105]

105 Hua 27, 55-56.

발생적 현상학의 영향

Husserl on Ethics and Intersubjectivity

지금까지 이야기한 후설의 발생적 현상학은 후설이 철학에 기여한 공헌이 무엇인지를 알려준다. 제2, 3세대 현상학자들과 해체주의자들 그 외 수많은 이론가들은 정적 현상학적 방법만을 후설의 철학이라고 오해했다. 정적 현상학적 방법에서 발생적 현상학적 방법에 이르는 후설의 사상의 발전 과정들을 살펴봄으로써 이 연구는 주체, 상호주관성, 시간성, 그리고 윤리에 대한 후설의 복잡한 논의들을 확인하였다.

　정적 현상학적 방법을 보완하는 발생적 현상학적 방법은 후설 철학의 다양한 면모들을 더욱 의미 있게 만든다. 철학적 방법으로서 발생적 현상학은 철학적 사유를 더 생산적이고 풍부하게 만드는데, 왜냐하면 우리를 둘러싼 세계에 관한 공동체적 이해를 발전시키면서도 그 속에서 개별 주체들의 개별성이 어떻게 존립하는가를 헤아리기 때문이다. 20세기의 전환점에서 후설이 내세운 현상학적 탐구는 곧 주체와 주체를 둘러싼 세계와의 관계를 완전히 새롭게 이해하는 것이다. 더 이상 철학자들은 경험주의와 관념주의 사이에서 선택이라는 생산적이지 못한 일에 매달일 필요가 없다. 현상학적 탐구로부터 후설은 끊임없이 다시 쓰고, 다시 사유함으로써 자신만의 윤리적 기획을 마련할 수 있었다. 후설의 후기 철학은 개별자와 개별자를 둘러싼 세계 사이에서 계속해서 변화하는 관계를 이해하도록, 그리고 역사적으로, 문화적으로 유동하는 의미를 유연하게 이해하도록 돕는다. 초월론적 상호주관성을 통해 후설은 복잡한 윤리 주체의 논의를 좀 더 타당하게 이해할 수 있는 윤리 이론을 제시하였다.

발생적 현상학적 방법으로 철학자는 자신을 둘러싼 세계와의 독특한 관계를 살핀다. 발생적 현상학적 방법으로 세대를 거쳐 전수된 수많은 침전된 의미들을 살필 수 있으며, 이에 따라 철학자는 정적인 형식적 방법으로부터 살필 수 없었던 의미를 새로운 방식으로 통찰하게 된다. 발생적 방법은 공동체, 가치, 상호주관성, 시간성의 기원을 추적하게 한다. 이러한 개념들을 이해함으로써 우리는 윤리, 공동체, 시간, 타자에 관하여 좀 더 의미 있고 타당한 이야기를 제시할 수 있다.

본 연구는 계속해서 발생적 현상학적 방법이 정적 현상학에서 놓치고 있던 부분들을 어떻게 보완하고 있는지를 살폈다. 발생적 현상학적 방법은 시간의식의 심층적 차원에 있는 흘러가는 생생한 현재에 대한 이해를 가능하게 한다. 시간의 현상적 차원에 앞서 의식의 심층적인 근원에는 근원적으로 기능하는 초월론적 통일체가 있다. 초월론적 통일체는 근본적인 시간의식의 구성을 가능하게 하는 것이자 상호주관적으로 있는 것이기도 하다. 이러한 발견의 함의는 다소 복잡하지만 매우 중요하다. 자아는 흘러가는 생생한 현재와의 관계에서 흐름으로 구성되면서도 동시에 흐름에 앞서 있는 애매한 관계를 맺고 있다. 초월론적 자아의 토대를 이루는 자아극은 익명적이고, 수동적이면서도 동시에 능동적이며 구체적으로 자기반성을 하는 개별 자아에 앞서 있다. 자아의 이와 같은 이중적 특징으로부터 출현하는 모나드들은 초월론적 상호주관성을 드러내는데, 이는 후설의 발생적 사유가 드러나기까지 후설로부터 구체적으로 설명되지 않았던 개념이다.

물론 후설이 타자를 동일자로 환원시키는 잘못을 저지른다는 비판이 있을 수 있다. 이러한 비판은 후설의 논의가 윤리적 관계를 이루는 근본 토대인 타자성을 강탈한다고 지적한다. 하지만 이러한 비판은 지금까지 살펴본 것처럼 후설에게 맞지 않는 지적이다. 초월론적으로 심층적인 차원에서 나와 타자는 결코 분리되지 않는다는 말이, 그러니까 흘러가는 생생한 현재에서 나와 타자가 구별되지 않는다는 후설의 이야기는 자아와 타자를 동일자로 묶는다는 게 아니다. 그럼에도 불구하고 후설을 향한 비판은 분명 중요하다. 왜냐하면 나와 타자가 얽히고설켰다는 초월론적 차원은 자아와 타자를 구별하지 않는다는 것으로 보일 수 있기 때문이다. 그러나 후설의 논의는 약점을 갖고 있다기보다는 오히려 윤리적 관계를 상기시킨다. 만일에 후설이 초월론적 차원에서 타자와 자아가 얽히고설키지 않았다고 보았다면, 자아와 타자는 어떻게 관계를 맺을 수 있는 걸까? 윤리를 실천하는 주체는 윤리 실천의 매뉴얼에 따라 움직이는 로봇이나 바위 같은 사물로 여겨질 수 없다. 인간 주체와 사물과의 관계는 유용성에 입각한 관계라고 간주될 수 있으나 주체는 매뉴얼을 잘 따르는 로봇이나 사물이 아니다. 매뉴얼에 따라 행동하는 것은 그 어떤 시간의식도, 침전된 생활세계도, 의미의 차원도 공유하지 않는 일, 그러니까 유용한 지침만을 따르는 행위이다. 기계적으로 매뉴얼에 따르는 삶이란 시간의식에 따른 삶이 아니다. 다시 말해, 흘러가는 생생한 현재 속에 있는 자아의 삶이 아니다. 심층적 차원에서부터 자아가 타자와 분리되지 않는다는 점은 자아는 타자를 윤리적으로 대하도록 호명된다는 사실을 알린다. 이것이야말로 우리가 공유하고 있는 공통점이다. 후설에게 타자를 향한 나의 윤리적 행위는 주관과 객관이라는 도식 위에서 타자를 동일자로 환원하는 것이 아니다. 오히려 타자를 마치 나와 동일하게 존엄하고 가치 있는 자로 여겨야 한다는 점을 뜻한다.

후설의 초월론적 상호주관성은 이와 같은 이해를 증명하는 개념이다. 발생적 현상학은 초월론적 상호주관성을 좀 더 생산적이고 광범위한 방향으로 탐구하도록 유도한다. 제5 성찰에서 드러난 변화에 주목해야 한다. 후설의 상호주관성을 정적 현상학적 방법만으로 이해하는 것은 문제가 있다. 정적 현상학적 방법처럼 상호주관성을 구성하는 자아의 측면에서만 이해하는 것은 자아를 둘러싼 환경의 시간적 발전을 드러내지 못한다. 상호주관성에 관하여 초기에 후설은 타자에 관한 문제를 해결하는 단초로서 감정이입에 중점을 두었다. 이러한 후설의 관심은 세상뿐만 아니라 자기의식도 배제하는 데카르트적 방법으로부터 기인한 것이다. 데카르트적 방법은 절대적 자기의식만을 강조한 나머지 복수성을 설명할 수 없는 한계가 있다. 우리는 앞서 립스의 감정이입 방식이 타자의 신체에만 초점을 맞추었다는 후설의 비판을 살펴봤다. 후설에 따르면 립스에게 타자는 자아의 인식의 대상으로 간주되는 것이다. 타자를 자아의 인식의 대상으로 보는 태도는 후설의 후기 발생적 이해의 복잡성과 심층성을 간과한 것이다.

발생적 현상학으로 정적 현상학을 보완함으로써 후설은 모나드 공동체, 습관성, 본능과 관련된 새로운 탐구 영역을 펼쳤다. 자아가 발전하는 것으로 이해되지 않는다면, 습관성이나 본능과 같은 개념들은 무의미한 것으로 남는다. 기원에 관해 되물어 갈 때 후설의 후기 윤리학의 핵심 개념인 세대와 세대를 이어가는 상호주관성 속에서 자아를 살필 수 있게 된다. 우리가 알고 있는 윤리적 신념은 타인으로부터 물려받은 것이기도 하다는 사실을 이해하게 된다면 우리는 타자야말로 나에 앞서 현존한다는 사실을 깨닫게 된다.

습관성과 같은 수동적 기원에 대한 분석으로도 우리는 자아가 반드시 자아 자신에 의해서만 구성되는 것이 아니라는 사실을 이해할 수 있다. 자아는 이미 존재하는 문화 속에 있으며, 그 속에서 습관성을 형성하며 자신의 정체성을 만들어 간다. 타자와 자아가 본래부터 얽히고설켰다는 사실은 자아의 정체성이 타자와 더불어 만들어지며 그에 따라 좀 더 높은 질서로서 우리라는 공동체의 기초를 수립한다는 점을 알린다. 이는 전통 안에서든 밖에서든 타자와 관계를 맺고 있는 자아의 윤리적 문제가 무엇인지를 살피게 한다.

소명, 더 높은 질서로서 우리, 습관성, 그리고 본능과 같은 주제를 탐구하는 게 가능하지 않았다면, 후설은 윤리에 대한 자신의 후기 사유를 확장시킬 수 없었다. 초기 윤리학과 후기 윤리학을 나란히 놓았기에 후설은 후기 작업에서 제시한 윤리에 대한 좀 더 인간적인 접근을 선보일 수 있었다. 정적 현상학과 함께할 때 발생적 현상학적 방법의 중요성은 더 잘 이해될 수 있다. 후설의 발생적 현상학은 전통을 수용하면서도 동시에 비판하며 쇄신하는 윤리적 주체의 독립성을 논할 수 있게 한다. 개별 주체들은 자신의 절대적 당위를 소명으로서 실현한다. 절대적 당위로서 의무는 공동체로부터 동떨어진 채 실현되는 것이 아니라 오히려 공동체와 결속시키는 어떤 것으로 있다. 이런 점에서 나 자신의 절대적 당위는 타자의 절대적 당위를 결코 배제하지 않는다. 한 공동체 속 참된 자기란 개별자로서 참된 자기와 다르지 않다. 이는 보편적인 윤리적 사랑이 제시될 수 있는 근거이다. 자아가 자유롭게 실현하는 사랑은 보편적 사랑과 분리되지 않는다. 이러한 주장은 자아에 앞서 타자가 있다고 보는 발생적 현상학이 없었다면 제기될 수 없었을 것이다. 개인의 목적과 공동체의 목적이라는 개념도 되물어 가기를 실행하는 발생적 현상학의 도움으로 논의될 수 있는 것이다. 근원에서부터 침전된 것이 무엇인지를 캐묻는 일은 필연적으로 우리 공동체의 목적을 새롭게 수립하는 일이자, 사회 전통과 습관성의 기원을 생생하게 확보하는 일이다. 이러한 일은 비판 없이는 성립될 수 없다. 쇄신과 비판은 자기-책임을 갖는 모든 주체가 반드시 해야 할 일이다. 개인들의 역할이 쇄신과 비판이라는 말은 발생적 분석으로부터 이해될 수 있는데, 왜냐하면 발생적 분석은 여러 세대를 거쳐 문화가 전수되는 영역에서 그리고 타자와 자아가 함께 있는 영역에서 흘러가는 생생한 현재를 개시하는 것이기 때문이다. 후설은 발생적 현상학으로 윤리적 신념들을 사유하는 방법뿐만 아니라 공동체의 생생한 전통을 비판할 수 있는 방법을 제시했다.

발생적 현상학을 통해 후설은 새로운 것이 출현하길 바라는 희망과 함께 전통을 보존하려는 욕구를 모두 충족시킬 수 있는 철학을 선사한다. 현상학적 방법은 철학적 사유를 위한 하나의 모형이다. 인간뿐만 아니라 인간 공동체에 대한 후설의 이해는 공동체의 전통이나 규범을 함께 살피는 윤리적 방법을 제시한다. 철학적 공동체로부터 요구되는 자기 책임은 철학적 위기가 무엇인지를 알려준다. 철학적 위기를 계속해서 드러내는 일은 인간 실존과 관련된 물음에 직면하도록 부추긴다.

역자 후기 / 참고문헌 / 찾아보기

Edmund Husserl

역자 후기

소개의 말

이 책은 자넷 도노호(Janet Donohoe)가 저술한 *Husserl on Ethics and Intersubjectivity: From Static to Genetic Phenomenology*(University of Toronto Press, 2016)를 옮긴 것이다. 도노호는 후설의 현상학의 사상적 발전 과정 속에서 윤리가 어떤 방식으로 논의되며 그 체계가 어떻게 형성되는지를 알리고 있다. 저자는 후설의 현상학적 윤리의 면모를 드러내기 위해 우선적으로 현상학의 주요 주제들을 살핀다.

후설의 현상학은 과학적 객관주의, 실증주의, 주관적 심리학주의, 상대주의, 그리고 회의주의를 극복하는 철학사상이다. 이러한 극복을 위해 후설은 탐구되는 대상을 더 철저하게 근원에서부터 이해해야 한다고 본다. 탐구대상을 근본에서부터 명확하게 파악하기 위해 현상학은 주관을 배제한 객관(객관주의, 실증주의)만을 주시하지 않는다. 그렇다고 객관을 배제한 주관(주관적 심리학주의)만을 살피지도 않는다. 현상학은 명징하고도 확실하게 탐구대상을 이해하기 위해 여타 학문들과는 다르게 의식의 지향성에 따른 주관과 객관의 '상관성'에 주목한다.

주관과 객관의 상관성에 집중하는 후설의 현상학은 '지향성'(intentionality)을 핵심 개념으로 둔다. 후설이 볼 때 지향성에 따른 대상 이해야말로 탐구대상을 근원에서부터 철저하게 확인하는 근본적인 태도이다. 후설의 현상학은 "대상은 주관을 배제한 채 결코 이해될 수 없다"는 공리로부터 출발한다. 대상은 의식과의 연관성 속에서 주어지기에, 의식에 주어진 사태를 고찰하는 주관의 의식은 기본적으로 지향적이다. 지향성을 기초로 의식에 주어지는 사태가 명증하게 파악될 수 있다고 본 후설은 자신의 믿음을 죽을 때까지 포기하지 않았다. 한마디로 의식에 상관하는 대상의 본질을 통찰할 수 있다고 본 후설에게 현상학은 타당하고 명징한 대상 이해를 수립하는 학문이자 상대주의와 회의주의를 극복하는 철학이다.

대상과의 상관성에 따라 의식에 주어진 탐구의 사태를 주목하는 현상학은 의식으로부터 구성되는 내용을 중요하게 여긴다. 이러한 태도를 기초로 삼는 현상학은 '정적 현상학'(static phenomenology)과 '발생적 현상학'(genetic phenomenology)이라는 두 얼굴을 가지고 있다. 지향성을 연구하는 방식에 따라 현상학은 대상에 대한 의식을 기술하여 분석하는 '기술적 현상학'(descriptive phenomenology)과 이를 넘어 "더 많이 사념함"이라는 초월론적 태도를 통해 대상을 구성하는 '구성적 현상학'(constitutive phenomenology)의 모습으로 나타난다. 본 역서에서 주목하는 정적 현상학과 발생적 현상학은 구성적 현상학의 두 가지 모습이다.

대상의 상관자로 있는 의식은 초월적으로 자기 동일적인 대상을 구성함으로써 대상의 본질을 파악하는데, 이때 정적 현상학은 초시간적이며 논리적으로 보편타당한 '타당성 정초의 보편성'의 구성에 관한 것이다. 분석 대상의 다양한 층위들 간의 타당성 정초 관계의 기술이라는 점에서 정적 현상학은 의식의 객관화 작용을 통한 보편성 정초와 형식적 동일성을 지향한다. 이에 따라 정적 분석은 대상성 일반이라는 본질이 구체적인 개별성을 넘어 초월론적 차원에서 구성될 수 있다는 사실에 입각한다. 후설은 의식의 사실로서 직관되는 대상의 본질 파악을 주목하는 현상학이야말로 형상적 학문으로서의 지위를 가진다고 설명한다. 예를 들면, 수학과 논리학의 근본 구조는 정적 현상학적 분석으로 해명될 수 있는데, '2+3=5'와 같은 진리는 주관의 심적 작용의 결과만으로 혹은 주관과 상관없이 객관적으로 존재하는 결과만으로 볼 수 없는 의식의 상관성 속에서 초시간적 보편성을 지니는 것이다.

정적 현상학과는 달리 발생적 현상학은 '발생적 정초의 타당성'에 관한 것이다. 이에 따라 발생적 분석은 의식의 구성에서 시간 흐름의 근원적 생성을, 즉 발생적으로 기능하는 '동기'(motivation)들을 살핀다. 의식의 어떤 체험은 다른 체험을 들어서게 하는 동기를 부여한다. 예를 들어, 날씨가 추워 따뜻한 커피를 마시고자 했다면, 커피를 마시는 체험의 동기는 추위를 피하려는 데에 있다. 동기관계를 살핌으로써 발생의 타당성 정초를 지향하는 발생적 현상학은 시간적 발생의 원본적인 토대를 향한다. 다시 말해, 발생적 현상학은 초월론적 주관의식의 더 많이 사념함을 통해 체험의 동기 관계에 따라 침전된 층의 구조들의 근원으로 되물어 가는 것이다. 이에 따라 발생적 분석은 의식으로부터 생성된 동기가 무엇인지를, 침전된 역사성이 있는 체험들의 동기가 시간적 연관 속에서 어떤 방식으로 수립되었는지를, 더 나아가 자신을 둘러싼 친숙한 문화, 환경 등은 의식의 구성에 어떤 위상을 지니는지를 모색한다. 타당성의 발생적 기원을 추적하며 대상을 명징하게 확보하려는 발생적 분석은 시간 속에서 침전된 결과물 가령, 자기 자신뿐만 아니라 타인을, 역사를, 문화, 환경, 친숙함, 습관성, 무의식, 본능 등을 탐구의 대상으로 고려한다.

언급한 정적 현상학과 발생적 현상학은 후설의 초월론적 현상학의 통일된 체계를 구성하는 두 가지 특징이다. 달리 말해, 후설의 현상학은 두 가지 모두를 망라하는 철학이다. 현상학은 대상에 관한 이해를 이 둘의 유기적인 상호보완의 분석을 도모하며 체계를 갖춘다. 여기서 주의해야 할 점은 정적 현상학이든 발생적 현상학이든 어느 하나만이 현상학 본연의 모습을 대표하지 않는다는 사실이다. 현상학은 정적 분석을 통해 통일성을 갖춘 '존재'의 영역에 대한 초시간적인 형식적 보편타당성을 추구하는 동시에, 발생적 분석으로 '생성'에 대한 질료의 발생적 다면성을 해명한다. 정적 현상학이 명료한 지향적 체험을 기준으로 타당한 인식의 관점에서 더 근원적인 타당성을 정초한다면, 발생적 현상학은 대상소여의 방식에서 시간적으로 먼저 주어지는 지향적 체험을 기준으로 더 근원적인 발생의 타당성을 정초한다. 동일한 사태에 대해서도 현상학적 태도 변경에 따라 탐구 대상의 해명이 달라질 수 있는 만큼, 후설의 초월론적 현상학은 정적, 발생적 현상학 중 어느하나가 나머지를 포섭하는 것도, 서로가 상부와 하부의 위계질서로 있는 것도 아니다. 초월론적인 구성적 현상학은 탐구대상에 관한 이해를 이 둘의 상호적 연관성에서, 즉 정적 분석과 발생적 분석을 종합하는 데에서 대상의 이념의 보편성을 정립한다.

이 책의 저자 도노호는 이와 같은 이해로부터 후설의 현상학적 윤리를 살피고 있다. 이 책의 1장에서는 후설의 현상학이 정적 현상학과 발생적 현상학으로 나뉘지만 두 분석 방법의 유기적 이해는 필수적이라는 사실을 강조한다. 저자가 이러한 사실을 강조하는 이유는 그동안 많은 철학자들이 정적 현상학을 후설의 현상학 전체의 모습으로 오해했기 때문이다. 저자는 이와 같은 오인을 강하게 비판한다. 책에서는 후설의 초월론적 현상학은 두 얼굴을 지녔음에도 불구하고 한 측면만이 마치 현상학의 전체 모습으로 오해되어서는 안 된다고 주장한다.

이와 같은 오해가 발생한 데에는 여러 이유가 있겠지만, 그중 한 가지 원인을 생각해 본다면 최초의 주저인 『논리연구』를 통해 드러난 모습만이 후설의 철학적 기획의 전부라고 간주한 데에 있다. 이념적 대상을 심리적 과정으로 환원하는 심리학주의를 비판하면서 커다란 반향을 일으켰던 후설의 정적 현상학적 기획은 발생적 현상학적 분석을 도모하는 맹아를 지니고 있었지만 많은 사람들은 정적 현상학만을 후설 철학의 전부로 간주하였다. 그의 철학의 넓은 스펙트럼은 가려진 채 대부분의 사람들은 초기 탐구 방식만이 후설의 현상학의 전부라고 오해했다. 이와 같은 잘못된 이해가 초래된 데에는 후설이 구성적 철학의 정적 현상학적 탐구방식을 끝까지 붙들고 있었다는 점이 한 몫 한 것으로 보인다.

본 저서는 정적 현상학과 발생적 현상학의 상호 유기적인 이해를 거듭해서 강조하고 있다. 이를 강조하는 또 다른 이유는 후설의 현상학적 윤리도 두 분석 방법의 유기적 이해 속에서 체계를 갖추기 때문이다. 저자는 특히 윤리를 고찰하는 데 후설 현상학의 발생적 현상학적 분석의 방법론적 전환이 파급적인 효과를 산출했다고 주장한다. 저자는 브렌타노의 사상에 힘입어 정적 현상학적 방법론에 따라 발전시킨 초기의 형식주의적 윤리가 발생적 현상학적 방법론으로 한층 보완된다고 해설한다. 다만, 저자는 발생적 분석에 따른 윤리의 논의가 정적 분석으로 제시된 형식주의 윤리의 한계를 극복한다고 해서 초기의 형식주의 윤리가 폐기되어야 할 윤리 이론으로 간주되어서는 안 된다고 본다. 이는 사태에 대한 태도 변경에 따라 대상의 명증한 이해가 달라질 수 있듯, 현상학적 윤리 이해도 정적 분석과 발생적 분석의 유기적 관계에 따라 추구되어야 하는 것을 뜻한다. 한마디로 현상학적 윤리 논의는 후설의 현상학적 방법론과 궤를 같이한다.

현상학이 의식의 상관성에 입각하여 초월론적 구성으로 대상 이해를 도모하는 만큼, 의식의 심층적 구조를 살피는 일은 현상학적 윤리를 이해하는 데에 필수적 작업이다. 그러한 작업이 반드시 이행해야 할 사안이라면, 의식의 시간에 대한 고찰은 불가피하다. 왜냐하면 의식의 체험은 시간을 떼어 놓고 논의될 수 없기 때문이다. 이러한 사정에 따라 이 책의 2장에서는 후설의 시간론을 다루고 있다. 1장에서 정적 현상학과 발생적 현상학의 특징과 유기적 이해를 살폈다면, 2장에서는 이와 같은 이해에서 고찰되는 후설의 시간론을 논한다. 시간에 대한 후설의 철학적 관심은 평생에 걸친 연구를 통해 유지되고 심화되는데, 후설의 시간 논의 역시 정적 현상학으로부터 발생적 현상학에 이르는 일련의 과정에서 수정-보완됨으로써 통일된 체계를 갖춘다.

　　후설의 시간 논의는 시기적으로 볼 때 다음과 같이 구분된다. (1) 1893년에서 1905년까지 '시간강의'에서 논의된 시간론, (2) 시간에 대한 '후속 강의'에서 드러난 시간론, (3) 1917년에서 18년 사이의 '베르나우 원고'에서 드러난 시간론, 끝으로 (4) 1929년에서 34년까지 논의된 'C-원고'에서 기술된 시간론.(참고로 이 책의 저자는 베르나우 원고와 C-원고를 미 발간 원고라고 설명하고 있는데, 현재 베르나우 원고는 2001년에 후설전집 33권으로, C-원고는 2006년에 후설전집 8권으로 출간된 상태이다). 큰 틀에서 볼 때 통상적으로 (1)과 (2)는 정적 분석에 입각한 시간 논의가, (3)과 (4)는 발생적 분석에 입각한 시간 논의가 제시된다고 볼 수 있다. 저자는 정적, 발생적 분석의 관계처럼, 시간의식에 대한 논의의 발전 과정을 추적하면서 정적 시간 분석과 발생적 시간 분석의 상호 유기적 관계 내에서 시간론의 통일적 체계를 드러낸다. 시간론에서 파지의 이중지향이, 즉 종단 지향성과 횡단 지향성이 서로 분리 불가능하게 통일되어 있다는 사실처럼 정적 시간론과 발생적 시간론은 따로 분리되어 어느 하나만이 시간론의 본연의 모습을 갖추고 있지 않다.

정적 현상학적 분석의 방법에 따라 초기의 시간 연구는 주관적 시간의식이라는 내재적 영역에 주목하며 주관적 시간의식을 가능하게 하는 절대의식에 집중한다. 정적 현상학에서 시간은 각 현상들의 차원에서 모든 현상들에 통일성을 부여하는 형식으로서 '파지-근원인상-예지'라는 시간의식의 형식을 띠고 있다. 후설의 시간론의 타당성을 여기에서 상세하게 밝힐 수는 없지만, 정적 시간 분석이 윤리 논의에 가져다주는 핵심적 의의만을 언급한다면, 정적 시간론은 근원적 시간의식으로서 절대의식을 확보할 수 있게 한다. 절대의식의 확보는 동일성의 극인 자아의 자기 정체성을 형식적으로 논할 수 있게 하는데, 근원의식의 형식적 동일성과 절대성은 윤리적 차원에서 볼 때, 윤리규범의 보편성과 윤리를 실천하는 주체의 형식적 동일성을 가능하게 하는 단초를 제공한다. 윤리를 실천하고 실천에 대한 책임을 지는 주체는 자기동일성을 갖는 주체이다.

발생적 분석으로 탐구되는 시간 논의도 현상학적 윤리를 이해하는 데에 필수적인 단초들을 제공한다. 발생적 시간 분석을 통해 절대의식은 초월론적 자아의 능동적 수행과 질료적 선소여의 관계 속에서 논의된다. 이와 같은 논의는 핵심적으로 가장 근원적 의식의 시간성으로서 상호주관적 시간성을 드러낸다. 상호주관적인 시간성은 순수한 자기현전에만 주목하지 않고 개방성을 향한 미래 차원에 대한 지평을 확장시킨다. 왜냐하면 시간의식에 관한 발생적 분석은 현재적 위상뿐만 아니라 비현재적 시간성이 원초적 영역에서부터 시간의식을 구성하고 있음을 알리기 때문이다. 의식은 초월론적 환원을 통해 절대적 의식을 만나지만 이 의식은 살아 있는 현재라는 핵심을 축으로 둔 초월론적 주관 전체라는 지평 속에서 드러난다. 이때 드러난 지평은 구성의 근원적 차원에서 이미 타자들과 함께 있음을, 더 나아가 자아 자신과 타자는 세계가 구성되기 전에 이미 함께하고 있음을 알린다. 이에 따라 후설은 구성의 순서 중 첫째가 타자라고 강조하는데, 자아와 타자가 연결되어 있는 근원적 차원은 우리가 이미 초월론적으로 세계 안에 있는 상호주관적인 '공존재'(共存在)임을 드러낸다.

예지에 주목하는 발생적 분석에 따른 시간 이해는 우리가 이미 근원적 차원에서부터 상호적 관계 속에 있음을 보여준다. 이는 타자에 대한 이해가 자아의 구성이나 추론으로만 드러나는 것이 아니라 근원에서부터 직접적으로 체험되는 것임을 선보인다. 후설의 현상학은 레비나스나 데리다 혹은 리쾨르가 이해한 것과는 달리 주체의 자기 동일성에서 객체인 타자를 구성하는 철학이 아니다. 후설의 현상학은 오히려 타자에 우선성을 두는 철학이다. 그런 점에서 후설에게 자아는 상호적 관계 속에서 타자에 대한 책임을 당위로서 실천한다. 자신에 대한 윤리적 책임과 사랑, 소명의 실천은 결코 타자에 대한 책임과 사랑, 타자의 소명과 분리되지 않는다. 후설의 윤리학은 초월론적 주관의 상호성으로부터 논구되는 것이기에 이미 이질적인 것에 관한 수용과 비판을 끌어안고 있는 포용의 윤리학이다. 인격적 자아는 이와 같은 체험 속에서 자기 정체성을 형성해 간다. 후설의 윤리학에서 윤리적 주체는 정적 현상학적 분석에 따라 시간의 형식으로부터 드러난 순수 자아이자 동일성의 극으로서 이해되면서도 동시에 발생적 분석에 따라 고립된 순수한 자기 현전을 넘어선 살아 있는 현재로서 인격적인 자아로 이해된다. 이에 따라 윤리적 주체란 자기 동일성을 갖는 통일된 주체로서 실천의 자기 책임의 주인이자 동시에 상호주관적 세계 속에서 근원적으로 타자와 함께하며 더 나은 세계를 형성하는 존재이다. 중요한 사실은 후설에게 인격적 자기 정체성에 관한 논의는 공동체 논의에서도 그대로 적용된다는 점이다. 초월론적 상호주관성은 우리가 이미 공동체적이라는 사실을 알리고 있는데, 이러한 관점을 기초로 하여 후설은 현상학적 윤리학을 개별자의 실천 윤리로 국한하지 않고 공동체의 윤리로 확장시킨다. 저자는 이와 관련된 논의들을 이 책의 3장과 4장에서 구체적으로 다루고 있다.

정적 현상학과 발생적 현상학의 유기적 이해가 중요한 이유는 계속해서 언급한 것처럼 시간, 상호주관성, 그리고 윤리에 대한 논의의 방법적인 궤가 같기 때문이다. 후설은 살아생전 윤리에 대한 어떠한 저서를 내놓지 않았지만, 게다가 윤리에 대한 논의를 강의록이나 미발간 원고를 통해 산만하게 제시하고 있지만 그의 윤리학은 통일적인 체계를 갖추고 있다. 현상학이 정적, 발생적 분석의 유기적 이해 속에서 통일성을 갖추듯, 후설의 시간, 상호주관성, 윤리에 관한 논의도 이와 같은 유기적 이해 속에서 통일된 관점과 체계를 형성하고 있다.

공유하는 규범이나 질서, 문화나 관습 속에서 우리는 나름의 윤리적 가치를 갖추며 살아간다. 이는 어떤 규범도 확정지을 수 없으며, 규범은 그저 차이나는 것들의 계열로 봐야 한다는 뜻이 아니다. 오히려 우리는 개인적으로든 공동체적으로든 확립된 정체성 속에서 나름의 통일된 규범을 책임감을 갖고 실천하며 살아간다. 통일된 규범과 전통 속에서 우리는 이질적인 것을 수용하며 비판과 쇄신을 통해 스스로의 모습을 변화시키며 확장한다. 그러한 점에서 후설의 실천학은 '법고창신'(法古創新)과 같이 전통이나 기존의 질서를 바탕으로 새로움을 형성하는 양상을 띠면서도 '제구포신'(除舊布新)처럼 묵은 것을 버리고 전혀 새로운 것을 창조하는 양상도 띤다.

후설의 현상학적 윤리학을 소개하는 과정이 다소 길었다. 핵심어를 중심으로 간략하게 정리한다면 논의의 흐름은 아래의 표처럼 간추려볼 수 있다. 좀 더 명료한 이해를 위해 이 책에서 관통하는 주요 개념들을 다음과 같이 정리하였다.

	정적 분석	발생적 분석
현상학적 방법	보편타당성 정초	발생의 타당성 정초
시간론	시간을 구성하는 절대적 근원의식	초월론적 상호주관적 시간의식
상호주관성	- 유사성에 입각한 구성적 타자 이해 - 감정이입, 맞짝지음	- 발생적 차원 속 타자의 우선성 - 자아와 타자의 공동성을 지니는 '우리'
자아	- 동일성의 극으로서 형식적 순수 자아 - 윤리 실천의 자기동일성을 갖는 절대적 자아	- 살아 있는 현재로서의 자아 - 상호주관성 속 자신과 타자에 대한 책임을 갖는 인격적 자아
윤리	- 흡수의 법칙, 정언명령 - 형식적 규범윤리, 보편윤리, 순수 윤리	- 소명, 사랑, 헌신, 쇄신과 비판 - 실존적 윤리, 더 높은 질서의 공동체 윤리
정적/발생적 융합의 윤리	- 이론과 실천을 융합하는 윤리 (비판과 쇄신에 따른 실천적 지혜 필요) - 실천규범의 보편성과 개별적 상황의 특수성을 개방성 속에서 융합하는 윤리 - 개인 및 공동체의 더 높은 이상을 지향하는 목적론적 윤리	

후설의 현상학적 윤리학은 현상학의 역사에서 막스 셸러를 중심으로 확장되는 '가치 윤리학'과 하이데거, 사르트르를 중심으로 확장되는 '실존주의 윤리학', 그리고 레비나스, 데리다를 중심으로 확장되는 '타자와 책임의 윤리학'의 뿌리로 간주된다.[1] 후설의 현상학의 위상이 현대철학을 이해하기 위한 중심으로 간주된다면, 현대 윤리의 논의들을 고찰하기 위해서는 후설

---

1   이와 관련된 자세한 논의는 로이돌트(Sophie Loidolt)의 다음의 논문을 참조할 것; "Value, Freedom, Responsibility: Central Themes in Phenomenological Ethics"; Chapter 35, *The Oxford Handbook of The History of Phenomenology*, ed. Dan Zahavi, Oxford University Press, 2018, pp. 698-716.

의 윤리학을 반드시 살펴야 한다. 사실, 역자가 볼 때 후설의 현상학적 윤리학은 가치 윤리학, 실존주의 윤리학, 타자와 책임의 윤리학뿐만 아니라 규범윤리학, 메타윤리학, 기술윤리학의 차원에서도 많은 점을 시사한다. 더 나아가 의료윤리, 환경윤리, 생명윤리, 성(性)윤리 등 여러 분야에서 다양한 차원으로 응용될 수 있는 가능성도 내포하고 있다. 이러한 관점에서 본다면 현상학적 윤리학의 면면을 확인하고 그 위상을 정확하게 확보하는 일은 우리 시대가 요구하는 필수적인 과업이 아닐 수 없다.

끝으로 이 책을 읽게 될 독자에게 당부의 말씀을 드린다면, 이 책에는 의역이 다소 있다. 이에 역자로서 양해를 구한다. 의역은 무엇보다 역자의 부족한 실력 때문이다. 번역을 할 때 저자의 문장을 직역하는 것이 원칙이지만, 변명을 한다면 의역은 난해한 후설의 현상학적 개념을 좀 더 분명하게 전달하려는 의도로부터 비롯되었다. 이러한 의도로 인해 자칫 저자의 의도와 전혀 상관이 없는 내용을 표현하거나, 오역을 하게 되는 사태가 발생하지 않도록 주의를 기울였다. 그럼에도 불구하고 잘못된 부분이 드러난다면 그 몫은 오롯이 역자의 역량 탓이다. 그리고 이 책의 구성에서 1장에서 3장까지의 논의는 후설의 윤리학의 통일적 체계를 설명하기 위해 후설의 철학적 개념을 다루는 과정이다. 즉 1장에서 3장까지의 논의는 현상학을 전공하지 않은 사람이 읽기에 이해되지 않는 부분이 있을 수 있다. 후설의 현상학적 윤리의 정수만을 빠르게 확인하고 싶은 분들은 이 책의 4장만을 읽을 것을 권해드린다. 4장의 논의에는 1장에서 3장까지의 논의가 보다 쉽게 핵심만으로 간추려져 윤리를 논하고 있기에 이 책의 4장은 저자의 핵심을 잘 드러내는 핵심적 부분이라고 볼 수 있다.

마지막으로 독자에게 알려드릴 것이 있다. 원서에서는 각 장의 내용에서 인용하고 있는 각주를 각 장의 끝부분에 모아 두고 있으나, 역자는 원서와는 다르게 인용된 각주를 곧바로 확인할 수 있도록 인용된 내용이 있는 페이지 하단에 그때마다 기술하였다. 게다가 저자는 인용한 미 발간 원고와 후설전집의 독일어 원문을 그대로 표기하였지만, 이 책에서는 참조하기 힘든 미 발간 원고의 인용만을 그대로 옮겨 놓았다. 번역은 반역이라는 말이 있듯이, 조그만 반역을 저질렀다.

감사의 말

이 번역서는 '경희대학교 HK+통합의료인문학연구단'의 전공서적 출판 기획으로 나오게 되었다. 현상학적 차원의 의료윤리를 확립해줄 기초적인 참고문헌이 부재한 만큼, 역자는 연구단의 구성원으로서 현상학적 윤리학을 정리한 전문서 번역의 필요성을 절감하였다. 이 책은 이러한 사정을 공감해준 사업단의 일반 연구원 선생님들 덕분에 나올 수 있었다. 박윤재 단장님을 비롯하여 함께해 주는 사업단의 모든 선생님들께 깊이 감사드린다.

이 책을 번역하는 일은 현상학의 선행연구가 있었기에 가능했다. 국내에는 훌륭한 많은 선행연구자들이 있다. 그 중에서 특히 다음의 네 분으로부터 많은 도움을 받았다. 후설의 현상학의 정체성을 이해할 때 이남인 교수님의 저서 『현상학과 해석학』을 참고했으며, 어렵고 난해하기로 유명한 후설의 현상학적 시간론은 김태희 교수님의 저서 『시간에 대한 현상학적 성찰』로부터 개념 정립의 도움을 받았다. 상호주관성을 이해하기 위해서 박인철 교수님의 저서 『현상학과 상호문화성』을 탐독하였으며, 후설의 현상학적 윤리의 면모를 미리 그려볼 수 있었던 것은 조관성 교수님의 저서 『현상학과 윤리학』 덕분이다. 후설 현상학을 알아가는 데에 이 책들로부터 많은 도움을 받았다. 이분들의 학문적 성과에 경의와 감사를 표한다.

사실, 돌아보면 함께했던 모든 분들이 참으로 감사하다. 학부생 시절 철학에 대한 관심과 애정을 갖게 해준 서동욱 교수님, 김재현 교수님, 송성근 작가님께 특별히 감사드린다. 학부생 시절 이분들의 영향을 크게 받았고 그러한 영향에 따라 철학을 계속 공부해야겠다고 결심할 수 있었다. 대학원생 시절부터 아낌없는 조언과 격려로 용기와 힘을 주시는 이성천 교수님께도 감사드린다. 항상 과분한 기대와 격려를 아끼지 않으시며 지금도 공부하는 삶을 응원해 주신다.

이 책은 2018년, 2020년 해외 연수 때 간간이 진행했던 번역 작업을 정리한 결과물이다. 작업은 2018년 겨울에 시작되었다. 나는 미국 뉴욕의 포담대학교(Fordham University) 방문학자 연수 기간 동안 왈쉬(Walsh) 도서관에서 배정받은 자리에 앉아 틈틈이 번역 작업을 하였는데, 당시 방문 연수 기간 동안 많은 도움을 주신 그림(Stephen Grimm) 교수님과 현상학적 윤리학 연구에 조언을 주셨던 드루먼드(John J. Drummond) 교수님께 감사드린다. 이후 번역 작업은 잠시 중단되었다가 2020년 겨울에 재개하였다. 벨기에 루벵대학(Leuven University)의 후설 아카이브(Husserl Archives)에서 작업을 재개하였는데, 짧은 연수 기간 동안 퐁게(Thomas Vongehr) 교수님 뒷자리에 앉아 번역을 하였다. 그때 나는 이 책에서 언급하고 있는 미발간 원고를 직접 살펴볼 수 있었다. 연수 기간 동안 편의를 제공해주신 얀센(Julia Jansen) 교수님, 연구소 소개와 함께 미발간 원고의 열람, 후설 전집 집필의 작업 과정을 보여주신 퐁게 교수님, 연수 과정 동안 행정 일체를 도와주신 까미나타

(Emanuele Caminada) 교수님, 이분들의 따뜻한 환대에 다시 한 번 감사를 드린다.

사실, 처음의 번역 작업은 출판할 생각 없이 순전히 개인적으로 연구하기 위해 실시한 일이었다. 그러나 연구하는 동안 나는 이 책의 중요성을 인지하였고 이에 소속된 HK+통합의료인문학연구단에 번역의 필요성을 알렸으며, 이후 연구단으로부터 승인을 얻어 본격적으로 출판을 목적으로 작업하였다. 이러한 작업을 진행하도록 조언해 주시고, 의료인문학의 세계를 알려주신 정우진 교수님께 감사를 드린다. 편집 과정에서 박사과정의 김동민 선생님으로부터 많은 도움을 얻었다. 참으로 감사하다. 박사과정의 김광영 선생님께도 감사드린다. 번역작업을 하는 동안 청라와 송도를 오가며 철학적 고민을 함께 나눈 조태구 교수님께도 감사를 전한다. 책이 나오기까지 출판 과정에 많은 도움으로 애써 주신 〈모시는사람들〉의 박길수 대표님께도 심심한 감사를 드린다.

끝으로 이 책의 번역을 허락해 준 원저자 도노호(Janet Donohoe) 교수님과 역자의 주례사 선생님이시자 현상학의 길로 입문할 수 있게 가르침을 주시고 박사학위 논문을 지도해주신, 박인철 교수님께 깊이 감사드린다. 공부하느라 집안일에 소홀한 나를 곁에서 묵묵히 지켜봐주는 아내 오지현 선생님과 같이 놀아주지 못해 늘 미안한 사랑하는 두 딸 윤형, 민형에게 감사한 마음으로 이 책을 바친다.

2021년 12월 옮긴이

참고문헌

1. 후설 전집판 Husserliana Edition

*『후설 전집』은 본문과 주석에서 약호 'Hua'로 표기했다

Husserliana 1. *Cartesianische Meditationen und. Pariser Vorträge*. ed. Stephan Strasser, Den Haag: Martinus Nijhoff, 1950, rpt. 1973: The Paris Lectures, Trans. Peter Koestenbaum, The Hague: Martinus Nijhoff, 1964(l/3-39); *Cartesian Meditations: An Introduction to Phenomenology*, Trans. Dorion Cairns, The Hague: Martinus Nijhoff, 1960. 『성찰』.

Husserliana 2. *Die Idee der Phänomenologie. Fünf Vorlesungen*, ed. Walter Biemel, Den Haag: Martinus Nijhoff, 1950, rpt. 1973; *The Idea of Phenomenology*, Trans, William P. Alston and George Nakhnikian, The Hague: Martinus Nijhoff, 1964.

Husserliana 3. 1-2, *Ideen zu einer reinen Phänomenologie und phänomenologischen Philosophie. Erstes Buch. Allgemeine Einführung in die reine Phänomenologie*, ed. Karl Schuhmann, Den Haag: Martinus Nijhoff, 1976, *Ideas Pertaining to a Pure Phenomenology and to a Phenomenological Philosophy. First Book, General Introduction to a Pure Phenomenology*, Trans. Fred Kersten, The Hague: Martinus Nijhoff, 1982. 『이념들 1』.

Husserliana 4. *Ideen zu einer reinen Phänomenologie und phänomenologischen Philosophic. Zwites Buch. Phänomenologische Untersuchungen zur Konstitution*, ed. Marly Biemel, The Hague: Martinus Nijhoff, 1952; *Ideas Pertaining to a Pure Phenomenology and to a Phenomenological Philosophy. Second Book. Studies in the Phenomenology of Constitution*, Trans. Richard Rojcewicz and Andre Schuwer, Dordrecht: Kluwer Academic Publishers, 1989. 『이념들 2』.

Husserliana 5. *Ideen zu einer reinen Phänomenologie und phänomenologischen Philosophie. Drittes Buch: Die Phänomenologie und die Fundamente der Wissenschaften*, ed. Marly Biemel. The Hague: Martinus Nijhoff, 1952, rpt., 1971; *Ideas Pertaining to a Pure Phenomenology and to a Phenomenological Philosophy. Third Book. Phenomenology and foundations of Science*, Trans. Ted E. Klein and William E. Pohl. The Hague: Martinus Nijhoff, 1980 (5/1-137); *Ideas Pertaining to a Pure Phenomenology and to a Phenomenological Philosophy. Second Book. Studies in the Phenomenology of Constitution*, Trans. Richard Rojcewicz and Andre Schuwer, Dordrcht: Kluwer Academic Publishers, 1989.

Husserliana 6. *Die Krisis der europäischen Wissenschaften und die transzendentale Phänomenologie. Eine Einleitung in die phänomenologische Philosophie*, ed. Walter Biemel, The Hague: Martinus Nijhoff, 1954, rpt, 1962; *The Crisis of European Sciences and Transcendental Phenomenology: An Introduction to Phenomenological Philosophy*, Trans. David Carr. Evanston, IL: Northwestern University Press, 1970. 『위기』.

Husserliana 7. *Erste Philosophie(1923/24). Erster Teil. Kritische Ideengeschichte.* ed. Rudolf Boehm, The Hague: Martinus Nijhoff, 1956.

Husserliana 8. *Erste Philosophie(1923/24). Zwiter Teil. Theorie der phänomenologischen Reduktion*, ed. Rudolf Boehm, The Hague: Martinus Nijhoff, 1959.

Husserliana 9. *Phänomenologische Psychologie. Vorlesungen Sommersemester 1925.* ed. Walter Biemel. The Hague: Martinus Nijhoff, 1962; *Phenomenological Psychology: Lectures, Summer Semester, 1925.* Trans. John Scanlon. The Hague: Martinus Nijhoff, 1977(9/3-234); *Psychological and Transcendental Phenomenology and the Confrontation with Heidegger(1927-1931)*, ed. and trans Thomas Sheehan and Richard E. Palmer, Dordrecht: Kluwer Academic Publishers, 1997(9/237-349, 517-526). 『심리학』.

Husserliana 10. *Zur Phänomenologie des inneren Zeitbewusstseins(1893-1917)*, ed. Rudolf Boehm, The Hague: Martinus Nijhoff, 1966; *On the Phenomenology of the Consciousness of Internal Time(1893-1917)*, Trans. John Barnett Brough, Dordrecht: Kluwer Academic Publishers, 1991.

Husserliana 11. *Analysen zur passiven Synthesis. Aus Vorlesungen und Forschungsmanuskripten* 1818-1926. ed. Margot Fleischer, The Hague: Martinus Nijhoff, 1966. 『수동적 종합』.

Husserliana 12. *Philosophie der Arithmetik*, ed. Lothar Eley, The Hague Martinus Nijhoff, 1970.

Husserliana 13. *Zur Phänomenologie der Intersubjetivität. Texte aus dem Nachlass. Erster Teil: 1905-1920*, ed Iso Kern, The Hague: Martinus Nijhoff, 1973.

Husserliana 14. *Zur Phänomenologie der Intersubjetivität. Texte aus dem Nachlass. Zwiter Teil: 1921-1928*, ed Iso Kern, The Hague: Martinus Nijhoff, 1973.

Husserliana 15. *Zur Phänomenologie der Intersubjetivität. Texte aus dem Nachlass. Dritter Teil: 1929-1935*, ed Iso Kern, The Hague: Martinus Nijhoff, 1973.

Husserliana 16. *Ding und Raum. Vorlesungen 1907,* ed. Ulrich Claesges, Den Haag: Martinus Nijhoff 1973; *Thing and Space: Lectures of 1907*, Trans. Richard Rojcewicz, Dordrecht: Kluwer Academic Publishers 1997.

Husserliana 17. *Formale und transzendentale Logik. Versuch einer Kritik der logischen Vernunft,* ed. Paul Janssen, The Hague: Martinus Nijhoff, 1974; *Formal and*

Transcendental Logic, Trans. Dorion Cairns, The Hague: Martinus Nijhoff, 1969(17/5-335). 『논리학』.

Husserliana 18. *Logische Untersuchungen. Erster Band. Prolegomena zur reinen Logik*, ed. Elmar Holenstein, The Hague: Martinus Nijhoff, 1975; Logical Investigations. 2 vols, Trans. J.N. Findlay, London: Routledge & Kegan Paul, 1970. 『논리연구 1』.

Husserliana 19. 1-2, *Logische Untersuchugen. Zweiter Band. Unterschungen zur Phänomenologie und Theorie der Erkenntnis*. ed. Ursula Panzer, The Hague: Maninus Nijhoff, 1984; *Logical Investigations*, 2 vols, Trans. J.N. Findlay, London : Routledge & Kegan Paul, 1970. 『논리연구 2』.

Husserliana 20. *Logische Untersuchungen. Ergänzungsband. Erster Teil*, ed. Ullrich Melle, Dordrecht: Kluwer Academic Publishers, 2002.

Husserliana 21. *Studien zur Arithmetik und Geometrie*, ed. Ingeborg Strohmeyer The Hague: Martinus Nijhoff, 1983.

Husserliana 22. *Aufsätze und Rezensionen(1890-1910)*, ed. Bernhard, Rang, The Hauge: Martinus Nijhoff, 1979.

Husserliana 23. *Phäntasie, Bildbewuβtsein, Erinnerung*, ed. Eduard Marbach, Dordrecht: Kluwer Academic Publishers, 1980.

Husserliana 24. *Einleitung in die Logik und Erkenntnistheorie. Vorlesungen 1906/1907*. ed. Ullrich Melle, Dordrecht: Martinus Nijhoff, 1985.

Husserliana 25. *Aufsätze und Vorträge(1911-1921)*, ed. Thomas Nenon and Hans Rainer Sepp, Dordrecht : Martinus Nijhoff, 1986.

Husserliana 26. *Vorlesungen über Bedeutungslehre. Sommersemester 1908*, ed. Ursula Panzer, Dordrecht: Martinus Nijhoff, 1987.

Husserliana 27. *Aufsätze und Vorträge. (1922-1937)*, ed. Thomas Nenon and Hans Rainer Sepp, Dordrecht; Kluwer Academic Publishers, 1989.

Husserliana 28. *Vorlesungen über Ethik und Wertlehre(1908-1914)*, ed. Ullrich Melle, Dordrehct: Kluwer Academic Publishers, 1988.

Husserliana 29. *Die Krisis der europäischen Wissenschaften und die transzendentale Phänomenologie. Ergänzungsband. Texte aus dem Nachlass 1934-1937*, ed. Reinhold N. Smid, Dordrecht : Kluwer Academic Publishers, 1993.

Husserliana 30. *Logik und allgemeine Wissenschaftstheorie*, ed. Ursula Panzer, Dordrecht: Kluwer Academic Publishers, 1995.

Husserliana 31. *Aktive Synthesen: Aus der Vorlesung 'Transzendentale Logik' 1920/21. Ergänzungsband zu 'Analysen zur passiven Synthesis'*, ed. Roland Breeur, Dordrecht: Kluwer Academic Publishers, 2000.

Husserliana 32. *Natur und Geist: Vorlesungen Sommersemester 1927*, ed. Michael Weiler, Dordrecht: Kluwer Academic Publishers, 2001.

Husserliana 33. *Die 'Bernauer Manuskripte' über das Zeitbewuβtsein(1917/18)*, ed. Rudolf Bernet & Dieter Lohmar, Dordrecht: Kluwer Academic Publishers, 2001.

Husserliana 34. *Zur phänomenologischen Reduktion. Texte aus dem Nachlass(1926-1935)*, ed. Sebastian Luft, Dordrecht: Kluwer Academic Publishers, 2002.

Husserliana 35. *Einleitung in die Philosophie. Vorlesungen 1922/23*, ed. Berndt Goossens, Dordrecht: Kluwer Academic Publishers, 2002.

Husserliana 36. *Transzendentaler Idealismus. Texte aus dem Nachlass(1908-1921)*, ed. Robin D. Rollinger in cooperation with Rochus Sowa, Dordrecht: Kluwer Academic Publishers, 2003.

Husserliana 37. *Einleitung in die Ethik. Vorlesungen Sommersemester 1920 und 1924*, ed. Henning Peucker, Dordrecht: Kluwer Academic Publishers, 2004.

Husserliana 38. *Wahrnehmung und Aufmerksamkeit. Texte aus dem Nachlass (1893-1912)*, ed. Thomas Vongehr and Regula Giuliani, New York: Springer, 2005.

Husserliana 39. *Die Lebenswelt. Auslegungen der vorgegebenen Welt und ihrer Konstitution. Texte aus dem Nachlass(1916-1937)*, ed. Rochus Sowa, New York: Springer, 2008.

Husserliana 40. *Untersuchungen zur Urteilstheorie. Texte aus dem Nachlass (1893-1918)* ed. Robin Rollinger, New York: Springer, 2009.

Husserliana 41. *Zur Lehre vom Wesen und zur Methode der eidetischen Variation. Texte aus dem Nachlass(1891-1935)*, ed. Dirk Fonfara, New York: Springer, 2012.

Husserliana 42. *Grenzprobleme der Phänomenologie. Analysen des Unbewuβtseins und der Instikte. Metaphysik. Späte Ethik(Texte aus dem Nachlass 1908-1937)*, ed. Rochus Sowa & Thomas Vongehr, New York: Springer, 2014.

* 그 밖의 후설 원전
- 1994년 후설의 편지들이 출판되었다: Husserl E., *Briefwechsel*, Husserliana Dokumente III/1-10, ed. Karl Schuhmann & Elisabeth Schuhmann, Dordrecht: Kluwer Academic Publishers, 1994.
- 2001년 네덜란드 클루베(Kluwer) 출판사의 후설자료:

Husserliana Materialien bande 1. *Logik. Vorlesung 1896*, ed. Elisabeth Schumann, Dordrecht: Kluwer Academic Publishers, 2001.

Husserliana Materialien bande 2. *Logik. Vorlesung 1902/03*, ed. Elisabeth Schumann, Dordrecht: Kluwer Academic Publishers, 2001.

Husserliana Materialien bande 3. *Allgemeine Erkenntnistheorie. Vorlesung 1902/03*, ed. Elisabeth Schumann, Dordrecht: Kluwer Academic Publishers, 2001.

Husserliana Materialien bande 4. *Natur und Geist. Vorlesungen Sommersemester 1919*, ed. Michael Weiler, Dordrecht: Kluwer Academic Publishers, 2002.

-『후설 전집』으로 출판되지 않은 가장 중요한 후설의 저작: Husserl, E., *Erfahrung und Urteil*, ed. Ludwig Landgrebe, Hamburg: Felix Meiner, 1985.

2. 2차문헌

Aguirre, Antonio. *Genetische Phänomenologie und Redukion*. The Hague: Martinus nijhoff, 1970.

de Almeida, G. A. *Sinn und Inhalt der genetischen Phänomenologie E. Husserls*. The Hague: Martinus Nijhoff, 1972.

Arendt, Hannah. *The Human Condition*. Chicago: University of Chicago Press, 1958.

_____. *The Life of the Mind—Thinking*. New York: Harcourt Brace Jovanovich, 1971.

Bachelard, Susan. *A Study of Husserl's Formal and Transcendental Logic*. Evanston, IL: Northwestern University Press, 1968.

Bernasconi, Robert. "On Deconstructing Nostalgia for Community within the West: The Debate between Nancy and Blanchot." *Reserarch in phenomenology* 23 (1993): 3-21.

Bernet, Rudolf, Iso Kern, and Eduard Marbach. *An Introduction to Husserlian Phenomenology*. Evanston, IL: Northwestern University Press, 1993.

Bernet, Rudolf. "Is the Present Ever Present? Phenomenology and the Metaphysics of Presence." *Research in Phenomenology* 12 (1982): 85-112.

_____. "Presence and Absence of Meaning: Husserl and Derrida on the Crisis of (the) Present Time." Paper presented at the Third Annual Symposium of the Simon Silverman Phenomenology Center, "Phenomenology of Temporality: Time and Language." Pittsburgh: Duquesne University, 1987, pp. 33-64.

_____. "Perception as a Teleological Process of Cognition." *Analecta Husserliana* 9 (1979): 119-32.

Blanchot, Maurice. *The Unavowable Community*. Barrytown, NY: Station Hill Press, 1988.

Bourgeois, Patrick. "The Instant and the Living Present: Ricoeur and Derrida Reading Husserl." *Philosophy Today* 37, no. 1 (1993): 31-37.

Brand, Gerd. *Welt, Ich und Zeit*. The Hague: Martinus Nijhoff, 1955.

Brentano, Franz. *The Foundation and Construction of Ethics*, translated by Elizabeth Schneewind. New York: Humanities Press, 1973.

Brough, John. "The Emergence of an Absolute Consciousness in Husserl's Early Writings on Time-Consciousness." *Man and World* 5 (1972): 298-326.

_____. "Husserl and the Deconstruction of Time." *Review of Metaphysics* 46 (1993): 503-36.

_____. "Temporality and the Presence of Language: Reflections on Husserl's Phenomenology of Time-Consciousness." Paper presented at the Third Annual

Symposium of the Simon Silverman Phenomenology Center, "Phenomenology of Temporality: Time and Language." Pittsburgh: Duquesne University, 1987, pp. 1-32.

Buckley, Philip. "Husserl's Göttingen Years and the Genesis of a Theory of Community." *Reinterpreting the Political*, edited by Lenore Langsdorf and Stephen H. Watson. Albany: State University of New York Press, 1998, pp. 39-50.

_____. "Husserl's Notion of Authentic Community." *American Catholic Philosophical Quarterly* 66 (1992): 213-27.

_____. *Husserl, Heidegger, and the Crisis of Philosophical Responsibility*. Dordrecht: Kluwer, 1992.

_____. "Husserl's Rational 'Liebesgemeinschaft.'" *Research in Phenomenology* 26 (1996): 116-29.

Cairns, Dorion. *Conversations with Husserl and Fink*. The Hague: Maninus Nijhoff, 1976.

_____. *A Guide for Translating Husserl*. The Hague: Martinus Nijhoff, 1973.

Carr, David. *Interpreting Husserl: Critical and Comparative Studies*. Dordrecht: Kluwer, 1987.

_____. "The 'Fifth Meditation' and Husserl's Cartesianism." *Philosophy and Phenomenological Research* 34 (1973): 14-35.

_____. *Phenomenology and the Problem of History*. Evanston, IL: Northwestern University Press, 1974.

_____. *Time, Narrative, and History*. Bloomington: Indiana University Press, 1986.

Cobb-Stevens, Richard. "Being and Categorial Intuition." *Review of Metaphysics* 44 (1990): 43-66.

_____. *Husserl and Analytic Philosophy*. Dordrecht: Kluwer, 1990.

Dallery, Arleen, and Charles Scott, eds. *Crises in Continental Philosophy*. New York: State University of New York Press, 1990.

Dastur, Françoise. "Finitude and Repetition in Husserl and Derrida." *Southern Journal of Philosophy* 32 (1994): 113-30.

Davies, Paul. "Commentary: Being Faithful to Impossibility." *Southern Journal of Philosophy* 32 (1994): 19-25.

DeBoer, Theodore. *The Development of Husserl's Thought,* translated by Theodore Plantinga. The Hague: Martinus Nijhoff, 1978.

Derrida, Jacques. *Edmund Husserl's Origin of Geometry*: An Introduction, translated by John P. Leavy. Stony Brook, NY: Nicholas Hays, 1978.

_____. *Speech and Phenomcna, and Other Essays on Husserl's Theory of Signs*, translated by David B. Allison. Evanston, IL: Northwestern University Press, 1973.

_____. *Le problème de la genèse dans la philosophie de Husserl*. Paris: Presses Universitaires de France, 1990.

_____. *Writing and Difference*, translated by Alan Bass. Chicago: University of Chicago Press, 1978.

Diemer, Alwin. *Edmund Husserl*. Meisenheim am Glan: Hain, 1956.

Donohoe, Janet. "The Nonpresence of the Living Present: Husserl's Time Manuscripts." *Southern Journal of Philosophy* 38 (2000): 221-30.

_____. "Genetic Phenomenology and the Husserlian Account of Ethics." *Philosophy Today* 47 (2003): 160-75.

Drummond, John, and James Hart, eds. *The Truthful and the Good: Essays in Honor of Robert Sokolowski*. Dordrecht: Kluwer, 1996.

_____. "The 'Spiritual' World: The Personal, the Social, and the Communal." In *Issues in Husserl's "Ideas II,"* edited by Tom Nenon and Lester Embree. Dordrecht: Kluwer, 1996, pp. 237-54.

_____. "Moral Objectivity: Husserl's Sentiments of the Understanding." *Husserl Studies* 12 (1995): 165-83.

Elliston, Frederick, and Peter McCormick, eds. *Husserl: Expositions and Appraisals*. Notre Dame, IN: University of Notre Dame Press, 1977.

_____. *Husserl: Shorter Works*. Notre Dame, IN: University of Notre Dame Press, 1981.

Farber, Marvin. *The Foundation of Phenomenology*. Cambridge: Harvard University Press, 1943.

Fichte, J. G. *The Way Towards the Blessed Life or The Doctrine of Religion*, translated by William Smith. London: Trübner & Co., 1889.

_____. *The Vocation of Man*, translated by William Smith. Chicago: The Great Books Foundation, 1960.

F ø llesdal, Dagfinn. "Husserl's Notion of Noema." *Journal of Philosophy* 66 (1969). 680-87.

Gadamer, Hans Georg. *Philosophical Hermeneutics*, translated by David E. Linge. Berkeley: University of California Press, 1976.

Gasché, Rodolphe. "On Re-presentation, or Zigzagging with Husserl and Derrida." *Southern Journal of Philosophy* 32 (1994): 1-18.

Habermas, Jürgen. *The Theory of Communicative Action*, translated by Thomas McCarthy. Boston: Beacon Press, 1984.

Hart, James. *The Person and the Common Life*. Dordrecht: Kluwer, 1992.

_____. and Lester Embree, eds. *Phenomenology of Values and Valuing*. Dordrecht: Kluwer, 1997.

_____. "Entelechy in Transcendental Phenomenology: A Sketch of the Foundations of Husserlian Metaphysics." *American Catholic Philosophical Quarterly* 66 (1992): 189-212.

_____. "Genesis, Instinct, and Reconstruction: Nam-In Lee's 'Edmund Husserl's Phänomenologie der Instincte.'" *Husserl Studies* 15 (1998): 101-23.

Held, Klaus. *Die lebendige Gegenwart*. The Hague: Martinus Nijhoff, 1966.

Hull, Margaret Betz. "A Progression of Thought and the Primacy of Interaction." *Journal of the British Society for Phenomenology* 30 (1999): 207-28.

Husserl, Edmund. *Cartesianische Meditationen und Pariser Vorträge. Husserliana I*, edited by S. Strasser. The Hague: Martinus Nijhoff, 1950.

_____. *Cartesian Meditations*, translated by Dorion Cairns. The Hague: Martinus Nijhoff, 1977.

_____. *Die Idee der Phänomenologie. Fünf Vorlesungen. Husserliana II*, edited by Walter Biemel. The Hague: Martinus Nijhoff, 1950.

_____. *The Idea of Phenomenology*, translated by W. P. Alston and G. Nakhnikian. The Hague: Martinus Nijhoff, 1964.

_____. *Ideen zu einer reinen Phänomenologie und phänomenologischen Philosophie. Erstes Buch: Allgemeine Einführung in die reine Phänomenologie. Husserliana III*, edited by Walter Biemel. The Hague: Martinus Nijhoff, 1950.

_____. *Ideas Pertaining to a Pure Phenomenology and to a Phenomenological Philosophy*, vol. 1, translated by F. Kersten. Dordrecht: Kluwer, 1982.

_____. *Ideen zu einer reinen Phänomenologie und phänomenologischen Philosophie. Zweites Buch: Phänomenologische Untersuchungen zur Konstitution. Husserliana IV*, edited by Walter Biemel. The Hague: Martinus Nijhoff, 1952.

_____. *Ideas Pertaining to a Pure Phenomenology and to a Phenomenological Philosophy*, vol. 2, translated by R. Rojcewicz and A. Schuwer. Dordrecht: Kluwer, 1989.

_____. *Ideen zu einer reinen Phänomenologie und phänomenologischen Philosophie. Drittes Buch: Die Phänomenologie und die Fundamente der Wissenschaften. Husserliana V*, edited by Walter Biemel. The Hague: Martinus Nijhoff, 1952.

_____. *Die Krisis der europäischen Wissenschaften und die transzendentale Phänomenologie. Eine Einleitung in die phänomenologische Philosophie. Husserliana VI*, edited by Walter Biemel. The Hague: Martinus Nijhoff, 1954.

_____. *The Crisis of European Sciences and Transcendental Phenomenology*, translated by D. Carr. Evanston, IL: Northwestern University Press, 1970.

_____. *Erste Philosophie (1923/24) Erster Teil: Kritische Ideengeschichte. Husserliana VII*, edited by Rudolf Boehm. The Hague: Martinus Nijhoff, 1956.

_____. *Erste Philosophie (1923/24) Zweiter Teil: Theorie der phänomenologische Reduktion. Husserliana VIII*, edited by Rudolf Boehm. The Hague: Martinus Nijhoff, 1959.

_____. *Phänomenologische Psychologie. Vorlesung Sommersemester 1925. Husserliana IX*, edited by Walter Biemel. The Hague: Martinus Nijhoff, 1962.

_____. *Phenomenological Psychology*, translated by J. Scanlon. The Hague: Martinus Nijhoff, 1977.

_____. Zur Phänomenologie des inneren Zeitbewuβtseins (1893-1917). Husserliana X, edited by Rudolf Boehm. The Hague: Martinus Nijhoff, 1966.

_____. *On the Phenomenology of the Consciousness of Internal Time*, translated by J. B. Brough. Dordrecht: Kluwer, 1991.

_____. *Analysen zur passiven Synthesis. Aus Vorlesungs und Forschungsmanuskripten 1918-1926. Husserliana XI*, edited by M. Fleischer. The Hague: Martinus Nijhoff, 1966.

_____. *Zur Phänomenologie der Intersubjektivität: Erster Teil 1905-1920. Husserliana XIII*, edited by Iso Kern. The Hague: Martinus Nijhoff, 1973.

_____. *Zur Phänomenologie der Intersubjektivität: Zweiter Teil 1921-1928. Husserliana XIV*, edited by Iso Kern. The Hague: Martinus Nijhoff, 1973.

_____. *Zur Phänomenologie der Intersubjektivität: Dritter Teil 1929-1935. Husserliana XV*, edited by Iso Kern. The Hague: Martinus Nijhoff, 1973.

_____. *Formale und transzendentale Logik. Versuch einer Kritik der logischen Vernunft. Husserliana XVII*, edited by P. Janssen. The Hague: Martinus Nijhoff, 1974.

_____. *Formal and Transcendental Logic*, translated by D. Cairns. The Hague: Martinus Nijhoff, 1969.

_____. *Aufsätze und Vorträge (1911-1921). Husserliana XXV*, edited by Tom Nenon and : Hans Reiner Sepp. Dordrecht: Kluwer, 1986.

_____. *Aufsätze und Vorträge (1922-1937). Husserliana XXVII*, edited by Tom Nenon and Hans Reiner Sepp. Dordrecht: Kluwer, 1989.

_____. *Vorlesungen über Ethik und Wertlehre 1908-1914. Husserliana XXVIII*, edited by Ullrich Melle. Dordrecht: Kluwer, 1988.

_____. *Experience and Judgment*, translated by J. S. Churchill and K. Ameriks. Evanston, IL: Northwestern University Press, 1973.

_____. *Ideas: General Introduction to Pure Phenomenology*, translated by W. R. Boyce Gibson. London: George Allan and Unwin, 1931.

_____. *Logical Investigations*, 2 vols, translated by J. N. Findlay. London: Routledge, 1970.

_____. Unpublished manuscripts in the Husserl Archives in Leuven, Belgium:
A. *Mundane Phänomenologie*
   5. "Intentionale Anthropologie" (Umwelt. Heimwelt).
B. *Die Reduktion*

1. "Wege zur Reduktion"
2. "Reduktion selbst und ihre Methodologie"
3. "Vorläufige traszendentale Intentionalanalytik"
C. *Zeitkonstitution als formale Konstitution*
E. *Konstitution der Intersubjektivität*
3. "Transzendentale Anthropologie"
F. *Vorlesung und Vorträge*
1. "Vorlesungen über Ethik"

Hutcheson, P. "Husserl's Problem of Intersubjectivity." *Journal of the British Society for Phenomenology* 11 (1980): 144-62.

Hutt, Curtis M. "Husserl: Perception and the Ideality of Time." *Philosophy Today* 43 (1999): 370-85.

IJsseling, Samuel, ed. *Husserl-Ausgabe und Husserl-Forschung*. Dordrecht: Kluwer, 1990.

Kant, Immanuel. *Critique of Practical Reason*, translated by Lewis White Beck. New York: Macmillan Press, 1993.

_____. *Grounding for the Metaphysics of Morals*, translated by James Ellington. Indianapolis: Hacket Publishing Company, 1981.

Kern, Iso. *Husserl und Kant*. The Hague: Martinus Nijhoff, 1964.

Landgrebe, Ludwig. "The Problem of Passive Constitution." *Analecta Husserliana* 1 (1978): 23-36.

_____. *The Phenomenology of Edmund Husserl*. Ithaca, NY: Cornell University Press, 1981.

Larrabee, M. J. "Husserl's Static and Genetic Phenomenology." *Man and World* 9 (1976): 163-74.

_____. "Genesis, Motivation, and Historical Connections." *Man and World* 22 (1989): 315-28.

Lawlor, Len. "Distorting Phenomenology: Derrida's Interpretation of Husserl." *Philosophy Today* 42 (1998): 185-93.

Lee, Nam-In. *Edmund Husserls Phänomenologie der Instinkte*. Dordrecht: Kluwer, 1993.

Levinas, Emmanuel. *The Theory of Intuition in Husserl's Phenomenology*, translated by André Orianne. Evanston, IL: Northwestern University Press, 1973.

_____. "Language and Proximity." *Collected Philosophical Papers*, translated by Alphonso Lingis. Dordrecht: Kluwer, 1987.

_____. *Totality and Infinity*, translated by Alphonso Lingis. The Hague: Martinus Nijhoff, 1979.

Lipps, Theodor. *Psychological Studies*, translated by Herbert Sanborn. Baltimore: Williams & Wilkins Company, 1926.

_____. *Leitfaden der Psychologie*. Leipzig: Wilhelm Engelmann, 1902.

_____. "Empathy, Inner Imitation, and Sense-Feelings." In *A Modern Book of Esthetics: An Anthology*, edited by Melvin Rader. New York: Holt, Rinehart and Winston, 1960.

Lohmar, Dieter. "The Foreignness of a Foreign Culture." In *Self-awareness, Temporality, and Alterity*, edited by Dan Zahavi. Dordrecht: Kluwer, 1998, pp. 207-21.

MacIntyre, Alasdair. *After Virtue*. South Bend, IN: Notre Dame Press, 1984.

McIntyre, Ronald. "Husserl and Frege." *Journal of Philosophy* 84 (1987): 528-35.

Melle, Ullrich. "The Development of Husserl's Ethics." *Études Phénoménologiques* 13-14 (1991): 115-35.

_____. "Consciousness: Wonder of All Wonders." *American Catholic Philosophical Quarterly* 66 (1992): 155-73.

Mensch, James. *Intersubjectivity and Transcendental Idealism*. Albany: State University of New York Press, 1988.

_____. "Husserl's Concept of the Future." *Husserl Studies* 16 (1999): 41-64.

Mohanty, J. N., and W. R. McKenna. *Husserl's Phenomenology*. Washington, DC: University Press of America, 1989.

Nancy, Jean-Luc. *The Inoperative Community*. Minneapolis: University of Minnesota Press, 1991.

Nenon, Tom. "Willing and Acting in Husserl's Lectures on Ethics and Value Theory." *Man and World* 24 (1991): 301-309.

_____. ed., and Lester Embree. *Issues in Husserl's "Ideas II."* Dordrecht: Kluwer, 1996.

Oliver, Kelly. "The Gestation of the Other in Phenomenology." *Epoché* 3 (1995): 79-116.

Ricoeur, Paul. *Husserl: An Analysis of His Phenomenology*. Evanston, IL: Northwestern University Press, 1967.

_____. *Time and Narrative I-III*, translated by Kathleen McLaughlin and David Pellauer. Chicago: University of Chicago Press, 1984-88.

_____. *Oneself as Another*, translated by Kathleen Blarney. Chicago: University of Chicago Press, 1992.

Römpp, Georg. *Husserls Phänomenologie der Intersubjektivität*. Dordrecht: Kluwer, 1992.

Roth, Alois. *Edmund Husserls ethische Untersuchungen*. The Hague: Martinus Nijhoff, 1960.

Sakakibara, Tetsuya. "Das Problem des Ich und der Ursprung der genetischen Phänomenologie bei Husserl." *Husserl Studies* 14 (1997): 21-39.

Sallis, John, ed. *Husserl and Contemporary Thought*. Atlantic Highlands, NJ: Humanities Press, 1983.

_____. "On the Limitation of Transcendental Reflection, or Is Intersubjectivity Transcendental?" *Monist* 55 (1971): 312-33.

Sawicki, Marianne. "Empathy Before and After Husserl." *Philosophy Today* 41 (1997): 123-27.

Schuhmann, Karl. *Husserl-Chronik*. Husserliana Dokumenta I. The Hague: Martinus Nijhoff, 1977.

Seebohm, Thomas. "The Preconscious, the Unconscious, and the Subconscious: a Phenomenological Explication." *Man and World* 25 (1992): 505-20.

Shestov, Lev. "In Memory of a Great Philosopher: Edmund Husserl," translated by George Kline. *Philosophy and Phenomenological Research* 22 (1962): 449-71.

Shmueli, Efraim. "The Universal Message of Husserl's Ethics: An Explication of Some Ethical Premises in Transcendental Phenomenology." *Analecta Husserliana* 22 (1987): 551-69.

Silverman, Hugh, ed. Derrida and Deconstruction. New York: Routledge, 1989.

_____ and Don Ihde, eds. *Hermeneutics and Deconstruction*. Albany: State University of New York Press, 1985.

Silverman, Hugh. "The Self in Husserl's Crisis." *Inscriptions: After Phenomenology and Structuralism*. Evanston, IL: Northwestern University Press, 1997.

Smith, David Woodruff, and Ronald McIntyre. "Intentionality via Intensions." *Journal of Philosophy* 68 (1971): 541-61.

Sokolowski, Robert. *The Formation of Husserl's Concept of Constitution*. The Hague: Martinus Nijhoff, 1964.

_____, ed. *Edmund Husserl and the Phenomenological Tradition*. Washington, DC: Catholic University of America Press, 1988.

_____. *Husserlian Meditations*. Evanston, IL: Northwestern University Press, 1974.

_____. "Identity in Manifolds: A Husserlian Pattern of Thought." *Research in Phenomenology* 4 (1974): 63-79.

Steinbock, Anthony. *Home and Beyond: Generative Phenomenology after Husserl*. Evanston, IL: Northwestern University Press, 1995.

_____. "The Project of Ethical Renewal and Critique: Edmund Husserl's Early Phenomenology of Culture." *Southern Journal of Philosophy* 32 (1994): 449-64.

_____. "Generativity and Generative Phenomenology." *Husserl Studies* 12 (1995): 55-79.

_____. "The New 'Crisis' Contribution: A Supplementary Edition of Edmund Husserl's Crisis Texts." *Review of Metaphysics* 47 (1994): 557-84.

Ströker, Elizabeth. *Husserl's Transcendental Phenomenology*, translated by Lee Hardy. Stanford, CA: Stanford University Press, 1993.

Taminiaux, Jacques. "Immanence, Transcendence, and Being in Husserl's Idea of Phenomenology." In *The Collegium Phaenomenologicum: The First Ten Years*, edited by J. Sallis, G. Moneta, and J. Taminiaux. Dordrecht: Kluwer, 1988.

_____. *Dialectic and Difference: Modern Thought and the Sense of Human Limits*, edited by J. Decker and R. Crease. Atlantic Highlands, NJ: Humanities Press, 1985.

Taylor, Charles. *Sources of the Self*. Cambridge: Harvard University Press, 1989.

Theunissen, Michael. *The Other*, translated by Christopher Macann. Cambridge, MA: MIT Press, 1986.

Waldenfels, B. "Experience of the Alien in Husserl's Phenomenology." *Research in Phenomenology* 20 (1990): 19-33.

Welton, Donn. *The Origin of Meaning: A Critical Study of the Thresholds of Husserlian Phenomenology*. The Hague: Martinus Nijhoff, 1983.

_____. *The Other Husserl*. Bloomington: Indiana University Press, 2000.

_____. "Husserl's Genetic Phenomenology of Perception." *Research in Phenomenology* 12 (1982): 59-84.

_____. "Husserl and the Japanese." *Review of Metaphysics* 44 (1991): 575-606.

Yamaguchi, Ichoro. *Passive Synthesis und Intersubjektivität bei Edmund Husserl*. The Hague: Martinus Nijhoff, 1982.

Zahavi, Dan. *Husserl and Transcendental Intersubjectivity*, translated by Elizabeth Behnke. Athens: Ohio University Press, 2001.

_____. *Self-Awareness and Alterity*. Evanston, IL: Northwestern University Press, 1999.

_____. "Husserl's Phenomenology of Body." *Études Phénoménologiques* 19 (1994): 63-84.

_____. "The Self-Pluralization of the Primal Life. A Problem in Fink's Husserl Interpretation." *Recherches Husserliennes* 2 (1994): 3-18.

_____. "Husserl's Intersubjective Transformation of Transcendental Philosophy." *journal of the British Society for Phenomenology* 27 (1996): 228-245.

찾아보기

정적 현상학 15, 27, 29, 30, 31, 34, 36, 38,
    40, 44, 48, 52, 56, 58, 63, 107, 214,
    233, 236, 263, 271, 278
정체성 52, 137, 141, 147, 172, 196, 201,
    205, 206, 214, 221, 249
제5 성찰 18, 110, 130, 266
존재발생적 성장 48
좀 더 높은 질서로서 우리 205
종단 지향성 83, 275
주관적 심리학주의 270
주체 103, 248
주체성 37, 166, 167, 205, 245
죽음 157, 159, 160, 251, 253
지각 80
지금-지각 68, 69
지평 29, 122, 136, 239
질료 38, 50, 53, 57, 95, 96, 150, 259
질료적 선험성 187, 188
질료적 자료 94, 150
짝짓기 149

[ㅊ]

책임 165, 238
초월론적 상호주관성 204, 245
초월론적 자아 93
초월적 상호주관성 43
초재성 125
추상적 통일체 29
출생 157, 159
충동 153
침전 265, 272
침전물 50, 51, 53

[ㅋ]

카(David Carr) 120
카이조(Kaizo) 191
칸트(I.Kant) 189
케른(Iso Kern) 28, 116, 117
쾌락 180

[ㅌ]

타자 63, 64, 98, 99, 100, 101, 103, 109,
    110, 112, 114, 120, 121, 125, 127,
    132, 141, 148, 151, 157, 160, 162,
    167, 171, 207, 215, 216, 217, 237,
    244, 247, 254, 257, 264
탄생 253
탄생성 250
토이니센(Michael Theunissen) 18

[ㅍ]

파지 79, 80, 83, 276
판단중지 108, 124
폴레스달(Dagfinn Føllesdal) 17
표상 72
표현 113
피히테 191

[ㅎ]

하버마스(Jürgen Habermas) 16, 17
하이데거 159, 279
한나 아렌트(Hannah Arendt) 159, 248,
    247, 249, 250

경희대학교 인문학연구원 HK+통합의료인문학연구단 / 통합의료인문학 번역총서02

후설의 윤리학과 상호주관성

등록 1994.7.1 제1-1071
1쇄 발행 2022년 1월 25일

기　획　경희대학교 인문학연구원 HK+통합의료인문학연구단
지은이　자넷 도노호
옮긴이　최우석
펴낸이　박길수
편집장　소경희
편　집　조영준
관　리　위현정
디자인　이주향
펴낸곳　도서출판 모시는사람들
　　　　03147　서울시 종로구 삼일대로 457(경운동 수운회관) 1207호
전　화　02-735-7173, 02-737-7173 / 팩스 02-730-7173

인　쇄　피오디북(031-955-8100)
배　본　문화유통북스(031-937-6100)
홈페이지　http://www.mosinsaram.com/

값은 뒤표지에 있습니다.
ISBN　979-11-6629-089-3　　94000
세트　979-11-6629-082-4　　94000

이 저서는 2019년 대한민국 교육부와 한국연구재단의 지원을 받아 수행된 연구임
(NRF-2019S1A6A3A04058286)